KB254159

# 통유럽사 2

외우지 않고 **통**으로 이해하는

# 통유럽사 2

김상훈 지음

다산
초딩

대학 강단에서 상당한 세월 철학을 강의해오면서 느낀 점은 학생들이 철학사를 비롯한 역사 공부에 대해 대부분 따분하고 어렵게만 생각한다는 것입니다. 그 원인에는 여러 가지가 있겠지만, 무엇보다 그 분야를 소개하는 책들이 다소 진부하고 딱딱하게 쓰여 있기 때문이 아닐까 생각합니다. 이런 면에서 유럽의 역사를 소개한 지금까지의 서적들도 예외는 아닙니다.

그런데 이번 다산에듀에서 펴낸《외우지 않고 통으로 이해하는 통유럽사》는 기존의 선입견을 뒤집는 작품임에 틀림없습니다.

첫째, 이 책은 산뜻한 표지와 더불어 지루하지 않게 적절히 배치된 사진이 읽는 사람의 눈길을 사로잡습니다. 책이란 우선 독자들의 호기심을 불러일으켜야 합니다. 읽기 싫은데도 억지로 읽는 것과 읽고 싶어 어쩔 줄 몰라 하는 것과는 독서의 효과면에서 엄청난 차이를 불러일으킵니다. 특히 영상세대라 불리는 요즘의 청소

년들에게 이 책은 매우 흥미로운 책으로 기억될 것이라 생각합니다.

둘째, 책의 구성면에서도 매우 치밀하고 뛰어납니다. 대부분의 독자들이 알고 있음직한 내용을 소제목으로 뽑음으로써 독서 중에 찾아올 수도 있는 피로를 미연에 방지하고자 노력한 면이 엿보입니다. 단원이 끝날 무렵 독자들이 궁금하게 여길 수 있는 주제를 뽑아 흥미롭고 상세하게 설명을 보태주는 '통박사의 역사 읽기' 코너는 악보에서 보자면 일종의 쉼표라 할 수 있겠습니다. 독자들은 이 대목에서 다시 한 번 호흡을 가다듬고 다음 장을 기대할 것입니다.

셋째, 이 책의 장점은 입체적인 구성에 있습니다. 원래 역사란 '시간'에 대한 기록입니다. 그런데 이 책 가운데에는 지도, 즉 '공간'에 대한 기록도 함께 들어 있습니다. 시간과 공간이 한데 만남으로써 독자들의 사고를 한 차원 높게 끌어올리고자 했습니다.

넷째, 이 책은 생생하게 살아 있습니다. 역사는 흘러간 노래가 아닙니다. 역사는 지나가버린 과거를 단지 논하는 것이 아닙니다. 역사는 이 시대에, 지금의 관점에서 새롭게 쓰여야 합니다. 그런 점에서 이 책은 유럽의 역사를 그저 나열하는 식이 아닌, 역사적 통찰의 눈으로 살피고 있습니다. 각각의 시대를 이끌어간 주요 인물과 사건에 주목하고 있는 것입니다. 그리하여, 자칫 박제의 모습으로나 우리 앞에 서야 할 영웅들에게 새로운 생명을 불어넣고 있습니다. 죽은 뼈들에게 힘줄이 생기고 피가 돌아 마침내 지금의 우리들에게 분명한 목소리를 전해주고 있는 것입니다. 아울러, 혼돈의 시대를 살아가는 현대인들에게 과연 지금의 상황에서 내가 어떻게 행동하고 실천할 것인지에 대한 숙고의 시간을 제공해줍니다.

그동안 우리는 한반도를 둘러싼 강국들, 즉 미국과 일본, 중국과 러시아에만 집중한 측면이 없잖아 있었습니다. 그러나 앞으로 우리나라와 유럽연합EU이 자유무

역협정<sup>FTA</sup>를 체결하면, 일본에서 출발한 철도 노선이 한반도를 통과하여 중국이
나 러시아를 거쳐 유럽까지 연결될 텐데 이미 거대 시장으로 성장해버린 유럽공
동체와 맞닥뜨리지 않을 수 없을 것입니다. 이를 위해서라도 우리는 그들의 역사
와 그 역사에 대한 인식을 분명히 알지 않으면 안 됩니다.

이 책은 과거를 알고, 현재를 성찰하고, 미래를 준비하기 위해 꼭 필요하다고 말
씀드립니다.

2010년 3월

강성률

– 광주교육대학교 교수, 《청소년을 위한 서양철학사》 저자

울창한 숲이 있습니다. 가까이에서는 그 숲이 얼마나 울창한지 알 수 없습니다. 페루 남부 지역에서 서기 100년 이후부터 발달했던 고대 나스카 문명의 유적을 떠올리면 그 이유를 알 수 있습니다. 땅 위에 그려진 그림이 워낙 크기 때문에 높은 곳에 올라가야 비로소 그 모양을 알아볼 수 있습니다. 울창한 숲도 하늘 높은 곳에서 바라봐야 그 숲이 얼마나 큰지를 깨닫게 됩니다.

세계사 공부의 기본은 이와 같습니다. 넓은 시야를 가지고 각국의 역사적 사건을 바라보며 연관성을 찾아내는 것입니다. 그렇지 않고서 무턱대고 한두 가지 역사적 사건만 집중적으로 공부하면 세계사 흐름의 큰 틀을 놓칠 수밖에 없습니다. 이런 의미에서 시대순으로 각 대륙의 역사적 사건을 정리한《외우지 않고 통으로 이해하는 통세계사》는 기본 원칙에 충실했다고 할 수 있습니다.

이미 숲이 얼마나 큰지 알고 있기에 그 속의 숲 탐험은 더욱 흥미로울 수 있습니다. 맹수가 살고 있는 지역에 가보니 예상치 못했던 또 다른 맹수를 발견할 수도 있고, 한 번도 보거나 듣지 못했던 진귀한 꽃을 보게 될 수도 있으니까요.

《통세계사》에 이어 대륙별로 통사通史를 준비한 것도 이 때문입니다. 두 권의 분량으로 전 세계의 방대한 역사를 심도 있게 다루는 것은 매우 어렵습니다. 그 때문에 대륙별로 다시 역사를 나눠 좀더 깊이 탐험해보자는 것입니다.

이번 《외우지 않고 통으로 이해하는 통유럽사》는 유럽 전역을 '메이저 리그'와 '마이너 리그'로 나눠 역사를 서술하는 방식을 택했습니다. 메이저 리그에 속한 나라의 역사를 각 장의 앞부분에 배치했고, 마이너 리그의 역사는 뒷부분에 따로 설명했습니다. 또한 메이저 리그에 속한 나라들은 시대에 따라 다르게 구성했습니다. 이를테면, 그리스 문명이 한창 전성기를 누릴 때는 그리스의 폴리스들이 메이저 리그였기 때문에 앞부분에서 집중적으로 다뤘습니다. 반면 이때 로마는 마이너 리그였기 때문에 뒷부분에서 다뤘습니다.

《통세계사》의 장점 가운데 하나는 다른 역사 서적들이 조금 소홀히 했던 중앙아시아, 서아시아, 아프리카, 남아메리카 등 이른바 소외된 지역의 역사를 좀더 비중 있게 다뤘다는 것입니다. 이와 마찬가지로 《통유럽사》도 영국, 프랑스, 독일 등 전통적인 3대 강국의 이야기뿐만 아니라 북유럽과 동유럽 등 유럽 안에서 소외됐던 나라의 역사도 많이 다뤘습니다. 말 그대로 '통'으로 유럽 역사를 이해하는 데 도움을 주기 위해서입니다.

책이 나오기까지 응원을 아끼지 않았던 가족에게 이 책이 큰 선물이 됐으면 하는 바람입니다.

2010년 3월

김상훈

# CONTENTS

## 5장 근대 시민사회의 시작
17세기~18세기

### 종교 전쟁, 근대를 앞당기다



### 영국 시민혁명 터지다

# 6장 혁명과 제국주의 시대
## 19세기

#   세계대전과 유럽 통합
**7장** 20세기 이후

## 제1차 세계대전의 시작



## 사회주의와 파시즘

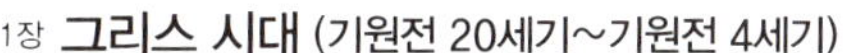

# 근대 시민사회부터 유럽 통합까지

### 시민과 혁명의 시대

오늘날 우리가 입고 있는 옷, 먹는 음식 등 생활양식을 한번 둘러봐. 물론 조상 대대로 내려온 우리만의 생활양식도 있어. 그러나 상당히 많은 부분은 서양에서 건너왔다는 걸 알 수 있을 거야. '서양' 하면 미국을 떠올리는 사람들이 많을 거야. 그러나 미국의 근원은 바로 유럽이야. 그 가운데 한 나라를 꼽으라면 영국이겠지.

어쨌든 확실한 점은, 근대 이후의 유럽 역사가 오늘날 글로벌 스탠더드의 원형이라는 것만은 확실해. 그래, 유럽의 근대사가 전 세계 생활양식의 기본 골격이 된 거야. 대표적인 사례를 들어볼까? 오늘날 여러 나라에서 볼 수 있는 민주주의라는 정치체제와 자본주의라는 경제체제가 모두 근대 유럽에서 시작했단다.

정말 대단하다는 생각이 들지 않니? 이 때문에 유럽의 근·현대사가 어떻게 진

**오늘날의 유럽 지도** 동쪽으로는 우랄 산맥, 남쪽으로는 지중해를 경계로 아시아, 아프리카와 구분한다.

행됐는지 알아둘 필요가 있어. 우선 유럽 근대사를 이해하기 위한 다섯 개의 키워드를 볼까? 이 키워드만 제대로 이해해도 역사의 흐름을 파악할 수 있을 거야.

첫 번째 키워드는 바로 '시민'이야.

종교개혁과 르네상스, 대항해가 중세 유럽을 끝장낸 역사적 사건이지? 귀족은 몰락하고 새로운 계급이 부상하기 시작했어. 그들은 신분만 놓고 보면 그저 평범한 사람들이었어. 그러나 자유사상과 평등사상으로 무장했고, 상업과 수공업으로 많은 돈을 벌었어. 귀족이 부럽지 않은 권력을 쥐게 됐지. 이들이 바로 근대 유럽을 태동시키고 발전시킨 시민이란다.

'시민'과 이어지는, 두 번째의 키워드는 '혁명'이야.

17세기 이후 유럽 도처에서 혁명이 일어났어. 영국에서는 왕의 절대 권력에 맞
선 시민혁명이 잇달아 일어났어. 미완의 혁명인 청교도혁명에서 시작해 왕을 의
회에서 선출한 명예혁명까지…. 이 일련의 혁명을 통해 영국은 왕이 군림하지만
통치는 하지 않는 입헌군주제의 정치 체제를 구축했단다.

혁명의 절정은 18세기 후반의 프랑스대혁명이야. 영국이 위로부터의 혁명이라
면 프랑스대혁명은 전형적인 아래로부터의 혁명이야. 시민 계급이 중심이 된 프
랑스 민중은 낡은 체제인 앙시앵레짐에 반기를 들었어. 지배자의 감옥과 무기고

를 습격해 스스로 무장했고, 지배자의 군대와 맞서 전투를 벌였지.

프랑스대혁명의 성공으로 프랑스에서는 신분제가 폐지됐어. 모든 인간은 평등하고 자유롭다는 인권선언도 나왔지. 이 프랑스대혁명의 이념은 나폴레옹 전쟁을 통해 유럽 전역으로 확대됐어. 1848년에는 프랑스에서 2월혁명이 다시 일어났고, 이 혁명의 영향을 받아 오스트리아, 독일 등 유럽 전체가 혁명으로 들끓었지.

세 번째 키워드는 '이념'이야.

시민이란 새로운 신분이 급부상하고, 혁명이 잇달으면서 여러 이념이 쏟아졌어. 계몽주의는 혁명에 불을 지폈고, 낭만주의는 실패한 혁명가를 위로했어.

역사의 수레바퀴는 쉬지 않고 굴러갔어. 인간의 자유를 위해 투쟁하는 혁명가들이 늘어났어. 그들은 자유주의라는 이념에 목숨을 바쳤지. 프로이센과 러시아 등 신생 열강들은 자국의 번영을 위해 자유주의를 억압하고 민족주의 이념을 강요했어. 프로이센의 범게르만주의, 러시아의 범슬라브주의가 바로 그거야.

산업기술이 발달하면서 귀족과 평민을 대체하는 새로운 신분 구조가 만들어졌어. 바로 자본가와 노동자지. 자본가는 자본주의를 옹호했어. 마르크스는 노동자들이 단결해 새 세상을 만들어야 한다며 사회주의를 제창했지. 정말로 많은 이념들이 쏟아졌지?

## 과학과 산업의 시대

유럽 근대사를 이해하기 위한 네 번째 키워드는 '과학'이야.

근대 과학자들은 신에게 붙잡혔던 과학을 비로소 진정한 과학의 반열에 올려놨어. 지구가 태양계의 중심이 아니라는 사실이 밝혀졌고, 물건이 땅에 떨어지는 것은 중력 때문이란 것도 밝혀졌어. 흑사병을 치료할 수 있는 페니실린도 발명됐지.

혈액이 심장에서 빠져나갔다가 다시 심장으로 돌아온다는 점도 알아냈어.

다섯 번째 키워드는 '산업과 자본주의'야. 앞으로 이 책을 읽으면서 18세기 중후반 들어 폭발적인 산업 성장이 어떻게 이뤄졌는지 알게 될 거야. 산업의 발달은 곧 자본주의의 발달로 이어졌지.

20세기로 들어오면서 유럽에는 전쟁의 소용돌이가 휘몰아쳤어. 겉으로 드러난 원인이야 제각각이지만 본질은 모두 같은 전쟁이었어. 바로 팽창과 정복 전쟁이었지. 유럽 현대사가 전쟁으로 시작한 것은 당시 시대 상황을 그대로 반영한 거였어.

그래, 유럽 현대사를 이해하기 위한 핵심 키워드는 바로 '제국주의'란다. 영국과 프랑스, 독일과 러시아가 유럽 최강을 넘어 세계 최강이 되기 위해 숱한 전쟁을 치렀어. 그런 갈등이 폭발한 게 바로 제1차 세계대전이란다.

그밖에 20세기 이후의 유럽 역사를 이해하는 데는 '파시즘'이란 키워드가 도움이 될 거야. 파시즘으로 무장한 히틀러는 제2차 세계대진을 일으킨 원흉이지. 세계대전이 끝난 후에는 '냉전'이 새로운 키워드가 됐어. 냉전이 끝나나 싶더니 유럽 곳곳에서 '민족 분쟁'이 터졌지.

21세기가 된 지금의 키워드는 무엇일까? 바로 '유럽 통합'이란다. 우여곡절 끝에 유럽연합EU이 탄생했지만, 과연 성공작인가에 대해서는 아직 뭐라 말할 수 없단다. 전 세계가 지켜보고 있지.

자, 키워드를 항상 명심하고 페이지를 넘기는 게 좋을 거야. 키워드를 따라 유럽 근·현대사를 따라가다 보면 세계의 역사가 모두 보이거든.

## 5장

# 근대 시민사회의 시작

## 17세기~18세기

17세기 이후에는 동유럽 일부를 뺀 대부분 지역이 근대 세계로 접어들었어. 영국과 프랑스는 더 이상 주종관계로 연결되지 않았고, 로마 교황은 아무런 힘도 쓰지 못했어. 러시아 제국은 유럽으로 세력을 확장했고, 그 때문에 북유럽 국가들과 전쟁을 벌이기도 했지.

여러 전쟁이 근대 세계를 앞당겼듯이 근대 세계가 발전하는 과정에서도 많은 전쟁이 터졌어. 때로는 종교 갈등을 명분으로 전쟁을 치렀고, 때로는 다른 나라의 왕위 계승에 간섭하면서 전쟁을 치렀어. 이 전쟁들을 치르면서 유럽 국가들은 확실하게 국가라는 개념을 정립했지.

17~18세기에 무엇보다 주목할 사건은 영국과 프랑스에서 터졌어. 이 혁명으로 영국에서는 입헌군주제가 정착했고, 프랑스에서는 공화국이 탄생했지. 귀족이 아닌, 자유주의 시민들이 주도했기 때문에 이런 혁명을 시민혁명이라고 불러. 이 시민혁명은 과거의 낡은 체제를 확실히 없애버렸어. 그래, 근대 시민사회가 시작된 거야.

# 종교 전쟁, 근대를 앞당기다

근대 유럽이 시작되면서 국가의 개념이 명확해졌다고 했지? 영국과 프랑스와 신성로마 제국이 대표적인 강대국으로 메이저 리그일 테고, 나머지 나라들은 마이너 리그일 거야. 동로마 제국이 있던 땅? 해가 지지 않는 제국을 건설했던 에스파냐? 이 나라들은 당연히 마이너 리그로 전락했지.

그러나 이제부터는 마이너 리그를 따로 정리하지 않을 거야. 이때부터 국가 간 충돌이 수시로 일어났기 때문에 강국의 역사를 살필 때 약소국의 역사도 자연스럽게 거론할 수밖에 없기 때문이야. 약소국과 강대국 사이를 오락가락한 나라들도 많았어. 스웨덴이 대표적일 거야. 또 러시아나 프로이센처럼 강대국은 아니지만 점차 강대국의 반열에 오르는 나라들도 많았어. 마이너 국가들의 역사를 따로 추린다는 것도 쉽지 않은 거지.

자, 17세기 유럽 국가들이 16세기와 비교해 어떻게 달라졌는지를 총괄적으로 먼저 살펴볼까? 그전에 유럽을 뒤흔든 30년 종교 전쟁부터 살펴보는 게 좋을 것 같아. 이 전쟁과 얽힌 역사들이 많거든.

### 30년 종교 전쟁

16세기에 종교 분쟁은 끝난 줄 알았는데, 아니었어. 17세기 들어 유럽의 거의 모든 나라가 개입한 30년 종교 전쟁<sub>1618년~1648년</sub>이 터졌거든. 그러나 이 전쟁은 말로만 종교 전쟁이었지, 사실상 영토 따먹기 전쟁이었단다. 종교는 명분에 불과했던 거야. 예를 들면, 프랑스는 가톨릭 국가인데도 개신교 국가들을 도왔어. 가톨릭인 신성로마 제국과 에스파냐의 힘을 약화시키기 위해서였지.

이 전쟁은 신성로마 제국 영토 안에서 시작됐어. 1555년 아우크스부르크 제국회의 이후 신성로마 제국은 영방의 왕<sup>제후</sup>이 가톨릭과 개신교 가운데 하나를 택하면 그 국민은 그 종교를 따르기로 합의했었지? 신성로마 제국 황제 루돌프 2세는 나아가 "한 영방 안에서도 누구나 자신이 원하는 신앙을 선택할 수 있다"라고 선언하기도 했어. 그러나 이 평화가 10년을 넘기지 못했어.

개신교, 특히 칼뱅주의가 오스트리아를 뺀 지금의 독일 전역으로 급속하게 확산

**30년 전쟁의 주요 격전지** 보헤미아 신구교 갈등을 계기로 터진 30년 종교전쟁은 모두 독일 영토 안에서 진행됐다. 이 전쟁으로 독일은 황폐해졌고, 프로이센이 약진하게 됐다. 표시된 부분은 주요 전투가 치러진 지역이다.

되기 시작했어. 한때 전체 영방의 90%가 개신교를 믿었을 정도였지. 그러나 가톨릭 세력도 예수회를 중심으로 잃어버린 세력을 되찾으려고 노력하고 있었어. 개신교와 가톨릭의 갈등이 다시 시작됐지. 상황이 이렇다면 언젠가는 충돌하겠지? 개신교 제후들이 먼저 움직였어. 1608년 그들은 팔츠 선제후 프리드리히 5세를 중심으로 개신교연합을 결성했어. 가톨릭 제후들도 이에 맞서 이듬해 바이에른 대공 막시밀리안을 중심으로 가톨릭연맹을 결성했지.

그로부터 10여 년이 지나 합스부르크 왕조의 페르디난트 2세가 보헤미아의 왕을 겸하게 됐어. 그는 아주 독실한 가톨릭 신도였어. 문제는 보헤미아 의회를 개신교 귀족들이 장악하고 있었다는 거야. 보헤미아 의회는 페르디난트 2세가 개신교를 심하게 탄압하자 "우리는 그를 왕으로 인정할 수 없다"라고 선언했어. 의회는 이윽고 개신교연합의 리더인 프리드리히 5세를 보헤미아의 왕으로 추대했지. 한 나라에 두 명의 왕이 생긴 셈이야.

1618년 개신교 귀족들이 페르디난트 2세의 가톨릭 신하들을 높은 건물에서 창밖으로 내던져버린 사건이 발생했어. 페르디난트 2세는 이 사건을 반란으로 규정하고 개신교 세력을 없애기 위한 전쟁에 돌입했지. 30년 종교 전쟁이 시작된 거야.

전쟁이 터진 이듬해 페르디난트 2세는 신성로마 제국의 황제가 됐어. 이제 독일뿐만 아니라 유럽 여러 국가의 리더가 된 그는 에스파냐를 전쟁에 끌어들였어. 이들을 상대로 일부 제후의 연합에 불과한 개신교연합이 이길 수 있겠니? 당연히 게임이 안 됐어. 개신교 군대는 프라하 전투에서 크게 패했고, 프리드리히 5세는 네덜란드로 망명해야 했지. 개신교 국가가 돼보려던 보헤미아는 다시 합스부르크 왕조의 신성로마 제국 영토가 됐단다.

그러나 전쟁이 끝난 것은 아니야. 오히려 이제부터가 본격적인 전쟁이지. 첫 전쟁은 보헤미아라는, 신성로마 제국의 작은 지역에서 치러졌지만 앞으로는 유럽의 거의 모든 나라가 참전하는 국제전이 된단다.

이 무렵 유틀란트 반도와 스칸디나비아 반도를 차지하고 있던 덴마크도 신흥 강국 소리를 들었단다. 덴마크는 16세기 중반 일찌감치 루터 교회를 받아들인 개신교 국가였어. 그렇다고 해도 멀리 작은 땅에서 벌어진 전쟁에 굳이 참전할 것까지는 없었겠지? 덴마크의 왕 크리스티안 4세는 생각이 달랐어. 이번 기회에 덴마크의 국력을 크게 떨쳐보자고 생각한 거야.

1625년 크리스티안 4세가 신교를 구한다며 독일을 침략했어. 이때 영국과 네덜란드가 끼어들었어. 영국은 신성로마 제국과 에스파냐의 세력을 꺾기 위해, 네덜란드는 에스파냐로부터 독립을 쟁취하기 위해 덴마크를 지원했어. 전쟁이 가톨릭의 합스부르크 왕조 대 덴마크-영국-네덜란드로 확대된 거야. 그러나 이 전쟁에서도 합스부르크 왕조가 승리했어. 1629년 양측은 뤼베크 평화 조약을 체결하고 전쟁을

구스타프 2세  스웨덴이 근대 국가로 성장할 수 있는 기초를 마련했으나, 30년 전쟁에 개입했다가 뤼첸 전투에서 전사했다.

끝냈지.

평화 조약이 체결된 이듬해, 이번에는 스웨덴이 전쟁에 뛰어들었어. 스웨덴 왕 구스타브 2세도 덴마크 왕 크리스티안 4세처럼 유럽 대륙에 욕심을 품고 있었거든. 구스타브 2세도 신교를 구한다는 명분으로 독일을 침략했어.

스웨덴의 군대는 강했어. 첫 전투에서 신성로마 제국 군대를 박살낸 거야. 그러나 전쟁이 길어지자 용맹했던 구스타브 2세의 군대도 확실한 승리를 얻지 못했어. 그러다가 구스타브 2세는 1632년 뤼첸 전투에서 발렌슈타인이 이끄는 신성로마 제국 군대와 싸우다 전사하고 말았어. 이 전쟁에서는 스웨덴이 이겼지만 왕의 사망으로 인해 전세는 역전되기 시작했어. 가톨릭을 앞세운 신성로마 제국 군대가 승리하는 것일까?

아니야. 뜻밖의 사건이 생겼어. 페르디난트 2세가 신성로마 제국의 군대를 지휘했던 발렌슈타인을 갑자기 파면해버린 거야. 발렌슈타인은 덴마크, 스웨덴과의 전쟁을 승리로 이끈 영웅이었어. 그런데 왜 갑자기 이런 영웅을 파면한 것일까? 이제 30년 전쟁의 배후가 나타난단다. 그 배후는 바로 프랑스였어. 프랑스의 재상 리슐리외의 이간질 전략에 페르디난트 2세가 넘어가 발렌슈타인을 파면한 거야. 사실 프랑

**발렌슈타인** 신성로마 제국의 명장으로 30년 전쟁의 주요 전투를 승리로 이끌었으나, 황제와의 대립으로 암살되었다.

스는 예전부터 은밀하게 구스타브 2세를 지원하고 있었단다. 이유는 간단해. 강력한 프랑스를 건설하기 위해서지.

뤼첸 전투가 끝나고 3년이 지나서야 스웨덴과 신성로마 제국은 프라하에서 평화 조약을 체결했어. 그러나 종이에 잉크도 마를 새가 없었어. 이번엔 프랑스가 직접 독일을 공격했지. 프랑스 군대를 막을 독일의 영웅 발렌슈타인이 없잖아? 기세등등한 프랑스는 이어 에스파냐에도 선전포고를 했어. 스웨덴도 다시 프랑스와 손을 잡았어. 엎치락뒤치락 전쟁이 계속됐어. 전반적으로 프랑스가 기세를 잡고 있었지만 양측의 사상자가 속출했어. 승리를 쉽게 장담할 수 있는 상황은 아니었던 거야.

## 통박사의 역사 읽기

### ✚ 풍운아 발렌슈타인

발렌슈타인은 1583년 보헤미아의 귀족 집안에서 태어났지만 부자는 아니었어. 돈 많은 부인이 일찍 죽자 그 재산을 물려받아 엄청난 부자가 됐지. 발렌슈타인은 신성로마 제국 황제 페르디난트 2세를 돕기 위해 자신의 돈으로 군대를 꾸려 30년 전쟁에 뛰어들었어. 그는 모든 전투에서 이겼고, 황제는 보답으로 그를 공작으로 승격시키면서 영지를 내렸어. 권력이 생기자 발렌슈타인은 슬슬 황제와 대립하기 시작했어. 화가 난 황제가 그를 파면했지만 정작 그가 빠지니 전투마다 패하는 문제가 생겼지. 황제가 그를 다시 기용할 수밖에 없었겠지? 그는 뤼첸 전투에서 스웨덴의 왕 구스타브 2세를 물리쳤어. 용맹이 대단하지? 그러나 그 후 발렌슈타인은 황제와 계속 대립했고, 결국 황제가 보낸 자객에게 암살되고 말았어. 황제에게 반발해 그가 지었던 발렌슈타인 궁전은 오늘날 체코에 남아 있단다.

## 베스트팔렌 조약과 프로이센의 등장

1637년 신성로마 제국 황제가 된 페르디난트 3세는 전쟁을 더 끌어봤자 이득이 없다는 걸 깨달았어. 결국 페르디난트 3세는 전쟁을 끝낼 것을 제의했고, 그 제의가 받아들여졌어. 전쟁에 참여한 여러 나라들이 1644년부터 5년간 줄다리기 협상을 했고, 마침내 베스트팔렌 조약이 체결되면서 30년 전쟁은 끝났어.

30년 전쟁의 시작은 종교 갈등이었지? 그러나 전쟁이 진행되는 동안 로마 교황의 이름은 단 한 번도 등장하지 않았어. 무늬만 종교 전쟁이었다는 사실을 알 수 있는 대목이지. 실제로는 패권을 다툰 전쟁이었을 뿐이야. 50여 년이 흐른 후에는 이보다 더 심한 패권 전쟁이 유럽 곳곳에서 터진단다.

전쟁이 끝나면서 체결된 베스트팔렌 조약은 오늘날까지도 유럽 나라들 사이에 체결된 최초의 근대 조약으로 받아들여지고 있어. 이 조약을 통해 종교 대립의 시대가 확실히 끝나면서 모두가 신앙의 자유를 얻었던 거지. 그러나 꼭 이 때문만은 아니야. 근대란 말을 붙일 수 있는 까닭은 더 있어. 우선 중세 유럽의 상징, 신성로마 제국의 기세가 완전히 꺾여버렸단다.

합스부르크 왕조가 지배하던 신성로마 제국은 베스트팔렌 조약에 따라 여러 영방들로 쪼개졌어. 여러 영방은 느슨하게 연대하기는 했지만, 실제로는 완벽한 독립국이나 다름없게 됐어. 이제 합스부르크 왕조가 직접 통치하는 왕조는 오스트리아와 주변의 작은 나라밖에 없었단다. 신성로마 제국은 이때부터 합스부르크 왕조를 가리키는 말로 받아들여졌지. 반면 베스트팔렌 조약으로 독일의 새로운 강자도 나타났어. 바로 프로이센<sup>프러시아</sup>이야.

30년 전쟁은 처음부터 끝까지 오늘날의 독일 땅에서 벌어졌어. 그 때문에 독일 전역이 폐허로 변해버렸지. 이 와중에 여러 지역이 합쳐지기도 했어. 브란덴부르크 공국이 바로 그런 사례인데, 독일 북동부 지역의 프로이센을 합쳐 브란덴부르크 프로이센을 건설했지. 바로 이 나라가 우리가 프로이센이라고 부르는 나라란다.

프로이센은 엄밀히 말하면 독립 왕국이 아닌 공국이야. 그러나 황폐해진 독일을 프로이센이 중심이 돼서 재건했기 때문에 프로이센은 다른 독일 영방들을 누르고 점점 일인자로 부상하고 있었어. 프로이센은 18세기 프리드리히 빌헬름 1세와 그의 뒤를 이은 프리드리히 2세프리드리히 대왕에 이르러 명실상부한 강대국이 됐어. 프리드리히 대왕은 다시 군대를 강화했고, 국가 재정을 넉넉하게 비축했어.

프리드리히 대왕 이야기는 조금 있다가 하기로 하고, 다른 나라들을 살펴볼까?

종교 전쟁이 가장 먼저 터진 땅인 보헤미아는 합스부르크 왕조의 소유가 돼버렸어. 엄밀하게 말하면 30년 전쟁은 개신교가 승리한 전쟁이었지? 그러나 가톨릭 왕에 반발해 반란을 일으킨 땅은 오히려 가톨릭 땅이 되고 만 거야. 이 점만 봐도 30년 전쟁은 종교와 상관이 없었다는 사실을 알 수 있겠지?

에스파냐로부터 독립투쟁을 벌여왔던 네덜란드는 비로소 법적인 독립을 보장받았어. 프랑스야말로 승리의 일등 주역이었지? 프랑스는 유럽 대륙에서 최고의 강대국으로 인정받기 시작했어. 영국은 어땠을까? 이제 곧 살펴보겠지만, 이 무렵 영국은 청교도혁명의 시대였어. 종교 전쟁과 담을 쌓고 있었단다.

최고의 강대국이 된 프랑스는 비공식적으로 가톨릭교를 국교로 삼고 있지만, 낭트 칙령 이후 공식적으로는 종교의 자유가 보장되고 있었지. 그런데 프랑스 왕 루이 14세가 낭트 칙령을 깨고, "프랑스의 국교는 가톨릭이다!"라고 선언했단다. 종교 전쟁도 끝난 마당에 자기 맘대로 종교의 자유를 깨버린 루이 14세는 도대체 어떤 인물일까?

## 루이 14세 "짐이 곧 국가다"

이제 프랑스의 역사를 살펴볼까?

프랑스 절대왕정은 1598년 낭트 칙령을 발표해 종교분쟁을 끝낸, 부르봉 왕조의 창시자 앙리 4세 때부터 조짐이 나타났어. 그러나 앙리 4세는 1610년 가톨릭 광신자에게 암살되고 말았어. 위그노 전쟁은 끝났지만 아직도 신구교의 갈등은 끝나지 않았던 거야.

앙리 4세의 뒤를 이어 아들 루이 13세가 왕에 올랐지만 고작 열세 살에 불과했어. 어린 왕이 제대로 통치나 할 수 있겠니? 그의 어머니 마리가 섭정을 하기로 했어. 4년 후 마리는 삼부회를 소집했는데, 이때 탁월한 재상이 선출됐어. 그 인물이 바로 18년간 프랑스의 절대왕정 체제를 확실하게 다졌고, 30년 전쟁에서 이간질 전략을 구사한 리슐리외 추기경이란다.

리슐리외 덕분에 프랑스는 강해질 수 있었어. 그는 정통 가톨릭 신자였지만 개신교 세력을 심하게 탄압하지는 않았어. 단, 왕에게 고분고분하지 않는 개신교 위그노파는 싹 쓸어버렸어. 리슐리외는 종교보다 국가의 이익이 더 중요하다고 믿는 애국주의자였거든. 만약 가톨릭 세력이 왕에게 도전했다면 리슐리외는 그들 또한 탄압했을 거야. 30년 종교 전쟁에서 그 신념이 그대로 나타났잖아?

영국에서 청교도혁명이 시작되고 2년이 흐른 1642년, 리슐리외는 세상을 떠났어. 그의 신념은 다음 재상인 마자랭에게 그대로 이어졌지. 이듬해 리슐리외를 믿고 따랐던 루이 13세도 세상을 떠났어. 이제 프랑스는 어느 나라, 어느 시대에도 없던 강력한 왕을 맞았어. 그가 바로 '태양왕' 루이 14세란다. 그러나 당시 그는 겨우 다섯 살이었어. 루이 13세를 리슐리외 추기경이 도왔다면, 이번에는 마자랭 재상이 그를 도왔지.

마자랭 재상은 루이 14세가 스물세 살이 됐을 때 세상을 떠났어. 이제 누가 루이 14세를 도울까? 아니, 그럴 필요가 없었어. 직접 통치하면 되니까! 루이 14세는 "왕은 신을 대신해 국가를 통치하는 사람이다!"라고 선언했어. 40여 년 전, 영국의 왕 제임스 1세가 주장한 '왕권신수설'을 인용한 거야. 그는 이어 "짐은 곧 국가다!"라고 선언했어.

과연 루이 14세는 모든 것을 쥐고 맘대로 흔들었어. 화려하기가 이를 데 없는 베르사유 궁전을 만든 것도 이때란다. 그는 매일 밤 궁전에서 파티를 열었어. 귀족들은 루이 14세의 눈 밖에 나지 않으려고 파티에 매일 참석했지. 근데 빈손으로 갈 수는 없었겠지? 귀족들은 왕에게 줄 선물을 마련하기 위해 모든 재산을 탕진해야 했어. 베르사유 궁전에는 왕을 접견하기 위해 기다리는 대기실이 있었는데, 이런 귀족들로 늘 꽉 찼다는구나. 루이 14세는 부자가 됐지만 귀족들은 점점 가난해졌어.

이 무렵 유럽에는 중상주의가 유행하기 시작했어. 프랑스도 마찬가지라서, 해외무역을 통해 많은 돈을 벌려고 식민지 개척에 나섰지. 재무 장관 콜베르가 이 해외무역을 주도했어. 프랑스는 영국과 네덜란드에

루이 14세 '태양왕'으로 불렸으며 프랑스를 유럽에서 강력한 왕국으로 만들었다.

베르사유 궁전 루이 14세에 의해 건설됐으며 화려하고 웅장하여 바로크 양식을 대표하는 건축물로 여겨진다.

이어 동인도회사와 서인도회사를 세우는 등 활발한 무역 활동을 했지. 그러나 아직 프랑스는 두 나라를 따라잡을 수 없었어. 루이 14세는 두 나라를 넘어야 프랑스가 강력해질 거라고 생각했어. 루이 14세는 우선 네덜란드를 치기로 했지. 왜? 네덜란드가 영국보다 약하니까 싸워도 승산이 있다고 판단했기 때문이야. 명분? 물론 만들어야지.

1688년 11월 네덜란드 총독 윌리엄 3세가 영국으로 진격해 왕위를 차지했어. 곧 살펴보겠지만 이로 인해 명예혁명이 탄생하지. 당시 영국의 왕은 제임스 2세였어. 그는 윌리엄 3세를 피해 프랑스로 달아났단다. 프랑스는 바로 이 점을 명분으로 내세우며 네덜란드를 침략한 거야. 무슨 소리냐고? 이런 식이야. "영국 왕이 보호를 요청했다. 우린 그 요청을 받아들여 제임스 2세를 영국 왕에 복귀시킬 것이다. 너희 나라 총독이 영국을 침략했으니 네덜란드는 죗값을 받아야 한다."

루이 14세가 너무 강했던 탓일까? 뜻밖에 많은 나라들이 네덜란드 편에 섰어. 이 전투뿐만 아니라 그 후로도 영국, 독일, 에스파냐, 오스트리아, 네덜란드 등 거의 모든 유럽 국가들은 프랑스에 반대하는 동맹을 체결해 프랑스와 싸웠어. 루이 14세는 몇 차례의 전투에서 패하자 슬그머니 물러설 수밖에 없었지. 더불어 루이 14세의 팽창정책도 좌절되고 말았단다.

루이 14세는 오늘날로 치면 강력한 독재자야. 사치가 심했고 강압적이었어. 저항하는 자는 모두 바스티유 감옥에 가둬버렸지. 민중은 극심한 고통에 시달렸어. 게다가 전염병에 흉년까지 겹쳐 많은 국민이 죽고 말았어. 하지만 루이 14세는 여전히 국민의 삶에는 신경 쓰지 않았어. 어쩌면 프랑스 대혁명이 이때부터 예정됐던 게 아닐까?

## 통박사의 역사 읽기

### ✚ 살롱의 유래

프랑스에서는 미술전람회를 아직까지도 살롱이라고 불러. 우리나라에서 퇴폐적인 술집을 속되게 이를 때 살롱이라고 부르는 것과 많이 다르지? 살롱은 17세기 프랑스 왕 앙리 4세가 궁궐에 처음 만들었어. 귀족 여성들과 남성들이 이곳에서 우아한 대화를 나누면서 예법을 배우자는 취지에서 시작됐지. 그 후에는 주로 귀부인들이 살롱을 열었어. 문인과 철학자가 많이 이용했기 때문에 이때의 살롱은 문화를 교류하는 장소였다고 할 수 있지. 정치인들도 살롱을 자주 다녔는데, 재상 리슐리외는 랑부예Rambouillet라는 후작부인 살롱의 단골이었다는구나. 18세기 살롱은 계몽주의자들의 회합 장소로 변신했어. 이곳에서 루소, 볼테르, 몽테스키외, 디드로 등 계몽주의자들은 사회개혁에 대해 치열한 논쟁을 벌였단다. 어쩌면 프랑스에 살롱이 있었기에 프랑스 혁명이 가능했던 게 아닐까?

## 러시아의 성장

북유럽의 17세기는 어땠을까?

네덜란드는 17세기 초반까지만 해도 꽤 잘나가는 나라였어. 에스파냐로부터 독립했을 뿐만 아니라 모직물 산업이 발달해 경제대국이 됐지. 네덜란드는 다른 나라들과의 무역을 통해 큰돈을 벌었어. 1602년 영국에 이어 두 번째로 인도에 동인도회사를 설립한 사실만 봐도 네덜란드가 얼마나 무역을 활발하게 했는지 알 수 있겠지? 네덜란드는 일본까지 뻗어나가기도 했어. 유럽의 금융 중심지로도 성장했단다.

30년 전쟁이 끝날 때까지만 해도 네덜란드는 계속 성장하고 있었어. 독립을 국제적으로 공인받기까지 했지? 그랬던 네덜란드를 꺾은 나라는 바로 영국이야. 1651년 올리버 크롬웰이 항해조례를 발표한 다음부터 모직물 수출에 큰 타격을 입었던 거야. 영국과의 전투에서 패했고, 아시아에서도 프랑스에 패했어. 그 후 네덜란드의 국력은 크게 약해졌어. 그런데도 프랑스 왕 루이 14세는 네덜란드를 못 잡아먹어 안달이었지.

17세기 스칸디나비아 반도 주변은 스웨덴이 장악하고 있었어. 덴마크로부터 독립을 얻어낸 왕이 구스타브 1세였지? 17세기 스웨덴의 전성기를 이뤄낸 왕은 구스타브 2세였어. 30년 종교 전쟁에서 맹활약했던 바로 그 인물이야. 그가 얼마나 강했으면 '북방의 사자'라는 별명이 붙었겠니?

구스타브 2세는 서유럽 국가들을 열심히 배웠어. 강력한 개혁을 추진한 결과, 스웨덴은 서서히 근대 국가로서의 모습을 갖춰가기 시작했지. 군사력도 강해졌어. 스웨덴은 발트 해 일대의 패권을 놓고 러시아, 폴란드 등과 전쟁을 벌였어. 모두 승리했지. 그러나 이미 살펴본 대로 구스타브 2세는 30년 전쟁 때 독일의 발렌슈타인 장군과 싸운 뤼첸 전투에서 전사하고 말았지. 이때부터 스웨덴도 약해지기 시작했어.

이 무렵 노르웨이는 여전히 덴마크의 지배를 받고 있었어. 덴마크는? 나름대로 서유럽 국가들의 역사를 비슷하게 따라가고 있었단다. 17세기 중반에 절대왕정 체제가 구축된 거야. 비슷한 시기, 핀란드에서는 자치의회가 세워졌어. 노르웨이를 빼면 스칸디나비아 반도의 국가들도 근대로 발전하고 있는 셈이지.

러시아가 유럽 역사에 전면으로 등장한 것도 이즈음이야.

모스크바 공국이 키예프 공국의 후손이라는 사실은 이미 알고 있지? 모스크바 공국의 왕 이반 3세가 몽골족을 몰아내 독립한 것도 알고 있을 거야. 그러나 이때까지만 해도 러시아는 강대국과는 거리가 멀었고, 유럽 끝에 있는 작은 나라에 불과했지.

1584년 차르 체제를 정비한 이반 4세가 세상을 떠난 후부터 러시아는 혼란에 빠져들었어. 이를 틈타 폴란드가 모스크바 왕국을 점령하기도 했단다. 그러자 이반 4세의 조카인 미카엘 로마노프<sup>미하일 1세</sup>가 흐트러진 모스크바 왕국을 재건하기 시작했어. 1613년 미카엘 로마노프는 모스크바 왕국의 차르가 됐어. 이때부터 러시아는 훗날 사회주의 혁명이 일어나는 20세기까지 로마노프 왕조의 나라가 돼.

영국에서 명예혁명이 성공해 메리 2세와 윌리엄 3세가 왕에 오른 해인 1689년, 러시아에서는 표트르 로마노프가 차르가 됐어. 이 인물이 우리가 표트르 대제라고 부르는 바로 그 사람이란다.

표트르 대제가 등장하면서 러시아는 유럽 국가다운 면모를 갖추기 시작했어. 몽골 관습이 하나씩 사라졌지. 귀족들은 서양식 옷을 입었고, 덥수룩한 수염도 잘랐어. 귀족 부인들은 유럽의 귀족 부인을 따라 가슴이 깊게 파인 드레스를 입었지.

표트르 대제는 키가 2미터를 넘는 거구였어. 자신의 신분을 숨긴 채 영국, 네덜란드, 스웨덴 같은 선진국을 돌아다니며 앞선 산업기술을 배우기도 했지. 심지어 공장에 취직해 직접 일을 해보기도 했어. 그 열정 덕분에 러시아는 짧은 시간에, 적어도 외형만큼은 정통 유럽 국가들과 흡사한 수준까지 발달했지.

이제 조금 시선을 아래쪽으로 가져가 동유럽과 발칸 반도를 볼까?

1683년이었어. 오스만 제국이 다시 유럽 공략을 시작했단다. 이번에는 정말 사생결단하는 심정이었나봐. 오스만 군대는 발칸과 동유럽 군대를 모두 격파하고 마침내 오스트리아 빈을 포위하는 데 성공했어. 그러나 유럽 군대의 저항은 강했어. 결국 오스만 군대는 빈을 점령하지 못했지. 1529년의 실패에 이어 또다시 실패하고 만 거야.

이번에는 유럽 군대가 반격에 나섰어. 1697년 유럽연합군은 오스만 제국을 마침내 굴복시켰어. 유럽 국가들은 도나우 강 이북의 영토를 빼앗았어. 이 땅은 합스부르크 왕조가 차지했지. 헝가리가 바로 이때 합스부르크 왕조에 넘어갔단다. 그래서 오스트

미카엘 로마노프 미하일 1세라고도 하며 로마노프 왕조를 열었다.

리아 국가 이름이 오스트리아–헝가리 제국으로 불리기 시작했지.

나머지 발칸 국가들은 아직도 오스만 제국의 수중에 있었어. 그러나 채 백 년도 지나지 않아 18세기가 되면 대부분의 발칸 국가가 오스만 제국의 손아귀를 벗어나게 된단다.

# 영국 시민혁명 터지다

17세기 프랑스와 독일, 북유럽과 동유럽의 역사를 살펴봤으니 영국으로 넘어갈 차례야. 유럽 대륙이 온통 전쟁의 소용돌이에 휩싸여 있을 때 영국은 이 전쟁에 크게 개입하지 않았어. 루이 14세가 팽창정책을 펼칠 때 잠시 반反프랑스 연합에 참여하기는 했지만, 프랑스의 기세를 막기 위해서였지, 대륙에 욕심이 있었던 것은 아니야.

영국은 대륙에 신경을 쓸 만큼 여유가 없었어. 17세기 영국은 시민혁명의 시대였거든. 시민혁명은 말 그대로 시민계급이 중심이 돼 일으킨 혁명이야. 대표적인 시민혁명으로는 18세기 후반의 프랑스 혁명과 미국 혁명을 꼽을 수 있겠지만 그 시작은 영국이었지.

영국은 유럽의 여러 국가 가운데 가장 먼저 민주주의 전통을 쌓은 나라야. 1215년 대헌장 사건을 기억하고 있지? 17세기에는 대헌장을 이은 권리청원과 권리장전이 나옴으로써 입헌군주제가 탄생했단다. 많은 사람이 피를 흘려 얻은 고귀한 열매지. 영국 시민혁명의 역사만 따로 모은 것도 그 때문이야.

## 찰스 1세와 권리청원

16세기 말 에스파냐의 무적함대를 제압하고 영국을 최고의 해상 강국으로 만든 인물은 엘리자베스 1세 여왕이었어. 엘리자베스 1세가 통치하고 있을 때는 문화 분야에서도 전성기를 달렸지. 영국이 인도와도 바꾸지 않겠다던 셰익스피어가 바로 이때 활동했단다.

엘리자베스 1세는 노인이 될 때까지 결혼을 하지 않았어. 이미 살펴본 대로 에스파냐 왕 펠리페 2세가 청혼을 했지만 그조차도 받아들이지 않았지. 그녀는 끝까지 독신주의자로 살았어. 국민들에게는 "나는 영국과 결혼했다"라고 말했지. 1603년 엘리자베스 1세는 후계자를 남기지 않고 일흔의 나이로 세상을 떠났어. 영국 국민들은 엘리자베스 1세를 '성聖 처녀'라며 떠받들었단다.

영국 의회는 왕에 올릴 인물을 찾기 시작했어. 그런데 아무리 찾아봐도 왕의 혈통이 보이지 않았어. 족보를 따져볼까? 헨리 8세는 아들 하나, 딸 둘을 낳았어. 아들은 일찍 죽어버렸고, 맏딸은 메리 1세, 둘째는 엘리자베스 1세로 각각 여왕이 됐어. 메리 1세는 에스파냐의 왕 펠리페 2세와 결혼했지만 아이를 낳지 않았고, 엘리자베스 1세는 말했듯이 독신이었어. 헨리 8세가 그토록 바람을 피운 죗값을 받는 걸까? 어쨌든 후계자가 없으니 튜더 왕조는 그만 문을 닫아야 할 상황이 됐어.

튜더 왕조의 직계 혈통이 없으니까 왕의 피가 섞인 사람이라도 찾아야겠지? 그렇게 해서 찾은 사람이 스코틀랜드의 왕인 제임스 6세였어. 어떻게 왕실 혈통이 되냐고? 복잡해. 제임스 6세의 어머니는 메리였어.(같은 이름이 너무 많지?) 메리는 제임스 5세의 딸이었지. 제임스 5세의 어머니는 영국 왕 헨리 8세의 누나였어. 쉽게 말하면 제임스 6세의 외할머니가 영국 튜더 왕조 사람이었던 거야.

영국 의회는 즉각 스코틀랜드 왕 제임스 6세를 영국의 왕으로 추대했어. 스코틀랜드에서는 6세였지만 영국에는 제임스라는 왕이 없었기 때문에 그는 영국 왕 제임스 1세가 됐어. 제임스 1세는 스튜어트 가문이었지. 그래, 영국에서 스튜어트 왕조1603년~1649년, 1660년~1714년가 시작된 거야.

사실 제임스 1세는 영국이 큰 나라라는 점만 빼고는 다 맘에 안 들었어. 그의 어머니 메리는 엘리자베스 1세로부터 반역죄로 처형당했고, 스코틀랜드와 달리 영국에서는 의회가 왕에게 맞먹고 있었기 때문이야. 사실 엘리자베스 1세는 절대 권력을 가졌지만 중요한 국가 정책을 결정할 때마다 의회의 동의를 구했기 때문에 큰 충돌이 없었어. 그러나 제임스 1세는 이런 분위기가 너무 싫었어.

1609년 제임스 1세는 "왕은 신이 내린 존재로, 땅 위에서 신의 권력을 가진다. 왕은 오로지 신에게만 책임을 진다"라고 선언했어. 이를 왕권신수설이라고 불러. 신이 왕의 권한을 부여했다는 거야. 이 이론은 프랑스와 독일로 퍼졌어. 프랑스의 루이 14세가 이 이론을 따라 "짐은 국가다!"라고 선언했던 것 기억하지?

제임스 1세는 나아가 영국 국교회를 제외한 모든 종교를 탄압했어. 오죽하면 1620년 청교도들이 메이플라워 호를 타고 미국으로 망명했겠니? 의회는 제임스 1세의 폭정에 반발했어. 그러나 제임스 1세는 개의치 않았고, 오히려 저항하는 의원들을 모두 체포해버렸어. 왕의 반대 세력이 늘어났어. 그러나 제임스 1세에게는 다행이었겠지만, 그가 살아 있을 때 큰 사건이 터지지는 않았어. 그 사건은 그의 아들인 찰스 1세 때 터졌지.

1625년 왕에 오른 찰스 1세는 아버지보다 더 노골

**메이플라워 호** 제임스 1세의 탄압을 피해 청교도들이 미국으로 타고 갔던 배다.

적으로 의회를 무시했어. 그는 아무 이름이나 갖다 붙이면서 세금을 거둬들였어. 의회의 동의를 거치지 않았으니 합법적인 세금이 아니었지만, 찰스 1세는 상관하지 않았지. 오히려 불만을 터뜨리는 의원들을 모두 감옥에 처넣어버렸어.

유럽 국가, 특히 프랑스와 전쟁을 자주 치르느라 큰돈이 필요했어. 처음에는 귀족들을 상대로 이런 세금을 거두는 게 가능했지. 그러나 언제까지 임시방편으로 국가 재정을 채울 수는 없는 노릇이야. 찰스 1세는 합법적으로 세금을 거둬야 하겠다고 생각하며 의회를 소집했어.

1628년 의회가 열렸어. 의회는 기다렸다는 듯이 "의회의 동의 없이는 어떤 세금도 국민에게 부과할 수 없고, 법에 의하지 않으면 그 누구도 체포할 수 없다"라고 선언했어. 이 선언이 바로 권리청원이야. 1215년 존 1세가 서명한 대헌장이 떠오르지 않니? 맞아. 권리청원은 그 대헌장을 바탕으로 작성됐단다.

의회는 찰스 1세에게 권리청원에 서명할 것을 요구했어. 의회의 기세가 너무나 강했기 때문에 찰스 1세는 서명할 수밖에 없었지. 또다시 왕이 무릎을 꿇은 거야. 그러나 찰스 1세는 약속을 지키지 않았어. 1년 후 의회를 해산했고, 다시 맘대로 세금을 매겼단다. 찰스 1세의 군대가 버티고 있어서 의회가 저항하지는 못했지만 분노는 점점 커졌어. 의회는 때를 기다렸어. 그리고 마침내 기회가 왔어!

## ✚ 이상한 불꽃축제

1605년 11월 11일, 가이 포크스는 영국 의회 건물의 지하실로 들어가기로 했어. 그곳에 폭약을 설치하기 위해서였지. 그의 목적은 의사당을 폭파시켜 제임스 1세를 암살하는 것이었단다. 그는 왜 테러를 준비했을까? 제임스 1세가 신교는 물론 로마 가톨릭도 탄압했기 때문이야. 로마 가톨릭 혁명단체의 조직원이었던 가이 포크스는 제임스 1세를 없애야 종교의 자유를

체포되는 가이 포크스

얻는다고 생각했지. 그러나 음모가 사전에 발각되는 바람에 그는 처형당하고 말았단다. 오늘날에도 영국인들은 11월 11일이면 불꽃축제를 해. 독재자 제임스 1세를 암살하지 못한 걸 축하하는 걸까? 영국인들은 큰 의미를 두고 있지 않다고 하지만, 어쨌든 이상한 축제지?

## 크롬웰과 청교도혁명

찰스 1세가 스코틀랜드에 영국 국교회를 받아들이라고 강요하기 시작했어. 이때 스코틀랜드는 개신교인 장로교를 믿고 있었어. 영국 국교회는 개신교라 해도 교리는 로마 가톨릭에 가까웠다는 사실을 기억하지? 이런 이유 때문에 스코틀랜드는 영국 국교회를 거부했어. 찰스 1세는 본때를 보여주겠다며 스코틀랜드로 쳐들어갔어. 한두 번의 전투로 끝날 거라고 생각했지만 의외로 전쟁은 길어졌지. 또다시 문제는 돈이었어. 전쟁 자금이 떨어진 거야. 몇 푼 안 되는 돈이라면 대충 이런저런 명목으로 세금을 만들어 돈을 뜯어내면 되지만 전쟁 자금은 실로 막대한 규모였지. 어쩔 수 없이 찰스 1세는 의회를 소집했어.

1640년 아주 오랜만에 의회가 열렸어. 그러나 상황은 전쟁 자금을 얻어보겠다는 찰스 1세의 뜻대로 돌아가지 않았어. 의회는 왕의 요구를 단호하게 거절했단다. 오히려 왕이 마음대로 재판을 하지 못하도

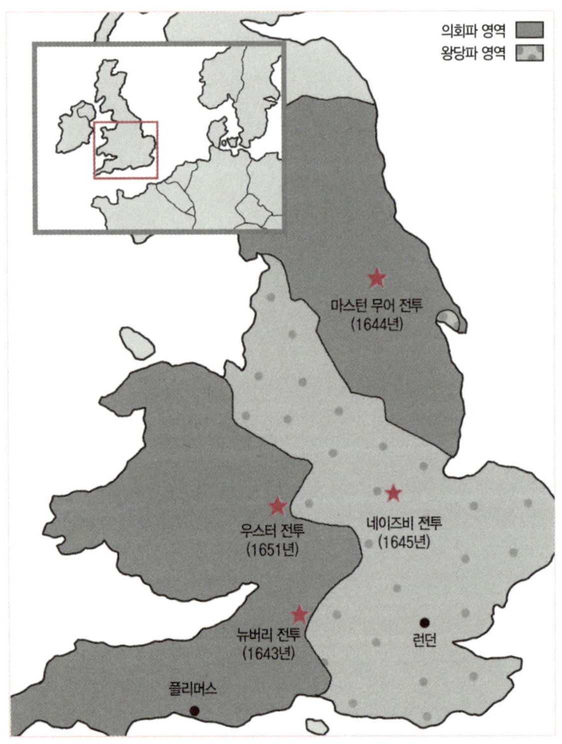



**영국 시민혁명** 청교도혁명과 명예혁명이 일어난 17세기 중후반 영국 지도. 왕당파와 의회파가 대립해 여러 전투가 벌어졌으며 윌리엄과 메리 부대는 영국 섬 남쪽의 플리머스로 진격했다.

록 제한하고 측근 귀족들을 처형할 것을 요구했어. 이미 기세에 눌린 찰스 1세는 선택권이 없었어. 따르는 수밖에.

바로 이듬해, 또 다른 문제가 터졌어. 아일랜드가 영국으로부터 독립하기 위해 본격적인 투쟁을 시작한 거야. 30년 종교 전쟁을 한창 치르고 있는 유럽 대륙만큼 이나 영국이 복잡하지? 이해를 돕기 위해 이즈음 영국 상황을 좀 살펴보도록 할 까?

영국을 보면 잉글랜드, 스코틀랜드, 웨일스, 아일랜드 등 크게 네 덩어리로 돼 있어. 이때는 잉글랜드와 스코틀랜드가 서로 대립하고 있었고, 아일랜드는 잉글랜 드의 지배를 받고 있었지. 물론 가장 큰형님은 잉글랜드였어. 잉글랜드와 스코틀

랜드가 대립한 것은 종교 때문이었지? 아일랜드가 잉글랜드에 반기를 든 것 도 종교 때문이었어.

아일랜드는 켈트족의 후 손이 사는 나라야. 잉글랜 드는 앵글로색슨족의 후손 이 살고 있었지. 잉글랜드 는 영국 국교회를 믿었지 만, 아일랜드는 로마 가톨 릭을 믿고 있었어. 민족과 종교가 모두 다른 셈이지. 훗날 아일랜드는 독립에

크롬웰 청교도혁명을 성공시킨 후 왕을 처형하고 공화정을 도입했지만 독재자라는 평가도 받고 있다.

성공했지만 아일랜드의 북부, 그러니까 북아일랜드만큼은 독립하지 못했어. 북아일랜드는 영국으로부터의 분리 독립을 외치며 20세기 말까지 투쟁을 벌였지. 이 투쟁 조직이 북아일랜드공화국군IRA이란다.

자, 다시 1641년으로 돌아가서…. 아일랜드의 저항에 대해 찰스 1세는 의회의 동의를 구하지 않고 맘대로 군대를 보냈어. 의회는 반발했지. 찰스 1세는 반발하는 의원들을 체포하려고 했어. 이제 의회도 더 이상 참을 수 없었어. 의회파가 무기를 들었어. 세계 역사상 첫 시민혁명인 청교도혁명1640년~1660년이 시작된 거야. 실제 전쟁은 1641년 시작됐지만, 의회가 왕에 대한 투쟁을 시작한 1640년을 청교도혁명이 시작된 해로 학자들은 보고 있단다.

전쟁 초반에는 왕을 지지하는 왕당파가 우세했어. 그러나 의회파의 영웅 올리버 크롬웰이 등장하면서 전세는 역전됐어. 크롬웰은 군기가 세고 전투력이 강하며 개신교 신앙으로 똘똘 뭉친 전사 집단을 만들었는데, 이들을 철기군이라고 불렀어. 철기군의 활약은 그야말로 눈부셨어. 모든 전투마다 승리한 거야. 1645년 네이즈비에서 치러진 전투에서 철기군은 왕당파를 완전히 제압했어. 찰스 1세는 부랴부랴 스코틀랜드로 도망갔어. 얼마 전까지 찰스 1세와 전쟁을 치르던 스코틀랜드가 그를 받아들일

찰스 1세의 처형  1649년 시민군에 의해 왕이 처형된 이 사건은 유럽 전체를 경악시켰다.

리 있겠니? 스코틀랜드는 찰스 1세를 크롬웰에게 넘겼단다.

크롬웰은 왕이 없는 공화국을 건설하려고 했지만, 의회는 입헌군주제파와 공화파로 갈리기 시작했어. 크롬웰은 그대로 두면 의회가 분열할 거라고 생각했어. 1649년 크롬웰은 온건한 왕을 다시 추대하자는 주장이 아예 나오지 못하도록 본보기로 찰스 1세를 처형해버렸어. 백성이 왕을 죽여버린 거야! 온 유럽이 경악했어. 그런 사례는 지금까지 없었거든.

크롬웰은 부강한 영국을 만들기 위해 상업과 무역을 적극 육성했어. 이런 정책을 중상주의라고 불러. 조금 있다가 자세히 살펴볼 거야. 크롬웰은 1651년 영국 국적의 배와 무역 상품을 직접 생산한 국가의 배만 영국 항구에 들어올 수 있도록 하는 항해조례를 발표했어.

이 항해조례는 네덜란드를 겨냥한 정책이었어. 당시 네덜란드는 해외무역으로 큰돈을 벌고 있었어. 심지어 영국을 능가할 정도였지. 크롬웰은 네덜란드 상선이 영국에 들어오지 못하게 하면 네덜란드 무역에 큰 타격을 줄 것이라고 생각했어. 항해조례에 따르면, 네덜란드 국적의 배나 네덜란드 무역선은 영국 항구에 들어올 수 없게 되지? 그래, 크롬웰은 바로 그 점을 노린 거야. 네덜란드는 크게 반발했고, 결국 두 나라 사이에 전쟁이 터졌어. 무역은 네덜란드가 앞섰다 해도 군사력은 영국을 이길 수 없었지. 당연히 영국의 승리로 전쟁이 끝났어.

이쯤에서 크롬웰이 권력을 내놓았다면 훗날 영웅으로 기억됐을 거야. 그러나 크롬웰은 독재를 향해 달리기 시작했어. 1653년 크롬웰은 의회를 해산하고 '나라를 지키는 귀족'이란 뜻의 호국경護國卿에 올랐어. 이름만 왕이 아니었을 뿐 독재자와 다를 게 하나도 없었지.

크롬웰은 독실한 청교도였어. 그러나 독실함이 너무 지나쳤어. 국민들에게도 아주 경건한 생활을 요구했지. 술도 마시지 못했고, 도박을 하다 들키면 목숨을 잃었 단다. 부패한 정치인은 아니었지만 자신의 이념만 강요하는 것 또한 독재가 아닐 까?

1660년 크롬웰이 세상을 떠났어. 크롬웰의 독재에 시달려서 그랬는지 의회는 청교도혁명 때 프랑스로 도망쳤던, 찰스 1세의 아들 찰스 2세를 왕에 앉혔어. 최 초의 시민혁명인 청교도혁명은 이렇게 막을 내렸단다.

## 명예혁명과 입헌군주제

찰스 2세는 청교도라는 말만 들어도 소름이 돋았어. 그 결과는? 청교도의 싹을 자르기 위해 영국을 가톨릭의 나라로 확 바꿔놓으려고 했단다. 다행히 의회와는 큰 충돌이 없었어. 의회는 이때 왕을 지지하는 왕당파와 의회를 지지하는 의회파 로 나뉘었어. 왕당파는 토리당, 의회파는 휘그당이라 불렸단다.

찰스 2세가 영국을 통치하고 있을 때 프랑스의 왕은 절대왕정의 상징인 루이 14세였어. 아마 찰스 2세는 루이 14세가 무척 부러웠을 거야. 루이 14세의 흉내를 내려고 했던 걸까? 찰스 2세는 루이 14세가 그랬던 것처럼 개신교 세력을 박해했 어. 1685년 찰스 2세의 뒤를 이어 왕이 된 제임스 2세도 똑같았어. 그는 한술 더 떠 모든 관리들에게 가톨릭을 믿으라고 강요했단다.

다시 영국이 술렁거리기 시작했어. 그러나 의회는 불만을 폭발적으로 터뜨리지 는 않았어. 오랜만에 찾아온 평화가 다시 혼란으로 바뀌어서는 안 되니까! 게다가 제임스 2세는 저항하는 사람들을 모두 감옥에 가둬버렸어.

사실 의회가 가만히 있었던 이유는 따로 있어. 제임스 2세의 큰딸 메리가 개신 교 신도였던 거야.(메리란 이름이 또 나와!) 제임스 2세에겐 아들이 없었으니까 다음

왕은 자연스럽게 메리가 되겠지? 그러면 종교 탄압도 없을 테고, 영국은 다시 평화로워질 거야.

그러나 의회의 꿈은 무너지고 말았어. 예순 즈음에 제임스 2세가 아들을 낳은 거야. 원래 토리당은 왕당파에서 출발했다고 했지? 그러나 제임스 2세의 아들이 왕위를 이어받는다면 왕당파도 무사하다는 보장은 없어. 의회가 파벌 싸움을 할 때가 아닌 거지. 토리당과 휘그당은 빨리 해법을 찾아야 했어. 의회는 제임스 2세를 몰아내기로 합의했어. 그렇다면 누가 왕이 되지? 의회는 제임스 2세의 딸 메리를 떠올렸어. 메리가 왕의 직계 혈통이니 왕이 돼도 도덕적으로나 법적으로나 문제는 없잖아?

이 무렵 메리는 네덜란드 총독 오렌지 공 윌리엄과 결혼해 네덜란드에 살고 있었어. 이 윌리엄은 에스파냐로부터 네덜란드의 독립을 이끌어낸, 바로 그 윌리엄 가문 사람이야. 네덜란드가 개신교 나라였다는 건 기억하지? 1688년

**윌리엄과 메리 부부**  명예혁명으로 권리장전에 서명하고 공동으로 왕이 되었다. 이후 영국은 입헌군주제 국가가 되었다.

영국 의회가 메리에게 "와서 왕이 돼주십시오"라고 부탁했어. 윌리엄과 메리 부부는 흔쾌히 수락했지. 부부는 즉각 군대를 이끌고 영국으로 진군했어.

윌리엄의 용맹에 기세가 눌린 영국 군대는 제대로 대항도 못하고 무너졌어. 제임스 2세는 프랑스로 도망쳤지. 의회는 메리 부부에게 "의회를 무시하지 않는다는 권리장전<sup>권리선언</sup>에 서명하면 영국의 왕 자리를 내주겠다"라고 했어. 메리 부부는 이 제안을 받아들였고, 이듬해 공동 왕이 됐어. 부부의 이름도 각각 메리 2세와 윌리엄 3세가 됐지.

청교도혁명과 다른 점이 있지? 그래, 단 한 방울의 피도 흘리지 않고 왕과 의회가 타협한 거야. 그래서 이 혁명을 명예혁명이라고도 부른단다. 명예혁명에는 또 하나의 큰 특징이 있어. 바로 의회가 왕을 선택했다는 거야. 의회가 왕을 직접 골랐고, 왕은 의회가 만든 법을 따라야 했지. 법을 만드는 입법권과 세금을 부과하는 과세권은 의회가 가졌고, 국민은 의원을 뽑을 수 있는 선거의 자유를 가졌어. 이처럼 왕은 존재하지만 국민 위에 군림할 수 없는 형태의 정치 체제를 입헌군주제라고 해. 비로소 완벽한 근대 시민사회가 된 거지.

이렇게 해서 영국은 청교도혁명의 실패를 끝내 성공적으로 완결시켰어. 수많은 사람들이 피를 흘린 대가를 후세 사람들이 보상받은 셈이지. 이처럼 민주주의는 오랜 시간에 걸쳐 서서히 발전했단다. 어느 날 갑자기 떡하니 나타난 게 아니란 점을 잊지 마. 명예혁명으로 영국은 유럽에서 가장 먼저 절대왕정 체제를 탈출했어. 권리장전은 훗날 미국의 독립선언과 프랑스 대혁명의 인권선언에 큰 영향을 미쳤단다.

### ✚ 영국 왕조는 짬뽕 왕조?

메리 2세와 윌리엄 3세에 이어 영국 왕이 된 사람은 메리 2세의 동생인 앤이었어. 앤 여왕은 과거 엘리자베스 1세가 그랬던 것처럼 후계자를 남기지 않았어. 그 때문에 앤 여왕이 죽자 스튜어트 왕조가 끊기고 말았단다. 영국 귀족들은 또다시 왕실에 가까운 핏줄을 찾았고, 독일 하노버의 조지 1세를 왕에 앉혔어. 이때부터 영국은 하노버 왕조의 시대가 됐지. 흥미로운 대목이 있어. 11세기 중반 윌리엄 1세가 세운 노르만 왕조는 노르만족, 12세기 중반 헨리 2세가 세운 앙주(플랜태저넷)는 프랑스 출신이었지. 이번에는 독일 가문까지! 그야말로 각국의 귀족이 돌아가면서 영국을 차지한 셈이야. 이런 점을 의식해 하노버 왕조는 1917년 윈저 왕조로 이름을 바꿨단다.

## 근대적 세계관과 과학혁명

영국은 가장 먼저 시민운동이 일어난 나라야. 그러나 정도의 차이는 있지만 이 무렵 다른 나라에서도 시민의식은 크게 성장하고 있었단다. 철학자와 과학자들은 더 이상 신神에게 의지하지 않고, 합리적이고 과학적인 방법으로 생각하고 행동했어. 이를 근대적 세계관이라고 불러. 시민혁명이 성공할 수 있었던 것도 이런 사상이 널리 퍼졌기 때문이었지.

유럽의 근대 철학은 크게 두 부류로 나눌 수 있어. 첫째, 영국의 프랜시스 베이컨이 1620년 《신기관》이란 책을 통해 제시한 귀납법이야. 귀납법은 사물을 경험하고 관찰한 뒤 진리나 법칙을 이끌어내는 철학 방식을 말해. 둘째, 17년 후 프랑

① 베이컨 영국의 철학자로 경험주의 학파의 대표자.
② 데카르트 프랑스의 철학자로 합리주의 학파의 대표자.

스의 르네 데카르트가 《방법서설》이란 책을 통해 제시한 연역법이야. 연역법은 보편적인 진리를 이해하고, 그 진리를 활용해 구체적인 방법을 찾아내는 철학 방식을 말해. 영국에서는 베이컨 학파가, 대륙에서는 데카르트 학파가 인기를 끌었지.

베이컨 학파는 경험을 중심하기 때문에 경험주의 학파라고도 불렀어. 예를 들어볼까? 대부분 사람들은 불이 뜨겁다는 걸 경험을 통해 이미 알고 있어. 굳이 만지지 않아도 "불은 뜨겁다"라고 말할 수 있지. 그래서 경험주의 학파는 "아는 게 힘이다!"라고 주장한단다.

반면 데카르트 학파는 합리적인 사고가 중요했기 때문에 합리주의 학파라고도 불렀어. 이번에도 예를 들어볼까? 데카르트는 "나는 생각한다. 고로 존재한다"라는 명언을 남겼지. 이 말을 풀어보면 이런 식이야. 동물이 생각할 줄 아는지는 확실히 몰라도 인간이 생각할 수 있다는 것은 부인할 수 없는 진리지? 이 점을 인정하면, 생각을 하지 못하면 인간이 아니라는 판단도 할 수 있을 거야. 이제 합리적으로 결론을 내려볼까? 인간은 생각하기 때문에 존재하게 되는 거야.

국가관에 대한 철학도 나왔어. 1651년 토머스 홉스는 《리바이어던》이란 책을 통해 "국가는 부득이하게 존재해야 하는 필요악이다"라고 주장했어. 토머스 홉스는 국가가 없다면 인간들은 서로 이익을 많이 가지려고 싸울 것이라고 예측했어.

그는 이 싸움을 '만인의 만인에 대한 투쟁'이라고 불렀어. 이 싸움이 무정부 상태로 번지는 걸 막기 위해 인간들은 "우리를 보호해달라"며 국가와 계약을 맺었다는 게 홉스의 주장이었지.

홉스의 국가관은 18세기 계몽주의가 발전하는 데 큰 영향을 미쳤어. 다만 홉스는 무정부 상태를 통제하는 게 국가의 역할이라고 주장하면서도, 어떤 통치가 올바른지에 대해서는 제시하지 않았어. 이 때문에 비판을 받기도 했지. 왜? 홉스의 주장대로라면 무정부 상태를 막은 독재자도 훌륭한 통치자가 되는 셈

《리바이어던》 홉스는 영국의 사상가로, 인간은 '만인의 만인에 대한 투쟁' 상태에 놓여 있기 때문에 국가가 통제해야 한다고 주장했다. 《리바이어던》은 홉스의 이런 국가관이 가장 잘 나타난 저서다.

이거든.

과학도 크게 발전했어. 어떤 학자들은 17세기 과학의 발전상을 두고 과학혁명이라고 부르기도 한단다. 그만큼 과학이 성장했다는 뜻이야. 사실 시민의식이 성장하면서 더불어 과학도 발전한 측면이 있어. 과학은 자유로운 사고가 바탕에 깔려야 발전하지 않겠어?

1610년 갈릴레오 갈릴레이는 목성 주위에 위성이 돌고 있다는 점을 발견하고는 "태양을 중심으로 지구와 항성들이 돌고 있다"라고 주장했어. 1543년 코페르니쿠스가 이미 주장했던 태양중심설 이론을 당시 최고의 학자가 다시 꺼낸 거야. 신이 인간을 선택했기 때문에 지구가 우주의 중심이라고 믿던 로마 교황청은 갈릴레이를 위협해 주장을 철회하게 했지.

**뉴턴** 영국의 과학자로 '만유인력'을 발견함으로써 현대 과학의 장을 열었다.

1662년에는 영국 런던에 왕이 후원하는 과학 기관인 왕립학회가 만들어졌어. 1687년 왕립학회 회원인 아이작 뉴턴은 그의 저서 《자연철학의 수학적 원리》를 통해 만유인력의 법칙을 발표했지. 만유인력이란, 모든 물체 사이에 서로 끌어당기는 힘이 있다는 뜻이야. 만유인력의 법칙은 중력의 법칙, 관성의 법칙, 작용반작용의 법칙으로 나눠져 있지. 이는 인류 과학사에 있어 가장 큰 혁명이었어. 그전까지 만물을 움직이는 것은 신이라고 믿었단다. 나무에서 사과가 떨어지는 것도 신이 명령을 내렸기 때문이란 거야. 뉴턴은 신이 개입하지 않아도 만물이 스스로 움직인다는 걸 증명해냈어. 이 때문에 뉴턴을 '현대 과학의 아버지'라고 부르지.

## 중상주의, 기지개 펴다

17세기 유럽 정치사 못지않게 중요한 게 경제사야. 이때 활활 타오른 중상주의를 알아볼 거야.

30년 전쟁과 청교도혁명의 와중에도 영국과 네덜란드는 전 세계로 영역을 넓혀나가고 있었어. 이 바탕에는 중상주의라는 경제이념이 있었단다. 중상주의는 기본적으로 우리나라의 제품을 많이 팔고, 다른 나라의 제품을 적게 사자는 이념이야. 그렇게 하면서 우리나라의 경제를 키우자는 거지. 이 중상주의 이념은 특히 영국과 네덜란드에서 활발했어. 영국이 1600년, 네덜란드가 1602년 인도에 동인도회사라는 무역회사를 설립한 것만 봐도 알 수 있지.

영국과 네덜란드는 왜 인도에 무역회사를 설립한 것일까? 단지 땅을 원했다면 군대를 이끌고 가 정복해버리면 될 텐데, 굳이 회사를 만든 것은 아직까지는 식민지를 개척하겠다는 생각보다 향신료를 구하겠다는 생각이 더 강했기 때문이야. 향신료는 유럽에서 비싼 값에 팔리기 때문에 큰돈을 벌어다주는 품목이었거든.

좀 이상하다는 생각이 들지 않니? 원래 인도양 항로를 개척한 나라는 포르투갈이었잖아? 맞아. 16세기에는 그랬지. 그러나 17세기 이후에는 강력한 중상주의를 펼친 영국과 네덜란드가 인도의 무역을 장악했어. 첫 개척자인 포르투갈은 밀려난 셈이야.

중상주의가 활발해지면서 무역으로 많은 돈을 버는 사람들도 생겨났어. 이런 재

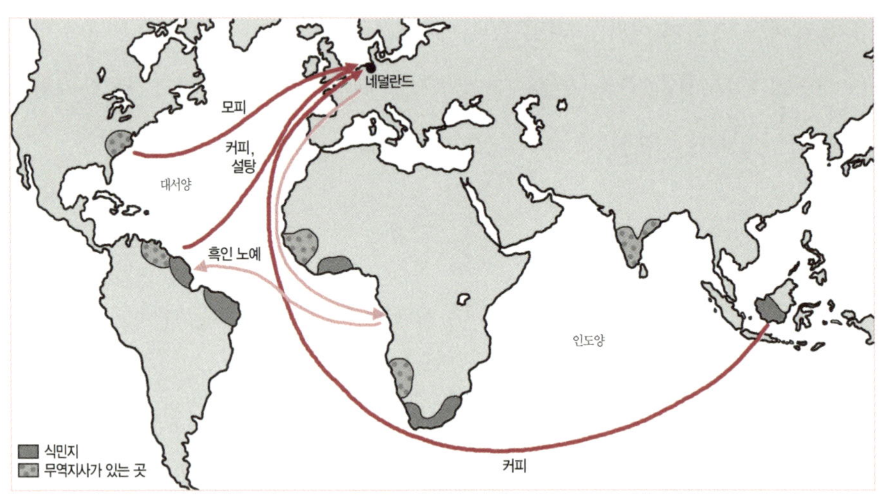


**네덜란드의 팽창**  네덜란드는 강력한 중상주의를 바탕으로 세계 전역으로 뻗어나갔다. 네덜란드는 세계 곳곳에 식민지를 개척했지만 크롬웰의 항해조례 시행으로 큰 타격을 받았다.

산을 경제학 용어로 상업자본이라고 부르고, 상업자본을 많이 확보한 사람들을 상업자본가라고 부르지. 상업자본가들은 더 많은 돈을 벌기 위해 무역을 확대했고, 돈이 되는 정보를 더 많이 알기 위해 서로 정보를 교환하기도 했어. 네덜란드에서 처음으로 상업자본가들의 정보지가 만들어졌는데, 그게 오늘날 신문으로 발전했다고 하는 학자들도 많아.

네덜란드는 영국에서 항해조례를 발표하기 전까지만 해도 가장 중상주의가 발달한 나라였어. 어쩌면 영국도 네덜란드를 따라잡지 못했을 거야. 오늘날까지 경제학자들이 투기로 인해 발생한 인플레이션을 설명할 때 꼭 인용하는 사례가 있는데, 튤립파동이란 거야. 이 파동 또한 가장 중상주의가 발달한 네덜란드에서 생긴 거란다.

17세기 초반부터 유럽인들은 튤립에 푹 빠져 있었어. 튤립이 예뻐서? 그게 아니야. 돌연변이 튤립이 나왔는데, 이게 꽤 비싸게 팔렸어. 사람들의 예상을 뛰어넘는 가격에 거래되기 시작했고, 새 품종이 나올 때마다 매진 사례를 기록했어. 이쯤 되자 돈 냄새를 가장 잘 맡는 네덜란드 상인들은 닥치는 대로 튤립을 사들였어. 정말로 튤립 가격은 엄청나게 뛰었어. 비싼 튤립은 한 송이에 집 한 채 값이었지.

튤립 가격이 계속 치솟자 사람들은 더 오를 거라고 생각했어. 뒤늦게 많은 사람들이 뛰어들어 튤립을 사들였지. 그러나 예상은 틀렸어. 언제부턴가 튤립의 투자 가치가 별로 없다는 소문이 나돌기 시작한 거야. 튤립 가격이 폭락하기 시작했어. 파산자가 속출했어. 무모하게 투자한 사람들은 모두 길거리에 나앉았지. 오늘날 주식투자로 신세 망친 사람들과 크게 다르지 않지?

17세기 말 영국에서 국채를 발행하기도 했어. 국채는 국가에서 발행한 채권이란 뜻이야. 채권은 돈을 지급하겠다고 약속한 문서를 말하지. 국채가 나오면서 상업은 또 한 단계 발전했어. 왜 그런지 아니? 그전까지는 상품만 사고팔았어. 그러나 이때부터는 돈을 지급하겠다고 약속한 문서를 거래하게 된 거야. 금융자본주의가 자리를 잡기 시작했다고 볼 수 있겠지?

중상주의와는 다소 거리가 있지만, 이 무렵 유럽에는 엄청나게 많은 양의 은<sup>銀</sup>이 시장에 깔려 사회적 문제가 되기도 했단다. 중남미의 볼리비아와 멕시코의 은 광에서 막대한 양의 은이 수입됐기 때문이야. 이 무렵 은은 화폐와 같은 역할을 했어. 은이 많아졌다는 것은 그만큼 돈이 많아졌다는 이야기가 돼. 돈이 많아지면 돈의 가치가 떨어져. 물가는 당연히 뛰게 돼 있어. 물가가 치솟으면 가장 피해 보는 사람은 누구지? 바로 서민이야.

사실 상품을 파는 상인이나 공산품을 만드는 제조업자는 은이 많아져도 상관이 없어. 오히려 많은 은을 확보했기 때문에 부자가 될 가능성이 더 높았지. 그러나 서민, 즉 농민들은 100원을 주고 살 수 있던 생활필수품을 500원을 줘야만 살 수 있게 됐어. 당연히 더 궁핍해지지 않겠니? 이 때문에 많은 농민들이 몰락했고, 도시로 몰려든 농민들은 노동을 하며 생계를 근근이 이어나가야 했어. 이처럼 은이 대량 수입되면서 가격이 폭등한 사건을 가격혁명이라고 한단다.

이제 부자와 가난뱅이의 격차는 더욱 커졌어. 무역을 통해 큰돈을 만진 거상들은 그 돈을 다시 무역과 제조업에 투자했어. 그 결과 그들은 더 큰 부자가 됐지. 이 사람들이 곧 자본가로 성장한단다.

## 통박사의 역사 읽기

### + 울타리 치면 모두 내 땅?

영국에서는 15세기 말부터 황무지와 같은 미개간지에 울타리를 치면 자신의 땅이 됐어. 때로 농민들은 자신에게 필요 없는 땅을 다른 농민에게 주고, 그 농민이 불필요한 땅을 받기도 했어. 이를 인클로저 운동이라고 불렀는데, 비교적 평화롭게 진행됐단다. 그러나 17세기 후반부터 영주들은 강제로 농민의 땅을 빼앗아 울타리를 쳤어. 영주들은 이 땅에서 양모를 생산하기 위해 양을 길렀지. 이 양모가 모직물 산업에 필요했거든. 그 결과 많은 농민들이 몰락해 농촌을 떠날 수밖에 없었어. 이들은 도시로 들어가 노동자가 됐지. 반면 영주들은 돈을 많이 벌어 자본가로 성장했단다. 어쩌면 인클로저 운동이 자본주의로 이어진 건지도 몰라.

# 패권주의 전쟁, 유럽이 들썩이다

18세기 벽두부터 북유럽에서 전쟁이 터졌어. 그러더니 곧이어 내륙에서도 전쟁이 터졌지. 전쟁의 이유는 간단해. 강한 나라가 되기 위해서야. 이 전쟁들을 거치며 러시아와 프로이센이 강국의 대열에 합류했어. 18세기 중반이 되면서 유럽에서는 영국, 프랑스, 프로이센, 러시아, 오스트리아 등 5개 나라가 메이저 리그를 차지했단다.

이 가운데 영국과 프랑스가 가장 강했어. 두 나라는 유럽 대륙뿐만 아니라 아시아와 아메리카에서도 전쟁을 벌였지. 거의 모든 전쟁에서 영국이 승리하면서 영국은 최고의 강대국이 됐어. 프랑스는 서서히 가라앉기 시작했지.

러시아는 오스만 제국을 흔들기 시작했어. 오랜 세월 오스만 제국의 지배를 받던 발칸 반도의 국가들도 깨어나기 시작했지. 한때 유럽을 벌벌 떨게 만들었던 오스만 제국은 종이호랑이가 됐어. 18세기에 터진 대표적인 패권주의 전쟁을 정리해볼까?

### 표트르 대제와 북방 전쟁

먼저 북유럽으로 가볼까? 이곳에서는 18세기 벽두부터 큰 전쟁이 터졌단다. 러시아와 스웨덴이 발트 해의 주도권을 놓고 벌인 전쟁이었어. 전투가 유럽 북부 지역에서 주로 일어났기 때문에 이 전쟁을 북방 전쟁<sub>1700년~1721년</sub>이라고 부른단다.

**북방 전쟁의 주요 전투** 스웨덴은 나르바 전투에서 폴란드를 격퇴했으나 폴타바 전투에서 러시아에게 대패하고 한고 해전에서 다시 패함으로써 몰락의 길로 접어들었다.

스웨덴은 30년 전쟁이 치러질 때만 해도 강국이었어. 그러나 구스타브 2세가 전투 도중 사망하고 나서 내리막을 타기 시작했지. 스웨덴은 약소국으로 떨어진 걸까? 아니야. 18세기로 접어들 즈음, 타고난 싸움꾼인 카를 12세가 왕이 되면서 스웨덴은 재기를 노렸단다. 스웨덴은 주변 지역을 하나씩 장악했고, 그 결과 발트 해 일대를 완전히 차지했어.

한 국가의 힘이 특히 강하다면 주변에 있는 다른 국가들은 불안해질 수밖에 없어. 스웨덴 주변에 있던 국가들이 바로 그런 심정이었을 거야. 특히 폴란드가 위기감을 많이 느꼈고, 덴마크도 드러내지는 않았지만 스웨덴을 잔뜩 경계하고 있었어. 스웨덴에 불만을 품은 또 하나의 나라가 있었어. 바로 러시아야. 러시아는 그전부터 발트 해로 진출하고 싶어 안달이 나 있는 상태였지. 특히 이 무렵 러시아의 차르가 그런 욕심이 강했단다. 그 황제가 앞에서 언급했던 표트르 대제야.

표트르 대제는 러시아가 발전하려면 바다로 나갈 수 있는 통로가 반드시 있어야 한다고 생각했어. 대서양 쪽으로 나간다면 그 통로는 당연히 발트 해가 되지.

그러나 스웨덴이 그곳에 떡하니 버티고 있었어. 그럼 싸울 수밖에!

폴란드, 덴마크, 러시아가 한편이 됐어. 폴란드의 왕은 신성로마 제국의 작센 공국 선제후였지. 이런 인연으로 작센과 프로이센도 연합군에 합류했어. 스웨덴은 홀로 그들과 맞서 싸워야 했지. 이렇게 해서 북방 전쟁이 터졌어. 그래도 처음에는 스웨덴이 더 우세했단다. 이때만 해도 러시아가 적극적으로 나서지 않았기 때문이야.

몇 번의 승리를 맛본 스웨덴 왕 카를 12세는 우쭐한 마음에 무모한 결정을 내리고 말았어. 모스크바로 진격해 러시아를 무너뜨리겠다는 거야. 카를 12세는 모스크바 공격 명령을 내렸어. 첫 전투에서 스웨덴 군은 러시아 군을 거의 전멸시킬 정도로 대승을 거뒀어. 스웨덴 군은 신이 나 러시아 깊숙한 곳으로 진격했고, 러시아 군은 계속 후퇴했어. 카를 12세는 승리하고 있다고 생각했겠지? 그러나 모스크바의 겨울은 너무 추웠어. 표트르 대제는 바로 그 날씨를 고려해 일부러 후퇴했던 거야. 결국 스웨덴 군은 사람이 아닌 날씨에 패하고 말았어. 스웨덴 군은 후퇴하기 시작했고, 러시아 군은 그들을 추격해 섬멸해버렸어.

그 후 스웨덴과 러시아는 당분간 크게 충돌하지 않았어. 표트르 대제는 지금의 상트페테르부르크로 수

표트르 대제 서구화 정책과 북방 전쟁의 승리로 러시아를 유럽의 강대국으로 만들었다.

도를 옮기려고 했어. 도시 이름은 자신의 이름을 따 페테르부르크라고 지었지. 러시아 병사들이 대거 동원돼 도시를 만들기 시작했어. 스웨덴 군은 러시아 군이 약해졌다고 판단하고 폴란드를 격파하기 위해 군대를 이동시켰어. 그러나 잘못된 판단이었어. 그 후 치러진 전투에서 스웨덴 군은 러시아 군에게 모두 패했단다. 1709년 폴타바 전투에서는 스웨덴 군이 재기할 수 없을 정도로 무너져버렸어. 이 폴타바 전투를 계기로 전세는 러시아 쪽으로 기울기 시작했어. 또 발트 해 연안의 스웨덴 땅이 사실상 러시아로 넘어갔다고 해도 틀리지 않아.

1712년 표트르 대제가 그렇게도 고대하던 페테르부르크가 다 만들어졌어. 러시아의 수도가 모스크바에서 페테르부르크로 바뀐 거야. 모든 이사 작업을 끝낸 표트르 대제는 이듬해 총공격을 개시했어. 스웨덴은 더 이상 러시아를 막아낼 수 없었어. 마침내 발트 해가 완전히 러시아의 수중에 떨어졌어. 몇 차례의 전투가 더 치러지면서 북방 전쟁은 지루하게 계속됐어.

그러다가 1721년 뉘스타드 조약이 체결되면서 비로소 전쟁이 끝났단다. 이 조약에 따라 스웨덴은 핀란드 영토인 카렐리아 지협까지 러시아에게 넘겨줘야 했어. 이 무렵 핀란드는 스웨덴의 지배를 받고 있었다는 거 기억하지? 스웨덴의 희생은 컸던 반면, 러시아는 이 전쟁을 통해 강대국으로 급부상했지.

내친 김에 러시아의 18세기 역사를 마저 살펴볼까? 표트르 대제가 사망하자 러시아는 잠시 혼란에 빠졌어. 그러나 표트르 3세의 아내로, 남편을 밀어내고 차르가 된 예카테리나 2세예카테리나 대제가 그 혼란을 모두 수습했어. 강력한 여황제였던 예카테리나 대제는 다시 정복 전쟁에 나섰어. 이번에 러시아의 타깃은 크림 반도와 오스만 제국이었어. 프로이센, 오스트리아와 함께 폴란드를 나눠 가진 것도 이 무렵이었지.

폴란드는 참으로 슬픈 역사를 가지고 있어. 1772년부터 1795년까지 23년간 세 차례에 걸쳐 오스트리아, 프로이센, 러시아 세 나라에게 영토가 분할되는 비극을 맛봐야 했단다. 그 결과 1795년 이후에는 한동안 역사에서 사라지기도 했지. 세 나라는 모두 폴란드와 인접해 있는데, 다른 강대국이 폴란드를 차지하면 혹시 피해를 입을까봐 나눠 갖기로 한 거야.

예카테리나 2세 러시아의 강력한 여황제로 오스트리아, 프로이센과 함께 폴란드를 분할했다.

폴란드 분할은 예카테리나 대제로부터 비롯됐어. 예카테리나 대제가 폴란드 내정에 간섭해 군대를 출동시키려고 하자 프로이센의 프리드리히 2세프리드리히 대왕도 폴란드를 노리기 시작했지. 예카테리나 대제는 오스트리아의 여황제 마리아 테레지아를 끌어들였어. 세 나라는 전쟁을 치르는 대신 러시아는 드네프르 강 동쪽의 영토를, 프로이센은 서프로이센을, 오스트리아는 갈리치아 지방을 갖기로 합의했단다.

이때는 프랑스 혁명이 막 끝났을 무렵이었어. 프랑스 혁명의 열기가 폴란드에도 전파됐어. 폴란드의 자유주의자들은 새로운 헌법을 만들고 폴란드를 강대국의 손아귀에서 빼내려고 했지. 러시아와 프로이센이 다시 폴란드를 공격했어. 그 결과 제2차 폴란드 분할이 이뤄졌고, 러시아는 우크라이나를, 프로이센은 그단스크를 포함한 영토 일부를 다시 빼앗아갔어.

폴란드 민족주의자들은 더 이상 참을 수 없었어. 본격적인 독립투쟁이 시작됐고, 폴란드의 수도 바르샤바에 임시정부가 들어섰지. 이번에도 러시아와 프로이센이 그냥 두지 않았어. 1795년 러시아와 프로이센 군대가 폴란드를 침략했어. 이번에는 폴란드 땅을 완전히 나눠 가져버렸어. 이렇게 제3차 폴란드 분할로 폴란드란 나라는 역사에서 오랫동안 사라졌단다.

러시아는 폴란드뿐만 아니라 오스만 제국도 노렸어. 북방 전쟁에 뛰어든 이유와 비슷해. 오스만 제국을 장악해야 지중해로 들어갈 수 있었거든. 러시아는 18세기 중반부터 19세기 초반까지 여섯 번이나 오스만 제국과 전쟁을 벌였어. 물론 모든 전쟁에서 승리했지.



### + 잔인한 대제

표트르 1세는 러시아를 강대국으로 키운 차르로, '대제'라는 칭호를 얻었지. 그러나 그 칭호에 어울리지 않게 성격은 아주 잔인했단다. 화가 나면 그 자리에서 사람을 때려죽이기도 했어. 고문을 할 때도 온갖 잔인한 방법을 다 동원했지. 표트르 1세는 아내마저도 우아하지 못하다며 수녀원에 가둬버렸어. 아들? 아들이 자신의 정책을 반대하자 온갖 고문을 하고 난 뒤 감옥에 가둬버렸단다. 러시아 차르 가운데 폭군의 대명사는 '뇌제'라는 별명을 얻은 이반 4세지. 그런데 실제로 따져보면 표트르 1세가 훨씬 잔인했을지도 모른다는 생각이 들어. 표트르 1세는 고질적인 신경통을 앓았을 뿐만 아니라 알코올 중독에도 걸렸었단다. 어쩌면 제 성미를 이기지 못해 이런 병에 걸렸던 게 아닐까?

## 에스파냐 왕위계승 전쟁과 프랑스의 추락

유럽 최북단에서 터진 북방 전쟁을 살펴봤어. 이번에는 유럽의 최남단에 있는 에스파냐로 갈 거야. 그곳에서도 비슷한 시기에 패권 전쟁이 터졌거든.

에스파냐의 전성기는 펠리페 2세 때였어. 그의 뒤를 이어 펠리페 3세와 펠리페 4세가 왕이 됐고, 그다음에는 카를로스 2세가 왕이 됐지. 이 세 명의 왕이 통치한 시기는 이미 에스파냐가 많이 기울어 있을 때야. 그래도 아메리카 식민지를 차지하고 있으니, 아직까지는 다행인 셈이지.

북방 전쟁이 터진 해인 1700년, 카를로스 2세가 세상을 떠났어. 그에게는 왕위를 이을 후계자가 없었어. 합스부르크 왕조는 어떤 인물을 다음 왕에 앉혀야 하나 고민하기 시작했어. 에스파냐 왕실이 합스부르크 가문이었다는 것 기억하고 있지?

그런데 카를로스 2세의 유언장에는 뜻밖의 내용이 적혀 있었어. 프랑스 왕 루이 14세의 손자인 필립에게 왕위를 넘겨준다는 거야. 30년 전쟁 이후 유럽 대륙에서 최고의 강대국은 프랑스였고, 루이 14세의 외가가 합스부르크 가문이었기 때문에 그럴 수도 있겠다 싶어. 어쨌든 아무 탈 없이 필립은 에스파냐 왕 펠리페 5세가 됐어. 문제는 그다음에 생겼지.

30년 전쟁이 끝나고, 신성로마 제국의 영방국가들은 사실상 독립국가가 됐다고 했지? 합스부르크 왕조는 오스트리아와 주변의 작은 국가로 쪼그라들었어. 아무리 그렇다 해도 합스부르크 가문은 유럽의 여러 왕조 가운데 여전히 힘이 센 왕조였어. 게다가 원래 에스파냐와 오스트리아는 특히 가까웠고, 오스트리아야말로 정통 합스부르크 가문이잖아? 당연히 오스트리아는 펠리페 5세를 에스파냐의 왕으로 인정하려 하지 않았지.

1701년 오스트리아는 프랑스와 전쟁을 시작했어. 전쟁이 터지자 여러 나라들

에스파냐 왕위계승 전쟁 비고만 해전에서 영국과 네덜란드 함대가 프랑스-에스파냐 함대를 격파했다.

이 저울질을 시작했지. 어느 편에 서야 이익이 많을까…. 프랑스의 세력이 커지는 걸 두려워하던 영국과 네덜란드가 오스트리아의 편에 섰어. 이 나라들은 아메리카에 많은 식민지를 가진 에스파냐가 프랑스와 한 가족이 되는 걸 겁내고 있었단다. 펠리페 5세가 에스파냐의 왕이 되면 부르봉 왕조는 최대의 왕조가 되고, 프랑스는 더 강해지겠지? 프로이센도 이런 점이 걱정돼 오스트리아의 편에 섰어. 이렇게 해서 시작된 전쟁이 에스파냐 왕위계승 전쟁1701년~1714년이야.

전쟁 초반부에는 프랑스가 우세했어. 그러나 1702년 영국과 네덜란드 함대가 프랑스 함대를 격파하면서부터 전세는 역전됐어. 그 후 프랑스는 전세를 뒤집지 못하고 연합군을 막기에 급급했지. 그렇게 전쟁은 질질 계속됐어. 그러다가 참전국들은 1713년 위트레흐트 조약, 1714년 라슈타트 조약을 연이어 체결하고 전쟁을 끝냈어.

어느 한쪽이 일방적으로 패한 게 아니기에 펠리페 5세는 에스파냐의 왕위를 그대로 인정받았어. 프랑스는 신성로마 제국이 점령했던 알자스 지방을 돌려받기도 했어. 그러나 프랑스와 에스파냐가 얻은 것은 이게 전부야. 그 대신 잃은 것은 많았어.

에스파냐는 네덜란드 남부 지방을 오스트리아에 빼앗겼어. 네덜란드 독립전쟁 때 펠리페 2세가 북부 지역에서 떼어내 가톨릭 국가로 만든 바로 그 지역이지. 오늘날 벨기에에 해당하는 곳이야. 밀라노, 사르데냐 등 오늘날 이탈리아 땅에 있는 몇몇 나라도 오스트리아가 빼앗았어.

가장 큰 이익을 얻은 나라는 영국이었어. 영국은 유럽 내륙보다는 신대륙에 더 관심이 많았어. 에스파냐 왕위계승 전쟁에 뛰어든 것도 에스파냐가 가지고 있는 식민지를 빼앗기 위해서였지. 실제로 영국은 에스파냐가 북아메리카에서 가지고 있는 모든 특권을 빼앗았어. 영국은 프랑스로부터 북미 식민지 가운데 하나인 뉴펀들랜드까지 빼앗았단다.

자, 이제 에스파냐 왕위계승 전쟁의 결론이야. 이 전쟁 이후 프랑스의 추락 속도가 빨라졌어. 반면 영국은 프랑스를 확실히 꺾고 유럽의 큰형님이 됐지.

## 프리드리히 대왕과 오스트리아 왕위계승 전쟁

두 전쟁이 끝나고 20년 정도가 흘렀어. 이번에는 오스트리아의 왕 자리를 놓고 유럽의 여러 나라들이 또다시 전쟁에 들어갔어. 이 전쟁을 오스트리아 왕위계승 전쟁1740년~1748년이라고 불러.

30년 전쟁이 끝나고 체결된 베스트팔렌 조약에 따라 신성로마 제국 영방들이 사실상 독립했지? 합스부르크 왕조도 오스트리아 일대만 통치하게 됐어. 프로이센 공국이나 오스트리아나 큰 차이가 없게 된 거야. 그런데도 여전히 합스부르크 황제가 큰형님 행세를 하는 게 프로이센은 맘에 들지 않았어. 그러나 당장 큰 충돌이 터지지는 않았어. 오히려 1701년, 프로이센의 왕이 된 프리드리히 1세는 에스파냐 왕위계승 전쟁에서 오스트리아를 도왔단다.

1714년 프리드리히 빌헬름 1세가 프로이센의 왕에 올랐어. 그는 프로이센이 강대국으로 도약할 수 있는 기틀을 착실히 만들어나갔어. 무엇보다 군대를 키우는 데 주력했지. 군사 강국이 되는 게 강대국이 되는 가장 확실한 방법이라고 생각한 거야.

**프리드리히 대왕** 프로이센을 유럽 최강의 군사 대국으로 성장시켰다.

에스파냐의 왕위계승 전쟁이 끝나고 체결된 위트레흐트 조약에서 프로이센은 큰 선물을 얻었어. 승리에 기여한 공을 인정받아 공국에서 왕국으로 승격된 거야. 이제는 국가의 규모로 봐도 오스트리아가 전혀 부럽지 않게 됐지? 이때부터 프로이센은 독일을 통일하는 주역으로 떠오르기 시작했어. 때마침 탁월한 왕도 등장했어. 1740년 왕에 오른 프리드리히 2세야. 그는 아버지의 뒤를 이어 더욱 강력한 군사 강국을 만들었어. 국민들은 그에게 프리드리히 대왕이란 칭호를 선사했단다.

프리드리히 대왕은 우선 지방의 귀족들을 철저하게 눌렀어. 그의 서슬에 놀란 귀족들은 납작 엎드렸지. 내부 정리를 끝냈으니 당연히 외부로 눈을 돌려야겠지? 프리드리히 대왕은 영국과 프랑스가 식민지를 늘려가는 것을 보고는 프로이센도 영토를 넓혀야 한다고 생각했어. 프리드리히 대왕이 노린 첫 타깃은 바로 프로이센 남쪽에 있는 슐레지엔이었어. 슐레지엔은 철과 석탄이 풍부한 지방이었어. 그곳을 얻는다면 프로이센의 군사력이 더욱 강해질 거라고 본 거지. 그러나 슐레지엔은 오스트리아의 땅이었어. 어떻게 그곳을 집어삼킬 수 있을까?

마침 기회가 왔어. 프리드리히 2세가 왕이 된 바로 그해, 오스트리아의 왕이면서 신성로마 제국 황제인 카를 6세가 세상을 떠났는데, 아들이 없었던 거야. 후계자라고는 마리아 테레지아라는 딸이 유일했어. 딸이 황제에 오르면 되는 것 아니냐고? 그게 쉽지 않아. 전통 게르만 관습에서는 여자가 왕에 오르는 게 금지돼 있거든. 그러나 카를 6세는 이러한 관습을 무시하기로 했어. 그는 마리아 테레지아를 다음 왕으로 지명한다는 유언장을 남겼지.

이 유언에 따라 마리아 테레지아가 오스트리아의 왕에 올랐어. 그러자 몇몇 영방국가가 반발하기 시작했어. 오스트리아의 왕은 곧 신성로마 제국의 황제가 되니 그럴 법도 했지. 그 가운데 바이에른 선제후 카를 7세가 가장 반발이 심했어. 그는 마리아 테레지아 여왕을 인정하지 않고 자신이 오스트리아의 왕, 그러니까 신성로마 제국의 황제가 돼야 한다고 주장했어. 마리아 테레지아는 당황했어.

바로 이때 프로이센이 개입했어. 프리드리히 대왕은 마리아 테레지아를 지원하는 대가로 슐레지엔을 달라고 했어. 그러고는 마리아 테레지아의 답변을 듣기도 전에 슐레지엔으로 군대를 보내 점령해버렸어.

 신성로마 제국의 황후이자 실질적 지배자였다.

프로이센이 개입하자 다른 나라들도 참전의 명분이 생겼지? 먼저 프랑스와 에스파냐가 바이에른의 편을 들며 군대를 보냈어. 카를 7세는 응원군이 등장하자 힘이 솟았는지, 신성로마 제국의 황제에 올랐어. 그러나 참전국은 이게 다가 아니야. 프랑스가 나섰다면 경쟁국인 영국도 나섰겠지? 영국은 마리아 테레지아 쪽을 지원했어. 오스트리아의 왕위계승 문제를 두고 또 한 번의 국제전이 된 거야. 프리드리히 대왕은 더 이상 개입하지 않았어. 슐레지엔을 얻었는데 굳이 전쟁에 휘말릴 필요가 없었던 거야. 정말 머리가 비상한 사람이지?

오스트리아 왕위계승 전쟁의 결말은 좀 싱거워. 1745년 카를 7세가 세상을 떠나버린 거야. 자연스럽게 신성로마 제국 황제 자리는 마리아 테레지아의 남편 프란츠 1세에게 넘어갔지. 그 후 몇 차례의 전투가 있었지만 큰 전투는 없었어. 1748년 참전국들은 아헨 조약을 체결하고 전쟁을 끝냈단다.

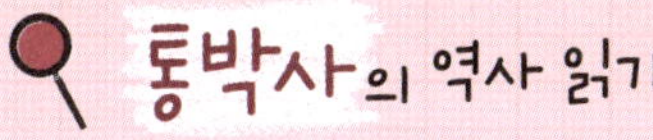



## ✚ 철학을 사랑했던 황제

프리드리히 대왕은 원래 군인 기질이 별로 없던 사람이었어. 어렸을 때부터 아버지인 프리드리히 빌헬름 1세가 강요하는 군사 교육을 피해보려고 무진 애를 썼지. 프리드리히 대왕은 오히려 문학, 음악, 철학 같은 것을 더 좋아했어. 그런 그를 아버지는 내버려두지 않았어. 프로이센 왕이 될 사람에게 그런 건 필요 없다고 생각한 거야. 그러나 프리드리히 대왕은 아버지 몰래 문학, 예술, 철학에 심취했으며 군부 국가 프로이센의 후계자 신분에 어울리지 않게 볼테르 같은 계몽주의자들과 아주 친하게 지냈단다. 왕이 되고 나서도 처음에는 고문 제도를 폐지하고 신분에 관계없이 평등하게 재판을 하도록 지시했어. 국민들은 최고의 왕을 맞이했다고 좋아했지. 그러나 어느새 프리드리히 대왕은 아버지를 닮기 시작했어. 한때 철학을 사랑했지만, 그 역시 군사 문화를 좋아하는 왕으로 바뀐 거야. 역시 핏줄은 어쩔 수 없는 걸까?

## 7년 전쟁과 프로이센의 약진

오스트리아 왕위계승 전쟁의 2탄이 터졌어. 이 전쟁이 바로 7년 전쟁<sup>1756년~1763년</sup>이야. 오스트리아 왕위계승 전쟁에서 가장 큰 이득을 챙긴 나라는 어디지? 프로이센이야. 나머지 나라들이 한창 싸우고 있을 때 프로이센은 슐레지엔을 차지하고, 싹 빠져버렸어. 다른 유럽 나라들도 프로이센이 점점 강해지고 있음을 깨달았어. 슬슬 두려워지기 시작했지.

이때 마리아 테레지아가 전쟁의 불씨를 피웠어. 그녀는 오스트리아 왕위계승 전쟁이 끝나자 슐레지엔을 되찾아야겠다고 마음먹었어. 그러나 프로이센은 슐레지엔 땅을 내줄 마음이 없었지. 오스트리아는 프랑스, 러시아, 스웨덴과 동맹을 맺었어. 프로이센이 동서남북으로 포위된 꼴이 됐지? 프로이센도 부랴부랴 지원군을 찾았어. 항상 프랑스와 맞서는 영국이 프로이센의 손을 잡았어.

1756년 프로이센은 신성로마 제국 영방인 작센을 기습 공격했어. 비록 신성로마 제국 영방이 각기 독립한 상태였지만, 오스트리아는 여전히 신성로마 제국의 우두머리였어. 작센을 침공한 것은 곧 오스트리아와 한판 붙자는 뜻이나 다름없었지.

이 전투를 시작으로 전쟁은 무려 7년이나 끌었어. 이 때문에 7년 전쟁이란 이름이 붙은 거야. 전쟁 초반에는 프로이센이 우세했어. 그러나 전쟁이 장기화되면서 프로이센은 차츰 밀리기 시작했고, 1759년 이후에는 거의 모든 전투에서 프로이센이 패배했지. 후퇴에 후퇴를 거듭하던 프로이센 군대는 결국 수도인 베를린까지 점령당할 위기에 놓였고, 프리드리히 대왕은 모든 걸 포기하고 자살을 결심했어. 그러나 하늘이 무너져도 솟아

엘리자베타 표트르 대제(표트르 1세)의 딸로 쿠데타를 일으켜 정권을 잡았다. 러시아의 반프로이센 정책은 그녀의 사후 표트르 3세에 의해 철회되었다.

날 구멍은 있다고 했던가. 뜻밖의 구세주가 프로이센을 살렸어. 바로 러시아야.

어? 러시아는 오스트리아 연합군 소속 아니었나? 맞아. 그런데 왜 프로이센을 지원해? 다 사정이 있었단다. 7년 전쟁이 터질 때 러시아 황제는 표트르 대제의 딸인 엘리자베타였어. 이 여제는 프로이센과 프리드리히 대왕을 매우 싫어했지. 그 때문에 오스트리아와도 동맹을 맺은 거야. 그런데 이 여왕이 1762년 갑자기 세상을 떠났어. 그녀의 뒤를 이어 황제가 된 표트르 3세는 프리드리히 대왕을 좋아하는 정도가 아니라 아주 존경하고 있었단다. 게다가 훗날 표트르 3세를 몰아내고 황제가 된, 표트르 3세의 부인 예카테리나 2세는 독일 출신이었어.

표트르 3세는 오스트리아를 지지하던 정책을, 프로이센을 지지하는 정책으로 바꿨어. 이 정책에 따라 러시아는 프로이센과 전쟁하지 않기로 협정을 체결했지. 러시아도 빠졌겠다, 연합군은 이 전쟁을 더 이상 치러야 할 이유를 찾지 못했어. 결국 1763년 후베르투스부르크 조약을 체결하면서 7년 전쟁은 끝났단다. 이로써 오스트리아 왕위계승 전쟁에서부터 시작된 국제전은 외형상 무승부로 끝났어.

그런데 정말로 무승부였을까? 아니야. 사실상 프로이센의 승리였지. 프로이센은 일단 슐레지엔을 자국의 영토로 만드는 데 성공했어. 다른 유럽 국가들에게 프로이센이 얼마나 강한지를 분명하게 보여준 것도 이득이야. 이 전쟁을 계기로 프로이센은 유럽의 강대국으로 인정받게 됐어. 러시아가 북방 전쟁을 통해 강대국의 대열에 들어섰다면, 프로이센은 7년 전쟁의 승리로 강대국이 된 셈이야.

게다가 7년 전쟁은 오스트리아와 프로이센의 서열을 묘하게 바꿔놓았어. 이 두 나라는 모두 신성로마 제국에 소속된 영방 왕국이야. 그러나 신성로마 제국 황제를 배출하는 합스부르크 왕조의 근거지는 오스트리아였어. 이런 점 때문에 지금까지 게르만족의 대표선수는 오스트리아였지. 프로이센은 에스파냐 왕위계승 전쟁 후 공국에서 왕국으로 승격한 신생국이었기 때문에 게르만 국가의 서열을 따진다면 오스트리아보다 한참 밑이었어. 그러나 7년 전쟁 결과 이 서열이 달라졌어. 프로이센이 오스트리아와 대등해진 거야! 결국 이 전쟁의 의의를 한 줄로 요약하면 "프로이센이 강대국이 됐다"가 되겠지?

이 전쟁은 가장 큰 이해당사자가 아닌 영국과 프랑스의 서열도 확실하게 정해 놓았단다. 이 전쟁에서 프랑스는 오스트리아를, 영국은 프로이센을 지지했지? 겉으로는 무승부였지만 실제로는 프로이센의 승리였어. 그렇다면 프랑스는 영국과의 전쟁에서 또 패한 셈이야. 모든 전쟁에서 밀린 프랑스는 지는 해가 됐고, 영국은 절대 강국이 돼버렸어. 7년 전쟁이 끝나면서 체결된 파리 조약에 따라 프랑스는 북미 식민지의 거의 전부를 영국에 빼앗겼단다.

## 영국의 승리

이제 영국의 활약을 따로 살펴볼 거야. 17~18세기, 영국은 세계의 거의 모든 곳을 장악했단다.

1607년 한 무리의 영국인이 미국 버지니아에 도착했어. 이들은 당시 영국 왕이었던 제임스 1세의 이름을 따, 그곳을 제임스타운이라고 불렀지. 이들은 노예를 부리며 담배 농사를 했어. 1620년에는 종교의 자유를 찾아 청교도들로서는 처음으로 북미로 이민을 하기도 했지. 이때부터 영국은 총 13개 주에 식민지를 건설했어.

이 무렵 프랑스와 네덜란드도 새로운 땅을 찾아 나서기도 했어. 1608년 캐나다의 퀘벡을 건설한 나라는 프랑스였고, 1652년 남아프리카공화국에 첫발을 디딘 나라는 네덜란드였어. 네덜란드는 오늘날 미국의 뉴욕에 뉴 암스테르담을 건설하기도 했지. 그러나 두 지역 모두 영국에 빼앗겼단다. 특히 뉴 암스테르담의 경우

**제임스타운** 아메리카 버지니아에 건설된 영국인의 정착지다. 당시 영국 왕 제임스 1세의 이름을 땄다.

이름도 바뀌었어. 영국 군대를 이끌었던 인물이 당시 왕 찰스 2세의 동생 요크 공이었는데 그의 이름을 따서 뉴 요크, 즉 뉴욕으로 바뀌었단다.

18세기 들어서도 영국은 승승장구했어. 북방 전쟁과 에스파냐 왕위계승 전쟁 초반인 1707년, 잉글랜드와 스코틀랜드 의회는 두 나라를 하나로 합치기로 결의했어. 이로써 대영 제국이 탄생했지. 영국이 18세기 세계를 주도할 수 있었던 것도 어쩌면 다른 나라들보다 일찍이 내부 정치를 안정시켰기 때문에 가능했던 게 아닐까?

18세기 들어 영국과 프랑스는 유럽뿐만 아니라 세계 전역에서 충돌했어. 거의 모든 전쟁에서 패배한 프랑스는 막대한 전쟁 자금 때문에 국가 재정이 바닥나 버렸고, 그 결과 프랑스 혁명으로 이어지게 돼. 이 부분은 뒤에서 다시 살펴보기로

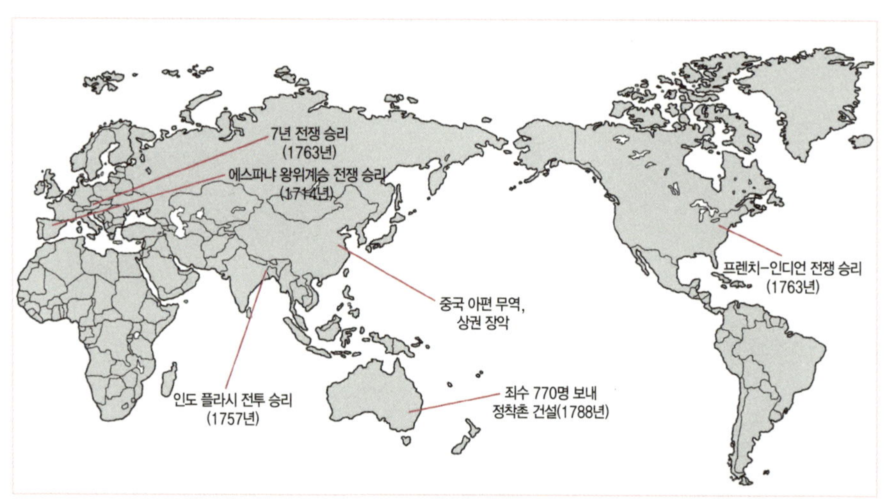



**영국의 확대**  영국은 18세기 들어 세계 곳곳에서 치러진 모든 전투에서 승리했다. 그 결과 영국은 해가 지지 않는 제국을 건설할 수 있었다.

하고, 우선 이 빅 메이저 리그가 충돌한 전쟁만 정리해볼까?

유럽에서 7년 전쟁이 시작되기 2년 전인 1754년, 영국 군대가 북미 피츠버그에 있는 프랑스 요새를 공격했어. 이렇게 해서 시작된 전쟁이 프렌치-인디언 전쟁[1754년~1763년]이야. 전쟁이 끝난 시기는 7년 전쟁과 같지? 그래, 유럽의 7년 전쟁과 떼어 놓고 생각할 수 없단다. 7년 전쟁이 끝나고 파리 조약을 체결할 때 프렌치-인디언 전쟁 이후 북미 영토에 대해서도 논의했거든.

영국과 프랑스 출신 이민자들은 이 무렵 북미에서 사사건건 갈등을 벌이고 있었어. 양쪽의 이민자가 모두 세력을 확대하길 원했거든. 이들이 북미에 온 목적은 약간씩 달라. 프랑스 이민자들은 인디언과 모피 무역을 하며 돈을 벌기 위해서 왔어. 영국 이민자들은 북미에 정착촌을 건설하는 게 목적이었지. 영국 이민자들은 개척 정신을 발휘해 영토를 넓혀나갔고, 프랑스는 무역을 더 하려고 영역을 확대해나갔어. 그러다 보니 두 나라의 이민자가 어디선가는 만나겠지? 아닌 게 아니라, 두 나라의 이주민들은 오하이오 강 근처에서 충돌하고 말았어. 먼저 프랑스 군대가 영국 이민자를 쫓아냈어. 영국은 프랑스 군대에게 물러날 것을 요청했지. 프랑스 군대가 거절하자 이번에는 영국 군대가 피츠버그의 프랑스 군대를 공격한 거란다.

전쟁이 터지자 에스파냐는 영국 편에 섰고, 프랑스는 인디언들을 끌어들였어. 인디언들이 참전하면서 프렌치-인디언 전쟁이란 이름을 얻은 셈이지. 이미 말한 대로 이 전쟁은 1763년 끝났고, 유럽에서 7년 전쟁 이후 파리 조약이 체결될 때 북미 지역에 대해서도 논의가 진행됐어. 그 결과 프랑스의 식민지였던 캐나다는 영국에게 돌아갔고 루이지애나는 미시시피 강을 경계로 동쪽은 영국, 서쪽은 에스파냐가 차지했단다. 영국의 완승이지.

영국과 프랑스는 인도 본토에서도 전쟁을 벌였어. 이 무렵 인도에서는 두 나라의 무역회사들이 왕성하게 활동하고 있었단다. 영국은 일찌감치 1600년 동인도회사를 세우며 진출한 바 있지? 프랑스는 그보다 한참 뒤 인도로 진출했어. 오스트리아 왕위계승 전쟁이 중반부로 접어들 즈음인 1746년 프랑스 군대가 영국의 거점인 마드라스를 먼저 공격했어.

이 전투를 시작으로 두 나라의 군대는 수시로 싸웠어. 그러다 유럽에서 7년 전쟁이 터진 이듬해 두 나라의 군대는 다시 플라시 평원에서 만났어. 두 군대가 직접 전투를 벌인 것은 아니야. 영국의 군대와 프랑스로부터 지원을 받은 벵골 태수의 군대가 싸웠지. 이 전투에서 영국이 승리했어. 프랑스는 눈물을 머금고 인도에서 물러나야 했어. 이제 인도도 영국의 지배를 받게 된 거야.

영국의 활약은 이것으로 끝나지 않았어. 1788년에는 죄수 770명을 오스트레일리아의 잭슨 항<sub>시드니</sub>에 보내 정착촌을 건설하게 됐어. 영국은 19세기 초반이 되면 뉴질랜드 웰링턴 지역까지 장악하게 되지.

영국 무역상들은 중국까지 진출했어. 중국은 그들이 퍼뜨린 아편 때문에 황폐해지고 말았지. 이런 몰염치한 무역은, 이 무렵 유럽 나라들이 '신대륙' 주민에게 어떤 존재였는지를 알 수 있는 대목이야. 유럽 열강이란 말도 이때 생겨났단다. 자국의 이익을 위해 식민지를 착취하는 유럽의 나라들, 예를 들면 영국, 프랑스, 에스파냐, 네덜란드가 이런 나라들이지. 열강들은 유럽 대륙 안에서도 자기들끼리 패권 전쟁을 벌였어. 해외에서도 더 많은 식민지를 확보하려고 전쟁을 벌였지. 식민지에서 헐값에 상품의 원료를 빼앗듯 사들였고, 자국에서 생산한 제품은 대량으로 내다 팔았지. 산업혁명도 이런 바탕에서 시작됐단다.

## 🔍 통박사의 역사 읽기

### ✚ 왕의 비리 딱 걸리다

오늘날에는 대통령과 같은 국가의 최고 권력자도 중대한 비리에 연루되면 옷을 벗어야 해. 그러나 왕의 권력이 강했던 시대에는 왕의 비리를 문제 삼지 못했지. 영국에서는 18세기 들어 발생한 왕의 비리로 인해 내각 수상이 실질적인 일인자로 올라서게 됐단다. 1720년 정부가 보증을 선, 남해회사라는 곳이 파산하는 사건이 발생했어. 당시 영국 왕은 하노버 왕조를 연 조지 1세였는데, 왕의 입김이 없었다면 정부가 보증을 섰겠니? 수많은 정치인들이 남해회사의 주식을 사들였다는 사실도 알려졌어. 국민은 왕을 불신하게 됐고, 내각의 일인자가 정치를 하도록 권했어. 이 일인자가 바로 '수상'이야. 영국의 수상 제도는 이때 시작됐다고 할 수 있지.

# 산업혁명, 대량 생산의 시대 열다

오늘날 많은 나라가 자본주의를 기본적인 경제체제로 삼고 있지. 이 자본주의는 사실 17세기 이전부터 존재해왔어. 중상주의가 그 시초라고 볼 수 있을 거야. 국채가 발행됐고, 무역이나 상업을 통해 많은 돈을 모은 사람들이 등장했어. 그들을 자본가라고 불렀지?

그러나 이때의 자본가들은 상업자본가였어. 엄밀하게 말하면, 오늘날 우리가 말하는 자본가와는 약간 개념이 다르지. 자본가는 공장에서, 노동자를 고용해, 기계를 가동시켜, 상품을 대량 생산한 뒤, 이윤을 얻는 경영자를 가리키거든. 이런 개념의 자본가가 등장한 게 바로 산업혁명 때부터란다.

산업혁명은 18세기 후반쯤 시작됐어. 정확하게 서기 몇 년에 터졌다고 시작 시기를 못 박을 수는 없단다. 2백여 년 전부터 서서히 발전하던 산업이 이때 비약적인 속도로 성장했기 때문이야. 산업혁명은 영국에서 시작했어. 이윽고 프랑스, 벨기에, 독일 등으로 퍼져나갔지. 바다 건너 미국에도 전파됐단다.

## 면직물 산업에서 시작되다

이 무렵 산업의 발전을 산업혁명이라고까지 부르는 데는 이유가 있단다. 그전까지는 모든 물건을 사람들이 일일이 손으로 만들어야 했어. 그러나 이때부터 사람의 힘을 빌리지 않고도 제품을 만들 수 있는 기계들이 나오기 시작했지. 이론상으로만 보면 기계가 대신 일을 했기 때문에 사람들이 편해졌겠지? 그러나 자본가들 만 편해졌단다. 사람을 적게 써도 되니 인건비가 적게 들어간 거야. 그렇다면 노동 자들은? 더 적은 월급을 받거나 일자리를 잃어야 했지. 산업혁명의 어두운 측면이지. 이 부분은 차차 살펴보기로 할게.

산업혁명은 영국에서 시작했어. 이 무렵 가장 발달한 산업은 뭐였을까? 백년 전쟁을 떠올려 봐. 플랑드르에서 시작됐지? 플랑드르는 영국에서 제공한 양털로 양모를 만들었어. 그렇다면 영국에서 섬유산업이 발달했다는 사실을 알 수 있을 거야. 맞아. 바로 섬유산업에서 산업혁명이 시작됐어. 그렇지만 모직물은 아니야. 바로 면직물 산업이었지.

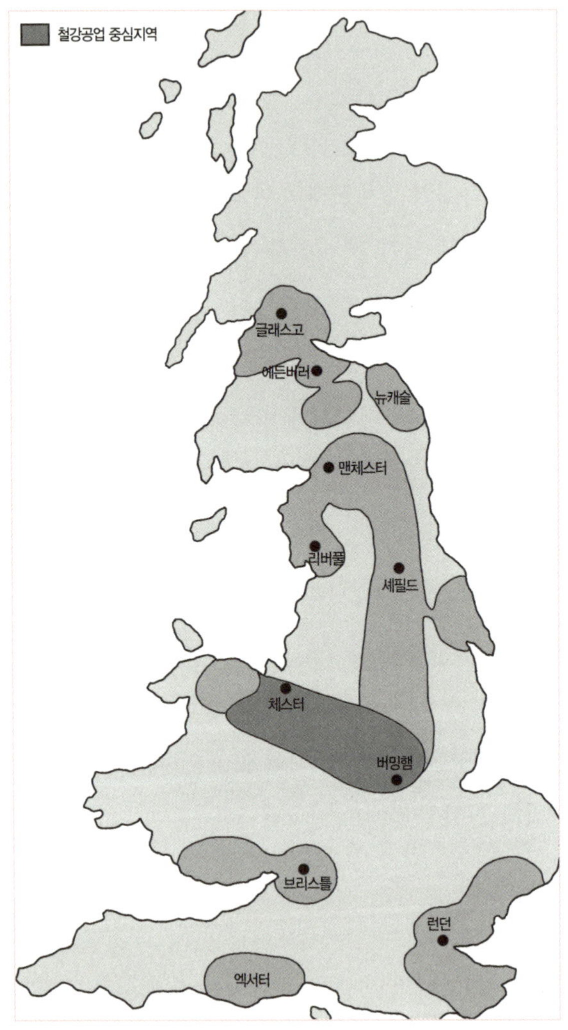


**영국 산업 지대** 영국은 일찍이 모직물 산업이 발달했다. 그러나 산업혁명은 면직물 산업에서 시작됐다. 철강공업은 영국 중부 지역에서 집중적으로 발달했다. 표시된 지역은 공장 지대와 주요 도시들이다.

이 무렵 인도에서 수입된 품목 가운데 영국에서 불티나게 팔렸던 게 바로 면직물이었어. 막상 옷을 만들어 입어보니 모직물보다는 면직물이 여러모로 편하고 만들기도 쉬워. 게다가 값도 싸. 그렇다면 선택의 여지가 따로 있을까? 어느 정도 경제적 여유가 있는 농민들은 작은 공장을 만들고 남아메리카에서 수입된 면화를 원료로 면직물을 만들기 시작했어.

면직물 장사는 잘됐어. 그러자 많은 자본가들이 면직물 생산에 뛰어들었지. 그 결과 18세기 중반 이후 영국에서 생산한 면직물은 그전 50년과 비교했을 때 열 배 정도 많았다는구나. 그런데 궁금한 게 있어. 도대체 사람을 얼마나 많이 투입했기에 이처럼 면직물 생산량이 늘어난 것일까? 바로 이 대목에서 산업혁명 이야기가 시작된단다. 사람이 투입된 게 아니야. 기계가 투입됐거든.

1730년경 존 케이가 일명 '나는 북'이라고 불리는 플라잉 셔틀을 발명했어. 북은 실을 만드는 장치지. 그전까지는 사람이 일일이 북을 움직여 실을 만들었어. 그러나 이 플라잉 셔틀은 스프링 장치를 장착해 자동으로 북이 튀어나오도록 돼 있었지. 장치를 작동하는 것은 사람이었지만 사용법이 간단했기 때문에 누구나 쉽게 이 장치를 쓸 수 있었어. 몇 년 후 이 장치에 대한 특허가 떨어졌고, 1760년 무렵에는 면직

**증기기관차** 스티븐슨에 의해 개량돼 산업용으로 쓰이기 시작하면서 획기적인 운송수단으로 자리매김했다.

**오늘날의 맨체스터** 산업혁명기 면직물 산업이 발달해 영국 산업 중심지로 성장했던 도시다.

물 생산업자 사이에 널리 확산됐단다.

그러나 이걸로 끝이 아니었어. 새로운 방적기가 잇따라 발명됐지. 제임스 하그리브스는 여러 개의 북이 동시에 작동하는 장치를 만들었어. 이 장치는 그의 이름을 따 제니 방적기라 불러. 얼마 지나지 않아 이번에는 수력을 이용한 방적기까지 발명됐어. 점점 첨단의 방적기들이 면직물 생산에 이용되기 시작한 거야.

면직물을 생산하는 장치들이 많이 좋아졌지만 문제는 여전히 있었어. 지금까지 언급한 장치들을 봐. 모두 인간의 힘이나 수력 같은 에너지에 의존하고 있지? 인간의 힘이야 두말할 것도 없이 에너지 효율이 떨어지겠지만 수력도 한계가 있었어. 바로 이런 상황에서 획기적인 발명품이 나왔어. 제임스 와트가 1770년쯤 증기

84

기관을 발명한 거야. 물론 증기기관은 18세기 초반에 이미 다른 사람에 의해 발명된 장치였어. 그러나 실용적이지 못해 산업에 쓰이지 못하고 있었지. 제임스 와트가 발명한 증기기관은 즉각 면직물 산업에 투입됐단다.

이 발명이 있기 전까지 사람들은 어디에서 에너지를 얻었지? 직접 일을 했거나 아니면 바람, 불, 물, 석탄이나 동물로부터 에너지를 얻었어. 이런 에너지를 통틀어 자연력이라고 불러. 얻는 데도 한계가 있고 에너지 효율도 떨어졌지만 다른 데서 얻을 방법이 없으니 자연력에 의존할 수밖에 없었지? 그러나 증기기관은 달라. 물을 끓여 증기를 얻을 수만 있으면 언제든지 에너지를 만들어낼 수 있는 거야. 에너지 효율도 자연력보다 훨씬 뛰어났지.

바로 이 증기기관이 면직물 공장에 투입되면서 산업혁명은 날개를 달았단다. 영국의 면직물 생산량은 다시 몇 배 증가했고, 돈을 많이 번 자본가들은 공장을 더욱 키웠어. 이런 공장들이 자리 잡은 도시는 산업도시가 됐지. 맨체스터가 대표적이야.

면직물 제품이 대량으로 생산되니 가격도 저렴

제임스 와트 그의 증기기관 개량은 산업혁명의 기폭제가 되었다.

했어. 모든 영국인이 입고도 남았지. 대륙으로 팔아도 남았어. 영국은 면직물 제품을 팔 수 있는 또 다른 곳을 찾아야 했어. 어디겠니? 바로 식민지야. 영국은 대량으로 생산해 저렴한 면직물을 인도에 팔았어. 인도에서는 소규모로 면직물을 만들고 있었는데, 결과가 어떻게 됐는지는 뻔하겠지? 가격에서 경쟁이 안 되니 당연히 인도의 면직물 생산업자들은 모두 파산했단다. 이때부터 영국의 제국주의적 속성이 나타나기 시작한 거야. 이 부분은 차차 살펴볼 거야.

## 통박사의 역사 읽기

### + 땔감을 찾다가 산업혁명이 시작됐다?

영국은 일찍부터 모직물 산업이 발달했어. 산업이 발달하려면 아무래도 연료가 충분히 있어야 해. 영국은 16세기 중반 이전까지만 해도 나무 땔감을 연료로 썼어. 그런데 너무 빨리 산업이 발전하다 보니 쓸 만한 나무 땔감이 모두 바닥나고 말았어. 연료가 없으면 산업도 발전할 수 없겠지? 부랴부랴 16세기 후반에 새로 찾은 연료가 석탄이었단다. 석탄은 나무 땔감보다는 에너지 효율이 좋았어. 다시 산업이 발전하기 시작했지. 이때의 발전상을 초기 산업혁명이라고 부른단다. 그런데 또 문제가 생겼어. 우선, 석탄을 많이 캐내려면 탄갱을 잘 정비해야 했어. 둘째, 석탄을 빨리 많이 수송해야 했지. 이 해결책을 찾으려고 고심하다가 나온 게 바로 증기기관이었단다. 그렇다면 땔감의 부족이 산업혁명으로 이어진 도화선이었다고 볼 수 있겠지?

## 철강업이 발전하다

면직물 산업은 경공업이야. 반면 철강업은 중공업이라고 불러. 산업을 경공업과 중공업으로 분류하는 것은 여러 가지 측면을 고려한 거야. 경공업은 생산하는 제품이 가볍기 때문에 붙은 말이야. 면직물을 봐. 가볍잖아? 반면 철강은 무겁지?

물론 제품의 무게만 가지고 경공업과 중공업으로 분류하는 것은 아니야. 각각의 산업을 발전시키기 위해 들어가는 자본도 크게 차이가 나지. 면직물 공장은 면을 생산하는 장비와 노동자만 있으면 되지? 그러나 철강 공장은 우선 장비부터 크고 비싸. 용광로 같은 시설도 필요하지. 또한 경제적 파급 효과도 경공업과 비교가 안 돼.

나라가 발전하려면 철강산업, 기계업과 같은 중공업이 발달해야 한다는 게 경제 이론이야. 그래야 도로도 닦고 다리도 만들고 항만도 세우지 않겠어? 그래, 영국도 마찬가지란다. 산업혁명의 시작은 면직물 산업에서 이뤄졌지만, 결국 산업혁명을 지속적으로 이끈 분야는 철강산업과 같은 중공업이었던 거야.

증기기관이 중공업 분야에 투입되면서 강철의 생산량은 크게 늘었어. 강철의 품질도 좋아졌지.

18세기 들어 코크스를 강철 제조에 쓰기 시작했어. 이 코크스는 고체 연료로, 탈 때 내는 온도가 석탄보다 높아 에너지 효율이 좋았단다. 철을 만들 때 이 코크스를 쓰면 품질이 좋아진다는 사실을 이때 발견한 거야. 철강 생산량이 늘면 그만큼 여러 분야에 쓰기도 좋겠지? 아닌 게 아니라 도로, 철도, 운하 등 여러 분야에서 산업이 급속하게 발전하기 시작했어.

자, 19세기의 상황은 다음 장에서 살펴보기로 하고, 이쯤에서 산업혁명이 유럽에서 시작된 이유를 따져보기로 할까?

첫째, 이 무렵 유럽은 농업이 무척 발달했어. 산업혁명을 말하는데 웬 농업이냐고? 이유는 간단해. 농업이 발전하면 농업 생산량이 늘 테고, 더 이상 농사를 짓지 않아도 되는 사람들이 늘겠지? 그 사람들은 어디로 갔을까? 그래, 도시로 갔어. 그들은 노동자로 살기 시작했어. 이런 노동자들이 많았기 때문에 산업이 발달할 수 있는 여건이 만들어진 거야.

둘째, 패권 전쟁이 많았다는 점에서도 알 수 있듯이 유럽 국가들은 대부분 팽창 정책을 추진하고 있었어. 다른 나라보다 강해지려면 강한 무기와 강한 군대가 필요했지. 첨단 무기를 만들려고 연구에 몰두하다 보니 과학 기술이 발달했어. 무기만 첨단이면 뭐해? 군수물자를 빨리 전쟁터로 옮겨야 할 거 아냐? 그러려면 교통이 좋아야 해. 도로를 닦고 철도를 설치했지. 도로망은 산업이 발전하는 데 필수 요소야. 오늘날에도 이런 기반시설을 사회간접시설SOC이라 해서, 정부가 막대한 돈을 투자해 건설하고 있지?

그렇다면 많은 유럽 국가 가운데 왜 영국이 가장 앞서 갔던 것일까? 여기에도 이유를 찾을 수 있단다.

첫째, 영국은 시민혁명으로 입헌군주제가 정착됐어. 왕과 귀족의 세력은 약해진 반면, 부유한 시민인 자본가들의 영향력이 커졌지. 돈은 권력이라는 말이 이때부터 생기지 않았나 싶어. 자본가들은 경제뿐만 아니라 정치에도 막강한 권력을 누렸단다.

둘째, 유럽의 다른 나라들이 대륙 안에서 패권 전쟁을 벌이고 있을 때 영국은 해외를 겨냥했어. 일찌감치 식민지를 개척했으니 대량 생산한 제품을 값싸게 외국에 내다 팔 수 있었고, 원료도 헐값에 사들일 수 있었던 거야.

이제 산업혁명의 영향에 대해 마지막으로 살펴볼까?

첫째, 산업혁명은 자본주의를 발달시켰어. 영국에서 산업혁명이 발생한 원인이 곧 산업혁명의 결과도 되는 거야. 이제 귀족의 힘은 미약했어. 공장과 기계를 가진 자본가들이 그 힘을 가져갔지.

둘째, 산업혁명은 제국주의를 탄생시켰어. 18세기에 조짐이 보이던 제국주의는 19세기에 본격화한단다. 유럽 제국주의 국가, 즉 열강들은 전 세계를 지배하기 시작했어. 아시아와 아프리카는 선진 유럽 국가들에 모두 무릎을 꿇었지.

셋째, 산업혁명은 사회 양극화라는 부작용을 남겼어. 자본가들은 부와 권력을 얻었지만 노동자들은 그야말로 비참하게 살아야 했지. 하루 열두 시간이 넘도록 일만 했지만 겨우 입에 풀칠할 수 있을 만큼의 돈을 받았어. 그나마 기계가 발달하면서 일자리도 줄었기 때문에 관둘 수도 없었지. 노동자들의 불만으로 나온 이론이 바로 사회주의란다. 나중에 살펴볼 거야.

# 프랑스 혁명과 구체제 몰락

17세기 후반 영국의 명예혁명은 입헌군주제라는 열매를 탄생시켰어. 영국은 안정된 정치를 바탕으로 인류의 삶을 뒤바꿔놓은 산업혁명을 발전시켰지. 18세기 후반에도 유럽에서 커다란 혁명이 일어난단다. 바로 프랑스 혁명이야.

오늘날 우리는 민주주의란 단어에 익숙해 있어. 현대의 민주주의와 가장 비슷한 정치 형태를 요구한 유럽의 첫 혁명이 바로 프랑스 혁명이란다. 물론 그전에 아메리카에서 미국 혁명이 일어나 영국으로부터 독립해 첫 공화국이 만들어지기도 했어. 그럼에도 불구하고 프랑스 혁명을 가벼이 볼 수 없는 까닭은, 19세기 발생하는 여러 유럽의 혁명이 프랑스 혁명의 정신에서 비롯됐기 때문이야. 오늘날까지 프랑스인들은 혁명이 발생한 7월 14일을 기념해 대대적인 축제를 벌인단다.

## 계몽주의와 루소

프랑스 혁명으로 들어가기 전에 먼저 알아둬야 할 게 있어. 바로 계몽주의야. 프랑스 혁명의 이념은 바로 계몽주의에서 출발했거든.

계몽주의는 기독교 위주의 중세 가치관을 비판하며 등장한 철학 사조야. 모든 사상의 중심에 있는 신을 들어내고 그 자리에 인간의 이성을 들여놓은 거지. 쉽게 말해, 이제는 종교가 아니라 '이성'으로 세계를 바라보자는 철학을 뜻해.

계몽주의는 영국 시민혁명이 발생할 때부터 학자들 사이에 퍼졌다가 18세기 들어 본격적으로 유럽을 흔들기 시작했어. 심지어 예수 그리스도가 부활했다는 주장은 사기라며 종교까지 이성적인 방식으로 접근해야 한다는 학자들도 많았어. 신학자들 가운데도 계몽주의자가 적지 않았단다. 이런 신학자들은 종교를 완전히 내버리는 대신 "종교를 미신이 아닌, 합리적인 이성으로 바라봐야 진리를 찾을 수 있다"라고 말했어. 이런 종교관을 이신론이라고 불렀지.

1748년 계몽주의의 이론서가 나왔어. 《법의 정신》이란 책이지. 이 책을 집필한 몽테스키외 또한 유명한 계몽주의자야. 몽테스키외는 이 책에서 왕이 모든 권력을 독점해 나라를 통치하는 걸 반대했어. 국가 권력이 한 사람에게만 집중되면 독재자가 나타날 가능성이 있기 때문에 입법부, 행정부, 사법부로 권력을 분산해야 한다는 거야. 몽테스키외는 어느 한쪽으로 권력이 치우치지 않고 골고루 분산되면 모든 사람의 이성이 제대로 발휘될 수 있다고 생각했어. 이런 이념을 삼권분립이라고 하지. 프랑스 혁명에 앞서 탄생한 미국이 사상 처음으로 삼권분립 제도를 도입했어. 오늘날 대부분의 민주 국가들이 이 제도에 따라 운영되고 있지.

장 자크 루소가 등장하면서 계몽주의는 절정에 이르렀어. 루소는 스위스 제네바 출신으로, 불행한 유년 시절을 보냈단다. 어렸을 때부터 공장에서 노동일을 했지. 젊었을 때는

루소 프랑스의 계몽철학자로 그의 사회계약설은 프랑스 혁명의 단초가 되었다.

방랑 생활을 하다가 남작부인과 사랑에 빠지기도 했어. 루소는 아름다운 연애소설을 쓰는 작가이기도 했지. 그의 문학은 19세기 프랑스 낭만주의 문학에 큰 영향을 줬단다.

그러나 낭만주의 문학보다 후세 사람들에게 더 큰 영향을 끼친 것은 그의 사상이야. 그의 사상을 요약하자면, 인간이 자연 상태로 돌아가야 본성을 회복할 수 있다는 거였어. 만약 정치와 사회 제도가 인간의 본성을 억압한다면? 루소는 당연히 그 제도를 뜯어고쳐야 한다고 주장했어. 1762년 루소는 이런 주장을 담은 두 권의 책을 썼어. 하나가 《사회계약론》이었고, 또 하나가 《에밀》이었어. 지배층이 보기에는 이런 책이 달가울 리 없겠지? 책의 내용이 불온하다는 이유로, 그에게 체포령이 떨어졌어. 루소는 스위스, 영국을 떠돌며 도피 생활을 해야 했지.

책이 얼마나 불온하기에 그랬을까? 《사회계약론》을 살짝 들춰볼까? 이 책의 이념은 프랑스 혁명에 큰 영향을 줬단다. 게다가 민주주의가 정착하는 데 가장 크게 기여한 고전 중의 고전으로 손꼽히고 있지.

"사람들은 원래 자유롭고 평등하다. 사람들이 사회나 국가를 만드는 것도 사회계약을 체결했기 때문이다. 비록 문서는 없지만 왕도 국민과 이 사회계약을 체결한 것이다.

**몽테스키외** 프랑스의 사상가로 삼권분립을 주장하여 민주주의의 이론적 토대를 제공했다.

왕은 왕의 자리에 앉는 대신 국민의 자유와 평등을 보장해야 한다.”

어때? 왕들이 보면 섬뜩하지 않았을까? 이 말을 달리 해석하면, 왕이 국민의 자유와 평등을 보장해주지 않을 때는 계약 위반의 책임을 묻더라도 아무런 문제가 안 된다는 얘기가 돼. 그 말은 곧 왕을 몰아내도 정당하다는 뜻이 되지. 그래, 국민은 못된 왕을 몰아내기 위한 혁명을 일으킬 권리를 가지고 있다고 루소는 생각한 거야.

삼권분립이나 사회계약론 같은 계몽주의 사상은 민중에게 급속하게 퍼져갔어. 당연히 왕은 계몽주의 사상이 퍼지지 않도록 단속하려고 했지. 그러나 이미 시민혁명의 경험이 있는 민중들이잖아? 왕이 막는다고 해서 될 일이 아니었지.

제임스 와트가 증기기관을 발명할 무렵인 1772년, 또 하나의 계몽주의 고전이 탄생했어. 21년간 몽테스키외, 루소, 볼테르, 달랑베르, 디드로 같은 계몽주의자들이 공동으로 작업해 만든 30권짜리 대작이었지. 바로 그 유명한 《백과전서》야. 이 책의 출간으로 이제 계몽주의 이론은 완성됐다고 할 수 있어. 그다음은? 계몽주의가 멀리 아메리카로 건너갔지. 유럽에서와 마찬가지로 미국 식민지 지도자들도 계몽사상에 흠뻑 빠졌단다. 영국에 저항해 미국이 독립을 얻은 것은 결국 계몽주의의 힘이었다고 볼 수 있지.

### 루이 16세와 국민의회

미국이 영국으로부터 독립해 민주공화국을 선포한 1789년 7월, 프랑스 혁명이 터졌어. 유럽에서 태어나 미국으로 건너갔던 계몽주의는 미합중국을 탄생시킨 뒤 다시 프랑스로 돌아왔어. 그러잖아도 계몽주의 사상으로 들썩이던 프랑스였는데, 멀리 미국에서 새로운 공화국이 탄생했다는 소식까지 들려오니 혁명의 분위기가 무르익지 않겠니? 프랑스 민중의 저항은 더욱 격해졌어. 결국에는 프랑스에서 절대왕정이라는 낡은 체제앙시앵레짐가 무너질 수밖에 없었지.

프랑스는 17세기 말까지만 해도 강대국이었어. 그러나 사실 그때부터 프랑스는 이미 문제가 많은 나라였단다. 절대왕정의 상징인 루이 14세가 눈을 치뜨고 있었으니 불만이 터져 나오지 못한 것뿐이었어. 루이 14세가 사라지고, 그의 뒤를 이어 루이 15세가 왕에 올랐어. 아니나 다를까, 금이 쩍쩍 갈라지기 시작했지.

무엇보다 그전까지 수많은 전쟁을 치르느라 너무 많은 돈을 쓴 게 문제였어. 프랑스는 영국과 수차례 싸웠어. 여기에 들어간 돈이 엄청났던 거야. 국가 재정이 적자로 돌아설 수밖에 없었어. 돈이 부족하니 세금을 올려야겠지? 그렇다면 국민의 불만은 당연히 커질 거야. 가뜩이나 없는 살림에 유례없는 대흉년까지 겹치고 말았어. 이런 마당에 계몽주의자들은 왕권을 위협하는 이념을 퍼뜨리고 있었으니 왕은 죽을 맛이었을 거야. 그래도 루이 15세는 별 탈 없이 왕을 끝냈으니 다행이야. 1774년 루이 15세의 아들로 왕이 된

루이 16세 프랑스 혁명으로 퇴위하여 참수형에 처해졌다.

루이 16세는 최악의 비극을 경험해야 했단다.

루이 16세는 왕이 되면서 한숨부터 쉬었을지도 몰라. 돈은 없는데 영국과의 전쟁은 계속해야 했거든. 마침 아메리카에서는 미국 독립전쟁이 한창이었어. 프랑스로서는 영국을 견제하기 위해 미국을 지원해야 했어. 여기에 또다시 엄청난 돈이 투입됐어. 이제 정말로 국가 재정이 바닥나 버렸어. 루이 16세는 돈이 많은 귀족과 성직자들에게 돈을 달라고 했어. 그러나 그들이 그 요구를 순순히 받아들일 리가 없겠지? 그렇다면 방법은 하나뿐이야. 힘없는 서민들에게 세금을 거두면 되지!

영국뿐만 아니라 프랑스에서도 새로운 세금을 부과하려면 의회의 동의를 얻어야 했어. 영국 의회와 같은 역할을 하는 게 삼부회였지? 루이 16세는 1614년 루이 13세 시절에 소집되고 단 한 차례도 열리지 않았던 삼부회를 다시 소집했어. 무려 175년 만의 일이지. 그동안 왜 삼부회가 열리지 않았느냐고? 루이 14세를 생각해 봐. 왕의 권력이 그렇게 강했는데, 의회가 굳이 필요했을까? 필요 없었지. 왕이 모든 걸 혼자서 결정했었거든. 그러나 계몽주의가 확산되고 있는 18세기 후반은 달랐어. 프랑스에서도 평민의 권리가 크게 향상됐기 때문에 왕도 삼부회를 존중할 수밖에 없었던 거지.

1789년 5월 5일 베르사유 궁전에서 삼부회가 열렸어. 루이 16세는 새로운 세금을 만들자는 자신의 요구가 큰 탈 없이 삼부회에서 통과될 거라고 생각했어. 제1신분성직자과 제2신분귀족이 자기편을 들어줄 거라고 믿은 거지. 그러나 삼부회는 루이 16세의 예상과 달리 처음부터 삐걱거렸어. 제1신분과 제2신분 대표들은 신분별로 투표를 하자고 했어. 그러나 평민층인 제3신분 대표들은 전체 다수결로 하자고 맞섰어. 다수결로 하면 인원수가 가장 많은 제3신분이 유리하니까!

제3신분은 나아가 귀족의 특권을 폐지할 것을 요구했어. 루이 16세가 예상했던 결과와는 정반대의 방향으로 삼부회가 진행되고 있지? 제3신분은 삼부회를 빠져나와 별도로 6월 17일, 국민의회를 만들었어. 국민의회는 더 이상 특권층의 들러리가 되지 않겠다고 선언했어. 계몽주의자 귀족들 가운데 일부는 신분을 뛰어넘어 국민의회에 참여했지. 이런 귀족들을 자유주의 귀족이라고 불러.

황급해진 루이 16세는 국민의회 사람들이 삼부회 회의장에 출입하지 못하도록 막았어. 그러나 국민의회는 개의치 않았어. 6월 20일, 국민의회는 근처에 있던 테니스장으로 자리를 옮겨 농성을 시작했어. 국민의회는 "새로운 헌법을 만들고 사회질서를 회복하라는 우리들의 요구가 받아들여지기 전에는 절대 해산하지 않겠다!"라고 선언했어. 이게 유명한 테니스코트의 서약이란다.

루이 16세가 현명한 왕이었다면 대화와 타협으로 문제를 해결했을 거야. 그러

테니스코트의 서약  1789년 6월 제3신분과 자유주의자 귀족들로 구성된 국민의회는 테니스코트에 모여 헌법제정을 촉구했다.

나 그는 사태가 어느 정도로 심각한지를 전혀 깨닫지 못했어. 오히려 무력을 동원하면 해결될 거라고 판단했단다. 사태를 더 악화시켰겠지? 7월 12일 루이 16세는 국민의회를 해산하기 위해 베르사유 궁전에 군대를 투입했어. 분노한 파리 시민들은 더 이상 참을 수 없었어. 프랑스 혁명이 터진 거야!

### 혁명의 성공과 인권선언

7월 14일 파리 시민들은 바스티유 감옥을 습격했어. 바스티유 감옥이 왕에 저항하던 사람들을 가둔 독재의 상징이었기 때문이야. 이 감옥을 습격한 또 하나의 이유는 바로 무기야. 군대의 무기가 이 감옥에 있었거든.

바스티유 감옥에서는 장악하려는 시민군과 지키려는 정부군 사이에 치열한 전투가 벌어졌어. 결과는 시민군의 승리였지. 시민군은 만세를 불렀어. 시민군은 왕과 정부에 대한 반감이 극에 달한 나머지, 항복한 정부군 병사들까지 모두 죽여버렸어. 그 분노를 모르는 바는 아니지만, 위에서 시키는 대로 따를 수밖에 없었던 조무래기들까지 닥치는 대로 죽인 것은 심한 처사가 아닐까?

바스티유 감옥을 장악했다는 소식은 곧 전국으로 퍼져나갔어. 힘을 얻은 농민들도 일제히 들고 일어났어. 농민들은 지방 영주의 대저택을 습격하고 불을 질렀어. 프랑스 혁명은 대도시에서뿐만 아니라 이처럼 전국에서 들불처럼 일어났단다.

그러나 문제가 생겼어. 농민들의 분노가 너무 컸던 탓인지 반란이 금세 걷잡을 수 없는 폭동으로 바뀌어버린 거야. 지방 영주들은 많은 땅을 가지고 있었어. 농민들은 영주들이 모든 땅을 갖고 있기 때문에 자신들이 고통받고 있다고 생각했지. 만약 영주의 땅문서가 사라진다면 농민들은 영주로부터 해방되겠지? 농민들은 땅문서 보관소를 집단으로 습격했어. 그리고 안에 보관돼 있는 모든 땅문서를 태워

버렸지.

폭동은 갈수록 험악해졌어. 파리의 혁명군도 그대로 내버려두면 프랑스 전역이 무정부 상태가 돼버릴지 모른다는 위기감을 느꼈지. 빨리 이 사태를 수습해야 혁명도 의미가 있지 않겠어? 이제 막 시작한 프랑스 혁명을 성공리에 끝내려면 혼란이 있어서는 안 돼. 국민의회는 마침내 중대 결단을 내렸어. 봉건제를 없애버리자! 그래야 땅에 얽매인 농민들의 분노가 사라질 테니까 말이야.

8월 4일 국민의회는 "프랑스에서 신분제와 영주 제도를 폐지한다!"라고 선언했어. 농민들만 내야 했던 세금도 폐지됐어. 이제 프랑스의 국민이라면 누구나 법적으로 평등한 존재가 됐어. 그래, 봉건제가 폐지된 거야. 낡은 체제, 즉 앙시앵레짐은 공식적으로 끝났어. 프랑스 혁명은 비로소 첫 열매를 만드는 데 성공한 거야.

왕은 모든 권력을 빼앗겼어. 그 권력은 모두 국민의회가 가져갔지. 정권을 잡은 국민의회는 속속 개혁조치를 발표했어. 8월 26일 국민의회는 "모든 인간은 누구나 자유와 평등의 권리를 갖고 태어난다!"라고 선언했어. 국민에게 주권이 있으며 모든 국민은 자신의 재산권을 보호받는다는 내용도 포함돼 있었지. 이 선언을 인간과 시민의 권리선언<sup>인권선언</sup>이라고 불러. 이 인권선언은 부유층 시민, 즉 부르주아들에게 유리한 내용으로 구성됐지만, 어쨌든 근대 민주주의를 성큼 앞당긴 사건이라는 평가를 받고 있단다.

인권선언의 이념은 좋지만, 이 무렵 프랑스는 아주 혼란스러웠어. 국민의 생활수준이 나아지기는커녕 오히려 더 나빠졌지. 시민들은 곳곳에서 폭동을 일으켰으며, 심지어 여자들까지 식량을 달라며 폭동

마리 앙투아네트의 처형　루이 16세의 왕후로, 가난한 민중을 향해 빵이 없으면 고기를 먹으라고 말한 장본인이다.

을 일으켰어. 루이 16세의 부인 마리 앙투아네트가 "빵이 없으면 고기를 먹으면 되지. 왜 저 난리들일까"라고 말했다는 건 유명한 일화지. 어쨌든 파리는 밤에 나다닐 수 없을 정도로 무정부 상태가 돼버렸어.

파리가 살벌해졌어. 그런데 눈치 없는 루이 16세가 시민들을 더욱 자극하는 일을 저질렀어. 1791년 6월 루이 16세는 가족들과 몰래 베르사유 궁전을 빠져나갔어. 제대로 도망이나 쳤으면 다행이지. 탈출한 지 얼마 되지 않아 붙잡히고 말았단다. 이제 왕의 운명은 어떻게 될까? 루이 16세는 공포에 떨기 시작했어.

### ✦ 기요틴을 왜 만들었을까?

프랑스 혁명 이후, 많은 사람들이 기요틴에서 목숨을 잃었어. 우리말로 옮기면 단두대, 즉 머리를 자르는 기구였지. 이 도구는 혁명 직후 국민의회가 해부학자이며 의사인 기요틴의 제안을 받아들여 만들었어. 아무리 사형수라 해도 도끼로 죽이거나 목을 매다는 것은 비인간적일 뿐만 아니라 죽음에 이르기까지 고통이 너무 크다는 비판이 있었기 때문이야. 루이 16세, 마리 앙투아네트, 로베스피에르가 모두 이 기요틴에서 죽었지. 그런데 막상 기요틴을 써보니 잘린 머리의 근육이 움찔움찔 움직이는 게 아니겠어? 이 때문에 기요틴이 사형수의 고통을 더 오래 끈다는 비판도 나왔단다. 어쨌든 무시무시한 기요틴은 1977년을 마지막으로 더 이상 사용되지 않아. 프랑스는 1981년 사형제를 폐지했단다.

### 공화국 수립과 로베스피에르의 공포정치

모든 사람의 생각이 같을 수는 없어. 혁명 후의 프랑스도 마찬가지였어. 왕을 그대로 둘 것이냐, 왕이 없는 공화국을 건설할 것이냐를 두고 혁명세력이 분열하기 시작한 거야. 이 파벌은 크게 입헌군주제파와 공화파로 나눌 수 있어.

인권선언문을 작성한 인물은 라파예트였어. 그는 자유주의 귀족으로, 국민의회 초창기 때부터 활동한 인물이야. 미국 독립전쟁 때는 직접 미국으로 건너가 영국과 싸우기도 했어. 그러나 그는 미국처럼 프랑스가 완전한 공화국이 되는 것은 바람직하지 않다고 생각했어. 영국의 입헌군주제를 가장 바람직한 정치 체제로 본 거야.

혁명에 성공한 초기에는 라파예트를 비롯한 입헌군주제파의 세력이 강했어. 새로운 헌법을 만드는 작업도 라파예트가 주도했지. 1791년 9월 마침내 헌법이 제정됐어. 라파예트가 주도했기 때문에 당연히 입헌군주제를 표방한 법이겠지? 이 법에 따라 10월에는 국민의회가 해산되고 새로이 입법의회가 만들어졌어. 이 의회는 프랑스 최초의 근대적 의회로 평가받고 있단다. 그러나 공화파는 불만이 많았겠지? 대화로 해결하면 좋으련만. 라파예트는 공화파의 반발을 무력으로 진압했어.

그 후에도 두 파벌은 자주 대립했어. 그래도 큰 충돌은 없었고, 입법의회는 1792년 9월 첫 내각, 즉 정부를 구성했지. 산뜻하게 출발하면 좋았겠지. 그러나 이 정부는 처음부터 힘든 상황에 처해 있었어. 왕에 충성하는 왕당파가 아직도 남아 있었을 뿐만 아니라 왕비 마리 앙투아네트의 친정인 오스트리아가 프랑스를 위협하고 있었거든. 프랑스 정부는 더 이상 물러설 수 없다고 판단했어. 4월 프랑스는 오스트리아에 선전포고를 했어!

프랑스 전국에서 애국심이 넘치는 의용군이 파리로 몰려들었어. 라파예트도 이 전쟁에 뛰어들었어. 그러나 그는 얼마 지나지 않아 오스트리아에 항복하고 말았어. 혁명 영웅이 졸지에 배신자가 된 셈이야. 그래서였을까? 입법의회 안에서 입헌군주제파의 힘이 약해졌고, 반대로 공화파가 힘을 얻기 시작했어. 게다가 루이 16세가 오스트리아와 몰래 접촉하다가 발각되기까지 했어. 공화파는 비로소 움직여

로베스피에르 자코뱅당의 지도자로 프랑스 제1공화국을 이끌었으나 공포정치를 하다 반대파에 의해 실각하고 처형되었다.

야 할 때가 됐다고 판단했어. 이 공화파의 지도자가 바로 로베스피에르야.

1792년 9월 공화파는 입법의회를 국민공회로 바꿨어. 그리고 공화정을 선포했지. 프랑스가 공화국이 된 거야! 이제 모든 혁명은 완료된 것일까? 아니야. 또다시 공화파가 분열하기 시작했거든. 복잡하지?

입헌군주제파보다 급진적이었던 공화파가 다시 민중을 대변하는 급진파<sup>자코뱅파</sup>와 부유한 부르주아를 대변하는 온건파<sup>지롱드파</sup>로 나뉜 거야. 두 파벌은 루이 16세를 어떻게 처리할 것인지를 두고 대립했어. 이듬해 1월 급진파는 국민공회를 열고, 반대하는 온건파를 누르고 루이 16세의 처형을 결의했단다. 1793년 1월 21일 루이 16세는 단두대에서 생을 마감했지. 이 사건에 유럽의 모든 나라가 경악했어. 이때 프랑스는 오스트리아와 전쟁 중이었지? 프로이센이 오스트리아의 편에 섰어. 이어 영국과 에스파냐도 그 편에 가담했어.

로베스피에르는 이런 사실을 충분히 예견하고 있었어. 그렇지만 루이 16세의 처형을 미룰 수는 없었어. 전쟁이 계속되면서 지친 프랑스 국민들이 혁명정신을 잃어버릴 수 있다고 생각했기 때문이야. 혁명을 완성하려면 반대파를 모두 제거해야 한다고 로베스피에르는 판단했던 거지. 반대파를 제거하려면 앙시앵레짐의 상징인 왕부터 없애야겠지?

모든 권력을 잡은 로베스피에르는 그 후에도 반대파를 찾아 모두 죽였어. 한때 혁명동지였던 지롱드파라고 예외는 아니었지. 로베스피에르가 통치한 몇 달 동안 수천 명이 단두대에서 목숨을 잃었어. 사실 로베스피에르가 부패한 것은 아니야. 그는 오로지 공화국이 완성되기를 희망했어. 그러다 보니 자신의 이념과 다른 사람들을 용납하지 못했던 거야. 그 자신은 아주 청렴했었단다.

로베스피에르의 공포정치에 모두 두려움에 떨었어. 로베스피에르는 1794년 지

롱드파의 지도자 당통까지 죽여버렸단
다. 사람들은 언제 자신도 죽을지 모른
다고 생각했어. 그들은 로베스피에르
를 없애야 한다고 결론 내렸어. 그해 7
월 로베스피에르는 숙청됐어. 그도 단
두대에서 생을 마감했지. 혁명세력이
만든 달력에서 7월은 열熱을 뜻하는 테
르미도르였어. 그래서 이 사건을 테르
미도르의 반동이라고 부른단다.

당통 지롱드파의 지도자로 권력 투쟁의 와중에 처형되었다.

1795년 10월 국민공회는 다섯 명의
총재가 통치하는 총재정부를 출범시켰어. 그러나 이 총재정부는 오래가지 못했
어. 그로부터 4년이 흐른 1799년 11월, 나폴레옹 보나파르트 장군이 쿠데타를 일
으켜 총재정부를 전복시키고 통령에 올랐어. 이를 통령정부라고 하지. 이때까지만
해도 코르시카 촌 동네에서 태어난, 키 작고 못생긴 이 사람이 유럽 전체를 정복할
거라고는 누구도 생각하지 못했단다.

## + 오락가락 라파예트

오늘날 미국에 가면 라파예트라는 도시가 많아. 그가 미국 독립전쟁에 참전해 여러 전투에서 큰 공을 세웠기 때문이야. 그는 미국의 명예시민권까지 받은 영웅이었단다. 그러나 그의 인생역정은 좀 헷갈려. 그는 귀족 가문에서 태어나 공작의 딸과 결혼했어. 미국 전쟁 후에는 구체제의 상징인 루이 16세의 신임을 얻어 군사령관이 됐지. 그랬던 사람이 프랑스 혁명 때는 인권선언을 작성했고, 국민회의 부

라파예트

의장을 맡았어. 혁명이 성공한 뒤에는 입헌군주제를 추진하며 공화파를 탄압했어. 공화정이 세워질 것 같으니까 이번에는 오스트리아로 달아나, 그곳에서 감옥 생활을 하기도 했어. 물론 라파예트도 나름대로의 철학이 있었겠지. 그러나 후세 사람들이 보기엔 오락가락한 것처럼 보이지 않을까?

## 6장

# 혁명과 제국주의 시대

## 19세기

19세기에 유럽은 세계를 지배한 대륙이었어. 영국, 프랑스, 독일, 러시아와 같은 열강들이 식민지 쟁탈전을 벌였어. 세계 모든 곳이 이들 열강의 격전지였지. 이 시기 유럽사는 침략의 역사였고, 아시아와 아프리카는 수난의 역사였단다.

유럽으로 시야를 좁힌다면, 19세기에 오늘날의 유럽 지도가 거의 완성이 됐다고 할 수 있어. 독일이 게르만족을 통일하면서 오늘날의 나라가 됐고, 이 통일 과정에서 제외된 오스트리아는 다른 나라가 됐지. 이탈리아가 통일국가를 건설했으며, 동유럽의 많은 국가들이 오스만 제국의 손아귀에서 벗어나 독립국가를 건설했어. 유럽 문명의 원조인 그리스도 19세기 초반에 오스만 제국에서 독립했단다.

19세기는 다양한 이념이 충돌한 세기이기도 해. 유럽에서만 자유주의, 민족주의, 사회주의가 뒤섞여 수많은 혁명이 일어나기도 했단다. 특히 1848년에는 유럽의 거의 모든 나라에서 혁명이 발생했어. 자, 이제 격변의 19세기를 한번 살펴볼까?

# 정복자 나폴레옹

19세기 초반부터 유럽은 전쟁의 소용돌이에 휩싸였어. 바로 나폴레옹 전쟁이야. 나폴레옹은 순식간에 유럽을 정복했고, 신성로마 제국을 해체해버렸어. 중세의 흔적도 사라진 셈이지.

결과적으로 이 전쟁은 실패했어. 그러나 이를 바라보는 시각은 매우 다양하단다. 우선, 세계 황제를 꿈꾼 사이코 영웅의 정복 전쟁이었다는 평가가 있어. 나폴레옹이 프랑스 혁명의 이념을 지지한다고 선언했지만 속으로 대제국의 황제를 꿈꿨다면 이 평가가 맞을 거야. 나폴레옹의 실제 속셈도 이러지 않았을까?

반면, 나폴레옹의 의도와 상관없이 프랑스 혁명의 이념이 유럽 전역으로 확산됐다는 점 때문에 이 전쟁이 19세기 유럽 전역에서 터진 혁명에 기여했다고 평가하는 학자들도 있어. 이 평가도 맞아. 이 전쟁을 통해 프랑스 혁명의 이념이 유럽 전역으로 확산됐고, 이게 씨앗이 돼 유럽 곳곳에서 혁명이 터졌거든.

## 나폴레옹과 트라팔가르 해전

앞 장에서 우리는 프랑스 혁명의 결과를 살펴봤어. 미완의 혁명이었지? 그리고 나폴레옹의 쿠데타로 이어졌어. 나폴레옹은 통령에 올랐지? 사실 통령은 한 명이 아니야. 모두 세 명이었지. 엄밀하게 말하면, 나폴레옹이 혼자 독재한 것은 아니었다는 얘기야. 다만 일인자는 나폴레옹이었기 때문에 실제로는 총통이었던 거야.

**나폴레옹** 쿠데타로 정권을 잡은 후 유럽 정복 전쟁을 일으켰다.

그래도 프랑스는 아직 공화정 형태를 유지하고 있었어. 총통은 황제가 아니었으니까 그렇겠지? 나폴레옹은 슬슬 황제가 되기 위한 절차를 밟았어. 우선 헌법을 뜯어고쳐 죽을 때까지 통령의 지위를 보장받았어. 종신 통령이 된 거야. 이어 1804년이 됐어. 나폴레옹은 종신 통령으로도 성에 차지 않았는지 황제가 되기로 작정했어. 그러나 나폴레옹 마음대로 황제가 될 수 있는 건 아냐. 국민의 의견을 물어야지! 나폴레옹은 국민투표를 실시했어.

놀라운 결과가 나왔어. 나폴레옹이 황제가 되는 것에 프랑스 국민이 찬성을 한 거야. 부정투표가 아니었냐고? 아니야. 프랑스 국민들은 정말로 황제 나폴레옹을 원했단다. 그만큼 혁명 이후의 프랑스가 혼란스러웠다는 뜻이야. 프랑스 국민들은 강력한 나폴레옹이 그 혼란을 끝내주길 원했던 거지.

당시 프랑스 국민의 심정이야 이해할 수 있지만 역사학자들은 냉정한 평가를 내리고 있어. 수많은 목숨을 희생시키고 얻은, 공화국이라는 고귀한 열매를 너무 쉽게 저버렸다는 거지. 다시 말하자면, 공화국이 황제가 다스리는 제정국가로 되

돌아간 것은 분명한 역사의 퇴보라는 얘기야. 이런 사례는 아우구스투스 시절의 고대 로마밖에 없거든. 시대를 거꾸로 거슬러간 셈이야.

물론 프랑스의 혼란 때문에 어쩔 수 없었다는 해석도 많아. 또 나폴레옹이 혁명 정신을 이어받겠다고 선언했으며, 나폴레옹의 정복 전쟁 때 혁명정신이 유럽 전역으로 확산됐다는 점을 놓고 보면 역사가 퇴보했다고 단정 짓는 것도 옳지는 않아. 그러나 왕정에서 입헌군주제로 전환되고 나서 정치가 안정됐고, 그 결과 최고 강대국이 된 영국과 비교해본다면 어느 쪽이 옳은 길이었는지는 대충 알 수 있겠지?

나폴레옹이 황제가 되면서 프랑스는 처음으로 프랑스 제국이 됐어. 이 때문에 나폴레옹이 몰락하기까지의 11년간을 프랑스 제1제정<sup>1804년~1815년</sup>이라고 부른단다. 무릇 제국이 되려면 제국이란 이름에 걸맞게 법과 제도부터 탄탄하게 정비해야 돼. 나폴레옹도 이 점을 잘 알고 있었단다. 그는 황제가 되자마자 법부터 손질했고, 방대한 법을 모두 모아《나폴레옹 법전》을 편찬했어.

나폴레옹은 카이사르와 샤를마뉴를 닮고 싶어 했어. 정복 황제가 되겠다는 야망이 강했다는 얘기야. 두 영웅을 닮으려면 나폴레옹의 선택은 한 가지뿐이었어. 바로 정복 전쟁을 시작하는 거야.

나폴레옹이 가장 먼저 전쟁을 개시한 나라는 눈엣가시와 같은 나라, 바로 영국이었어. 17~18세기 역사를 떠올려봐. 영국은 프랑스의 식민지를 빼앗았고, 대륙 안의 여러 전쟁에도 개입해 프랑스를 곤혹스럽게 만들었지? 나폴레옹이 진정한 정복자가 되려면 그런 영국을 그대로 내버려둘 수 없었겠지.

1805년 영국이 프랑스와 이전에 맺었던 휴전 협정을 먼저 어겼어. 옳거니! 나폴레옹은 기다렸다는 듯이 군대를 일으켰어. 그러자 영국도 즉각 전쟁 태세를 갖췄어. 영국은 만일을 위해 오스트리아, 러시아와 동맹을 맺어놓고 프랑스-에스파

**트라팔가르 해전** 넬슨 제독의 함대는 에스파냐 카디스의 남쪽에 있는 트라팔가르 곶에서 프랑스와 에스파냐의 연합 함대를 격파했다. 이 승리로 영국은 바다의 최강자임을 다시 입증했다.

냐 함대를 습격했어. 프랑스-에스파냐 함대는 당초 이탈리아로 이동하려고 준비하고 있었단다. 에스파냐의 무적함대를 격파한 영국 해군의 신화가 이 전투에서 다시 입증됐어. 넬슨 제독은 27척의 함선으로 33척과 싸워 5척을 침몰시켰고 17척을 붙잡았어. 프랑스 측 전사자만 8천 명에 이르렀단다. 이 트라팔가르 해전에서 넬슨 제독이 이끄는 영국 해군은 프랑스의 해군에게 압도적으로 승리했어.

사실 넬슨 제독은 나폴레옹에게 악몽과도 같은 존재야. 프랑스 혁명정부 시절이었어. 나폴레옹은 의회의 명을 받고 이집트로 원정을 떠났지. 그러나 이 원정은 나폴레옹의 실패로 끝났어. 나폴레옹은 겨우 목숨을 건지고 고국으로 돌아왔어. 당시 나폴레옹의 발목을 잡았던 인물이 바로 넬슨 제독이었단다. 다만 넬슨 제독은 트라팔가르 해전에서 전사했어. 나폴레옹은 전쟁에서 패했지만, 개인적인 복수는 한 셈이 됐지?

**트라팔가르 해전** 나폴레옹은 이 해전에서 참패함으로써 영국 침공 계획을 포기해야 했다.

어쨌든 황제가 된 나폴레옹은 첫 전투에서 보기 좋게 패배를 당하고 말았어. 나폴레옹이 의기소침해졌을까? 천만의 말씀! 나폴레옹은 트라팔가르 해전 패배의 악몽을 금세 털어버렸어. 왜? 영국을 정복하지 못한다면 대륙으로 향하면 되니까! 물론 루이 14세 때 그랬던 것처럼 모든 유럽 국가들이 반 프랑스 동맹을 맺은 상태라서 긴장은 됐지만 나폴레옹은 과감했어. 트라팔가르 해전을 치른 바로 그해 11월, 동쪽으로 군대를 진격시켰어.

### ✚ 나폴레옹과 로제타석

영국 런던에 위치한 대영박물관에 가면, 비석처럼 생긴 큰 돌덩이가 전시돼 있어. 바로 로제타석이야. 높이 1.2미터, 너비 0.75미터, 두께 0.28미터의 돌덩이는 1799년 나폴레옹이 이집트 원정을 갔을 때 나일 강 하구의 로제타 마을에서 발견한 거란다. 나폴레옹과 함께 갔던 학자들은 이 돌을 보고 깜짝 놀랐어. 비석 위쪽은 이집트 고대 문자, 아래쪽은 그리스 문자로 새겨져 있었거든. 20여 년 후 모든 문자가 해독됐는데, 이집트 왕 프톨레마이오스 5세를 칭송하는 글이었대. 귀중한 유물을 나폴레옹이 건진 셈이지. 그런데 왜 프랑스가 아니라 영국에 있냐고? 그냥 나폴레옹 전쟁 전에 영국에 빼앗겼기 때문이야.

### 신성로마 제국 해체

1805년 11월 나폴레옹 군대는 유럽 동부를 공략하기 시작했어. 나폴레옹 군대는 전투마다 승리를 거뒀어. 나폴레옹 군대는 곧 오스트리아와 북이탈리아까지 정복해버렸어. 오스트리아 황제는 나폴레옹에게 항복하고 동맹을 맺었지. 말이 동맹이지, 사실상 속국이 된 거나 다름없었단다. 프랑스의 오스트리아 정복은 유럽 역사를 새로 쓴 사건이야. 왜 그런지 아니?

이 무렵 오스트리아를 통치하고 있던 왕조는 합스부르크 왕조야. 합스부르크 왕조는 신성로마 제국의 황제를 맡고 있지? 베스트팔렌 조약 이후 신성로마 제국이 영방 체제로 바뀌면서 합스부르크 왕조의 통치 구역은 오스트리아와 주변의 작은 공국들로 축소됐다는 것은 이미 여러 번 말했으니까 잘 알 거야. 그러나 아직까지 합스부르크 왕조가 황제를 배출한다는 상징성은 남아 있었어. 오스트리아는 여전히 신성로마 제국의 맏형이었던 거야.

바로 이 점이 나폴레옹은 맘에 들지 않았어. 생각해봐. 나폴레옹은 프랑스의 황제야. 그런데 신성로마 제국 황제라는 사람이 또 있어. 나폴레옹은 카이사르와 샤를마뉴를 닮고 싶어 했다고 했지? 그렇다면 두 명의 황제가 유럽에 함께 있을 수는 없지 않겠어? 나폴레옹은 신성로마 제국을 해체해버리면 된다고 결론 내렸어. 나폴레옹은 신성로마 제국 가운데 오스트리아에 가까운 16개 영방을 따로 떼어내 라인동맹을 만들었단다.

결과는 나폴레옹이 예상했던 대로야. 프로이센을 포함한 신성로마 제국 북부, 그러니까 지금의 독일 북부 지역은 이때 이미 오스트리아와 어느 정도 멀어진 상태였어. 이런 상황에서 독일 남부 지역마저 오스트리아로부터 떼어내버리니까 신성로마 제국은 산산조각이 나고 만 거야. 이런 쪼가리 제국의 황제가 황제 명함이나 내밀 수 있겠어? 신성로마 제국 황제 프란츠 2세는 마침내 황제 자리에서 스스로 물러섰어. 이로써 신성로마 제국은 9백여 년의 역사를 끝으로 사라지고 말았단다.

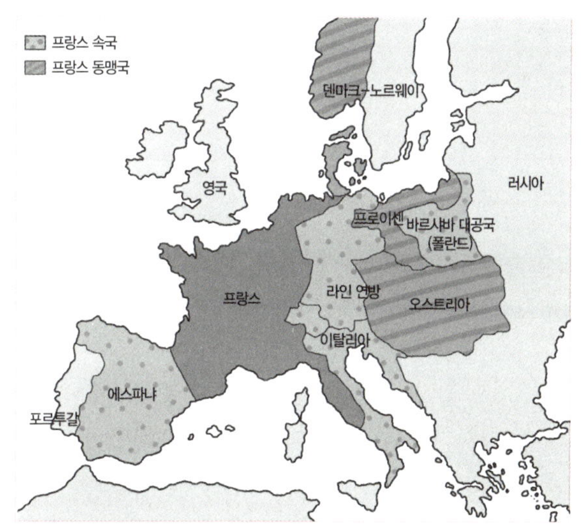



**나폴레옹 정복 지도** 나폴레옹은 영국, 포르투갈, 노르웨이, 러시아를 빼면 사실상 유럽의 전부를 정복했다. 나폴레옹은 전쟁을 시작한 지 6년 만에 이 업적을 이뤄냈다. 그러나 러시아와의 전쟁 패배 이후 급격하게 몰락했다.

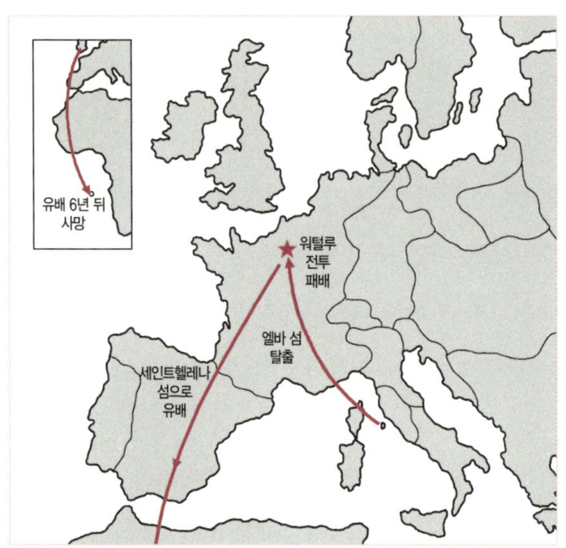



**나폴레옹의 재기와 실패** 나폴레옹은 전쟁 패배로 엘바 섬에 유배됐다. 그러나 그는 1년 만에 엘바 섬을 탈출해 정복 전쟁을 다시 벌였다. 워털루 전투에서 패배함으로써 아프리카의 작은 섬 세인트헬레나로 유배됐고 6년 만에 세상을 떠났다.

신성로마 제국 영방 가운데 급부상했던 나라가 프로이센이었지? 나폴레옹의 다음 상대가 바로 프로이센이었어. 처음에 프로이센은 나폴레옹과 동맹을 맺었단다. 그러나 나폴레옹이 오스트리아를 정복하는 것을 보고 마음을 바꿨어. 아마도 '나폴레옹 군대가 강해봤자 얼마나 강하겠어?'라고 생각했겠지? 프로이센 또한 군부 국가였기 때문에 군사력만큼은 어느 정도 자신이 있었나봐. 그러나 결과는 나폴레옹의 대승이었어. 나폴레옹 군대는 프로이센을 간단하게 점령해버렸단다.

1807년 나폴레옹은 에스파냐도 정복했어. 유럽 지도를 봐. 나폴레옹은 서유럽의 대부분을 정복했지? 그 후로도 나폴레옹 군대는 정복 전쟁을 멈추지 않았어. 그 결과 1811년에는 발트 해에서 로마 남부까지, 유럽의 거의 모든 땅을 정복하는 데 성공했단다. 로마 제국 이후 이보다 넓은 제국은 없었어. 나폴레옹 정복 전쟁의 최대 전성기가 바로 이때였지. 만약 나폴레옹이 여기에서 만족했다면, 어쩌면 오늘날 유럽 지도는 많이 달라져 있을 거야.

나폴레옹은 러시아에 대한 감정이 아주 좋지 않았어. 영국 해군과 전쟁을 벌일 때 나폴레옹은 영국을 고립시키기 위해 다른 나라들이 영국과 무역을 못하도록 하는 대륙봉쇄령을 내린 적이 있었지. 그런데 유독 러시아만 나폴레옹의 명령을 무시하고 영국과 무역을 계속했단다. 트라팔가르 해전에서 나폴레옹 함대가 졌지? 이러니 러시아가 예뻐 보일 리가 없지.

게다가 나폴레옹은 오랜 꿈이 있었어. 광활한 러시아 대륙, 그곳에 자신의 대제국을 건설하는 것이었지. 1812년 6월 나폴레옹은 평생의 소원을 이루기 위해 60만 대군을 이끌고 러시아로 쳐들어갔어. 러시아는 잔뜩 겁을 먹었는지 나폴레옹 군대와 마주치면 조금 전투를 하는가 싶더니 모든 물자를 불태운 뒤 바로 후퇴했어. 의기양양해진 나폴레옹 군대는 거칠 것 없이 러시아 한복판으로 밀고 들어갔어. 프랑스 군대는 3개월 만에 모스크바를 점령했어.

이게 함정일 줄이야…. 러시아의 후퇴는 이른바 '작전상 후퇴'였던 거야. 러시아는 나폴레옹 군대가 모스크바에 도착할 무렵 겨울이 찾아온다는 걸 미리 계산하고 있었지. 어? 비슷한 경우가 있지 않았나? 그래, 18세기 초반의 북방 전쟁 때 스웨덴을 물리쳤던 바로 그 작전이었어. 이번에도 그때와 똑같이 상황이 나타났단다.

모스크바에 겨울이 찾아왔어. 프랑스 군

**워털루 전투** 이 전투의 패배로 나폴레옹은 폐위되어 세인트헬레나 섬으로 유배되었다.

대는 그제야 러시아 군대보다 더 무서운 게 러시아의 추위란 걸 알게 됐어. 나폴레옹은 어쩔 수 없이 철군 명령을 내렸어. 러시아의 반격은 이때부터 시작됐지. 그렇잖아도 프랑스 군대 진영에서는 얼어 죽는 병사가 속출했는데, 러시아 군대의 공격까지 받으니 결과는 안 봐도 빤하겠지? 무려 75%의 병사가 목숨을 잃은 끝에 가까스로 러시아를 빠져나왔다는구나.

이 패배로 나폴레옹도 무너졌어. 재기할 수 없을 정도로 사기가 떨어진 프랑스 군대를 오스트리아, 러시아, 프로이센 등 반 프랑스 동맹군이 덮쳤어. 1814년 동맹군은 프랑스 수도 파리까지 진격해왔단다. 파리는 4백 년 만에 외국 군대의 군홧발에 짓밟혔어. 전쟁은 동맹군의 승리로 끝났고, 나폴레옹은 붙잡혀 엘바 섬에 유배됐지.

그래도 나폴레옹은 좌절하지 않았어. 1년 후 엘바 섬을 탈출해 다시 프랑스 황제에 오른 거야. 정말 대단하긴 대단해. 나폴레옹은 다시 정복 전쟁을 벌였어. 그러나 그의 운은 거기까지였나봐. 워털루 전투에서 영국과 프로이센 연합군에게 패하고, 또다시 유배됐단다. 이번에는 가까운 엘바 섬이 아니었어. 동맹군은 그가 다시는 유럽으로 돌아오지 못하도록, 멀리 아프리카의 세인트헬레나 섬에 가둬버렸어. 나폴레옹은 그곳에서 6년 후 세상을 떠났단다.

### ✚ 〈영웅〉 교향곡과 나폴레옹

1804년 봄, 독일의 작곡가 베토벤은 웅장한 교향곡을 작곡했어. 1년에 걸친 작업 끝에 완성된 교향곡은 총 4개의 악장으로 돼 있어. 베토벤은 이 곡을 만들기 전부터 특정 인물을 염두에 두고 있었단다. 그 인물이 바로 나폴레옹이었어. 베토벤은 나폴레옹에 헌정하기 위해 이 곡을 만들었고, 그래서 교향곡 제목도 〈보나파르트〉로 지었단다. 베토벤은 프랑스 혁명에 매료돼 있었어. 나폴레옹이 그 혁명의 이념을 전파할 인물로 본 거야. 그러나 곡을 완성한 그해 겨울, 나폴레옹은 황제에 올랐고 배신감을 느낀 베토벤은 제목이 적힌 표지를 찢어버렸어. 이 곡이 바로 베토벤의 3번 교향곡 〈영웅〉이란다.

## 메테르니히와 빈 체제

나폴레옹 정복 전쟁은 다른 유럽 국가 지배층의 간담을 서늘하게 했어. 그들에게는 정복 전쟁이 실패로 끝난 게 참 다행이었지. 프랑스의 식민지가 된다면 당연히 모든 것을 잃지 않겠어?

짐작하고 있겠지만 영국을 뺀 나머지 나라들 대부분은 아직 의회민주주의가 발달하지 않았단다. 그렇다면 권력은 지배층이 모두 장악하고 있다는 얘기가 되지. 이런 지배층들은 모두가 강경 보수주의자들이었어. 그들은 나폴레옹 정복 전쟁이 끝났는데도 근심이 컸어. 왜 그랬겠니? 이미 물러난 나폴레옹이 다시 전쟁을 일으킬까봐? 그건 아니야. 나폴레옹은 아프리카의 외딴 섬에 갇혔잖아? 보수 지배층을 두렵게 만든 것은 바로 프랑스 혁명의 이념이었어.

나폴레옹은 황제이자 정복자였어. 그 역시 지배층이었기 때문에 프랑스 혁명의 이념에 대해 전적으로 동의하진 않았을 거야. 따라서 프랑스 혁명의 이념을 나폴레옹이 직접 전파하지는 않았겠지? 그 역할을 한 사람은 프랑스 혁명을 경험한 프랑스 군대였어. 이들을 통해 프랑스 혁명이념이 전 유럽으로 퍼진 거지.

나폴레옹은 사라졌지만 프랑스인들은 사라지지 않았어. 게다가 프랑스 혁명의 이념을 알게 된 다른 나라의 민중들도 혁명을 일으킬지 몰라. 유럽의 보수 지배층은 이 때문에 혁명이념이 확산되지 않도록 어떻게든 조치를 취해야 한다고 생각했어. 방법이 없을까? 고민 끝에 그들은 묘안을 생각해냈어. 유럽을 옛날 상태로 되돌려놓는 거야! 유럽 전체를 보수적으로 만들면 되지!

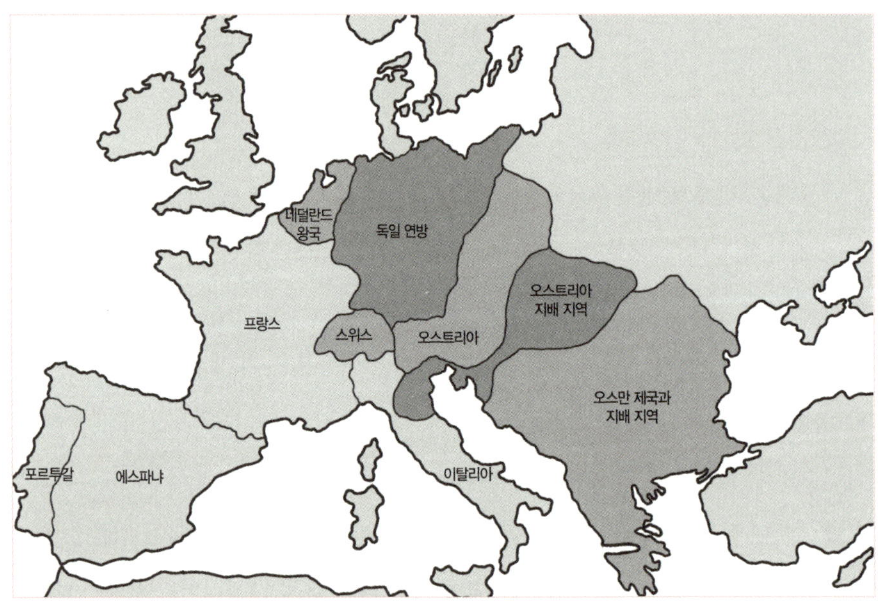


**나폴레옹 전쟁 후의 유럽** 오늘날의 지도와는 많이 다르다. 폴란드는 오스트리아와 러시아에 분할돼 지도에서 보이지 않는다. 오스트리아와 독일은 이때까지만 해도 한 나라로 여겨졌다.

　나폴레옹 전쟁이 끝난 1814년 9월, 보수 지배층들이 오스트리아 빈에 모였어. 이 회의를 빈 회의라고 하는데, 거의 모든 나라에서 참가자를 보냈어. 그도 그럴 게 나폴레옹 전쟁이 워낙 큰 전쟁이었기 때문에 영토를 많이 조정해야 했거든. 어떤 나라는 아예 사라져버렸고, 나라 간의 국경선도 크게 바뀌었어.

　이때 회의를 주도한 사람은 오스트리아의 총리 메테르니히였어. 오스트리아가 어떤 나라인지 이젠 설명하지 않아도 알겠지? 신성로마 제국 황제 자리를 빼앗긴 나라의 총리였으니 메테르니히가 매우 보수적이었다는 것은 충분히 짐작할 거야. 그런 사람이 회의를 주재했으니, 그 결과도 당연히 보수적이겠지?

　메테르니히는 모든 영토를 프랑스 혁명 이전 시대로 돌리자고 했어. 역사가 앞으로 발전해야 하는데, 메테르니히는 30년 전으로 퇴보하자고 주장한 거였어. 오스트리아야 그렇게 하면 좋겠지만, 다른 나라들까지 모두 그렇게 생각하지는 않았나봐. 금세 끝날 것 같았던 회의는 점점 길어졌어.

　메테르니히는 밤마다 파티를 열었어. 각국에서 온 보수 지배층들은 파티에서 술을 마시고 춤을 추면서

**메테르니히** 빈 체제를 통해 유럽을 프랑스 혁명 이전 상태로 재편하고자 했다.

흥청망청 놀았어. 그들에게 메테르니히는 이렇게 속삭였어. "보세요. 이 얼마나 즐겁습니까? 이렇게 지내고 싶으세요? 그러려면 우리는 30년 전으로 돌아가야 합니다." 메테르니히의 작전은 먹혀들었어. 1815년 6월, 빈 회의에 참석한 각국 대표들은 최종 합의안을 만들었고, 합의안은 메테르니히의 주장대로 됐지. 유럽은 30년 전으로 돌아갔어!

이 회의 결과 나타난 보수정치 체제를 빈 체제라고 불러. 때로는 메테르니히의 이름을 따서 메테르니히 체제라고도 부르지. 결과를 요약하자면, 프랑스는 확실히 타임머신을 돌려 과거로 돌아가 왕정으로 복귀했단다. 단두대에서 혁명군에게 참수당했던 루이 16세 왕의 동생인 루이 18세를 왕에 앉히기로 했지. 프랑스에 부르봉 왕조가 부활한 거야. 지하에 묻혀 있는 혁명군이 들으면 통곡할 노릇이지.

오스트리아, 프로이센, 러시아, 영국 등 4대 강국들은 저마다 이익을 많이 차지하려고 혈안이 돼 있었어. 그러다 보니 오히려 서로가 서로를 견제하게 됐고, 결과적으로 어느 한 나라가 모든 이익을 독차지하진 못하게 됐단다. 그 대신 네 나라는 4국 동맹을 만들었어. 빈 체제를 지키고, 유럽에 혁명세력이 확산되지 않도록 하겠다는 뜻이었지. 쉽게 말해 "빈 체제를 흔드는 나라나 세력이 나타나면 우리가 함께 응징하겠다!"라고 선언한 셈이야.

강대국들은 사이좋게 영토를 나눠 가졌어. 오스트리아는 이탈리아 북부와 체코를 다시 가져갔어. 폴란드는 오스트리아가 절반, 러시아가 절반을 가졌어. 폴란드만큼 불운한 나라도 유럽에 없을 것 같아. 매번 강대국에 분할됐으니 말이야. 네덜란드는 벨기에를 합쳐 네덜란드 왕국이 됐어. 강대국에 둘러싸인 스위스는 서로 넘보지 않도록 하기 위해 영세 중립국으로 만들었지.

신성로마 제국은 어떻게 됐을까? 이미 해체된 제국을 다시 건설할 수는 없는 노릇이지. 빈 회의에서는 그 대신 신성로마 제국에 소속됐던 영방국가들을 한데 묶어 독일 연방을 만들었단다. 꿩 대신 닭인 셈이지. 물론 큰형님은 오스트리아였어. 그러나 프로이센은 이에 동의할 수 없었어. 생각 같아서야 당장 오스트리아를 치고 싶었겠지만 프로이센은 꾹 참았어. 마음속으로는 "우리가 게르만족의 위대한 통일제국을 건설할 것이다"라고 다짐하면서 말이야.

# 유럽 혁명의 시대

1821년, 400년 가까이 오스만 제국의 지배를 받아오던 그리스가 독립투쟁을 시작했어. 누더기가 된 오스만 제국이 두려울 게 없는 그리스는 이듬해 1월 독립을 선언하고 대통령까지 선출했단다. 오스만 제국은 키오스 섬을 비롯해 여러 곳에서 그리스인들을 보복 학살했지.

메테르니히는 이 사태를 심드렁하게 지켜봤어. 오래전 이슬람 영토가 돼버린 그리스가 다시 유럽 문명권으로 돌아오든 말든 관심이 없었던 거야. 오히려 그리스인들의 자유주의 정신이 유럽에 퍼질까봐 걱정이었지. 다른 나라들도 메테르니히의 눈치를 보며 나서지 못했어. 오로지 영국만 그리스의 투쟁 단체들을 지원했단다.

1828년에는 제4차 러시아-투르크 전쟁이 터졌어. 러시아가 소아시아와 발칸 반도를 장악할까봐 영국과 프랑스가 이 전쟁에 뛰어들었지. 오스만 제국은 패했고, 그리스는 아드리아노플 화약과 함께 독립을 약속받았어. 1829년 그리스는 마침내 독립을 승인받았어. 바로 그해, 프랑스에서 다시 혁명이 시작됐단다.

## 7월 혁명과 벨기에의 독립

1815년 나폴레옹이 세인트헬레나 섬에 유배되고 루이 18세가 다시 왕이 되면서 부르봉 왕조가 부활했어. 루이 18세는 다행히 백성들을 심하게 억압하지 않았어. 아무래도 프랑스 혁명의 기억이 남아 있었던 탓이겠지? 귀족들은 프랑스 혁명 때 빼앗겼던 특권을 되찾으려고 애를 썼지만 루이 18세는 조심스러웠어. 그 덕분에 민중과 충돌하지는 않았단다.

10년 후 루이 18세의 뒤를 이어 그의 동생 샤를 10세가 왕에 올랐어. 루이 16세, 루이 18세, 샤를 10세는 모두 한 형제란다. 샤를 10세는 절대왕정을 그리워하던 인물이었지. 그다음은 안 봐도

샤를 10세 그의 복고주의 정책은 7월 혁명의 불씨를 제공했다.

빤하지? 샤를 10세는 시계를 거꾸로 돌려 과거로 거슬러 올라가기 시작했어.

1827년 의회 선거에서 시민 대표들이 승리했어. 시민은 역사가 과거로 회귀하는 걸 반대하고 있었던 거야. 당연히 시민의 뜻을 알아야 할 텐데, 샤를 10세는 정반대의 길로 갔어. 언론을 탄압하고 시민을 억압했을 뿐만 아니라 귀족들의 특권은 오히려 모두 부활시켜버렸지. 샤를 10세는 나아가 1830년 5월, 의회마저 해산해버렸단다.

의회를 해산했으니 새로운 의회를 구성해야겠지? 2개월 후 총선거가 실시됐어. 왕의 독재를 심판하려고 벼르던 시민들은 자유주의자, 즉 시민 대표들에게 표를 몰아줬어. 시민들의 승리였어. 의회가 시민 대표들로 가득 찼단다. 그러나 샤를 10세는 이 사실을 인정하고 싶지 않았어. 권력을 내놓지 않겠다는 욕심 때문에 샤를 10세는 또다시 독재자처럼 행세하고야 말았어. 의회를 해산하고, 다시 선거를 치

르겠다는 내용의 7월 칙령을 발표한 거야.

7월 27일, 시민들이 마침내 들고 일어났어. 프랑스에 다시 혁명이 터진 거야. 이 혁명에는 지식인과 언론인, 학생들까지 참가했어. 이 혁명이 바로 7월 혁명이란다. 샤를 10세의 군대가 시민군을 막았어. 치열한 시가전이 벌어졌지. 그러나 전투는 오래가지 않았어. 불과 사흘 만에 시민군이 승리한 거야. 샤를 10세는 왕의 자리에서 내려와야 했지.

시민 대표들로 구성된 시민의회는 샤를 10세를 끝으로 부르봉 왕조의 직계 혈통을 끊었어. 그러나 공화국을 선포하지는 않았단다. 부르봉 왕실의 친척뻘인 귀족 루이 필립을 새 왕으로 앉힌 거야. 혁명은 이처럼 왕을 바꾸는 수준에서 끝이 났단다.

바로 이 점이 7월 혁명과 프랑스 혁명이 다른 점이야. 프랑스 혁명 이후 한동안 지옥과도 같은 혼란이 계속됐지? 아마 프랑스인들은 그 혼란을 다시 경험하고 싶지 않았나봐. 7월 혁명이 끝난 다음에도 공화국을 주장하는 사람들이 있었지만, 시민의회는 대체로 입헌군주제를 선호했단다. 시민의회는 '이미 의회의 힘이 커질 대로 커졌는데, 굳이 공화국이 아니더라도 왕을 충분히 견제할 수 있지 않겠어?'라고 생각했던 거야. 입헌군주제를 도입했지만 사실상 공화국에 가까웠던 거지.

시민의회는 원하는 바를 모두 얻었다고 생각했을 거야. 그러나 그건 부유한 시민계급, 즉 돈 많은 상인이나 변호사, 의사와 같은 부르주아들의 생각이었어. 목숨을 걸고 전투를 벌인 사람들은 대부분 하층민이었어. 그들은 자신들도 혁명의 열매를 맛볼 수 있을 거라고 생각했지. 그러나 그 열매는 부유한 시민이 대부분 가져갔단다. 그 때문에 공화국 건설을 주장했던 사람들 가운데 상당수가 하층민이었단다. 이 주장도 받아들여지지 않았지? 모든 정책이 부르주아들에게만 도움을 주는 쪽으로 결정됐던 거야.

　예를 하나 들어볼까? 당시 프랑스에서는 모든 성인 남자에게 투표권을 준 게 아니었어. 고작 3%만이 투표를 할 수 있었단다. 백 명 가운데 세 명에게만 투표권을 준 거야. 이 세 명에 하층민이 포함될 수가 있겠니? 나라님을 뽑는 데 참여할 수 없으니 하층민들의 불만은 당연히 커졌어. 그러나 새로운 정부의 군대는 오히려 이들의 집회를 모두 진압했단다. 뭔 일이 터져도 터지겠지?

　프랑스에서 터진 7월 혁명의 소문은 곧 주변 나라로 퍼졌어. 이탈리아, 독일, 벨기에, 폴란드 등에서도 자유주의자 시민들이 혁명을 일으켰어. 그러나 프랑스와 달리 거의 모든 나라의 혁명이 실패로 끝났단다. 딱 한 나라, 벨기에는 8월 혁명에 성공해 네덜란드로부터 독립하는 데 성공했지. 벨기에는 이듬해인 1831년 유럽의 여러 국가들로부터 "벨기에는 독립왕국이다!"라는 인정을 받아냈어. 8년 후 열린 런던회의에서는 영세 중립국 지위를 보장받았단다.

### ✦ 그리스 독립전쟁은 문명 전쟁?

그리스가 오스만 제국으로부터 독립하겠다며 투쟁을 벌일 때 많은 지원 세력이 있었어. 그 가운데 특히 눈에 띄는 것은 문인과 지식인들이 꽤 있었다는 거야. 그들은 그리스인이 아니면서도 전쟁터로 달려갔어. 왜 그랬을까? 이 무렵 유럽에는 낭만주의가 유행하고 있었단다. 낭만주의 문인들은 그리스 문명을 꽤나 동경했었어. 고대 그리스의 자유정신을 높이 샀던 그들은 그리스가 이슬람 제국에 의해 유린되는 것을 참지 못했던 거야. 그중 대표적인 시인이 날카로운 풍자와 악마주의로

그리스 독립전쟁

유명한 바이런이란다. 바이런은 원래 다리가 부자유스러웠어. 그런데도 그는 전쟁터로 달려가 총을 들고 싸웠단다. 이런 점에서 그리스 독립전쟁은 문명 간의 전쟁이었다고 볼 수 있겠지?

### 2월 혁명과 루이 나폴레옹

7월 혁명 이후 프랑스에서는 부유한 부르주아들과 하층 시민들 사이에 갈등이 점점 커지고 있었어. 그래도 천만다행으로 16년이 지나도록 큰 유혈 사건은 생기지 않았단다. 그러나 1846년 대흉년이 프랑스 전역을 강타하면서 양측의 갈등은

폭발 일보 직전까지 이르렀어.

대흉년이 해를 넘기고도 계속됐어. 식량이 떨어진 농민들은 배를 곯아야 했지. 당연히 생활필수품을 살 돈도 없었어. 그런데 이 대흉년 파장은 농민 선에서 끝나지 않았어. 이미 국가의 모든 경제가 서로 얽혀 있기 때문이야. 농민이 돈이 없으니 공장에서 대량으로 만들어놓은 상품을 사는 사람도 확 줄었어. 그렇다면 생산량도 줄여야겠지? 자본가들은 어떻게 생산량을 줄였을까? 그래, 고용한 사람들을 해고한 거야. 많은 노동자들이 졸지에 실업자가 됐어.

1848년 2월, 파리의 노동자를 포함한 하층민들이 도심에서 집회를 열었어. 흥분한 시민들은 곧 파리 시청을 점거했어. 시가지에 바리케이드를 설치해 정부의 반격에 대비했지. 정부군이 출동했고, 결국 양쪽이 충돌하고 말았어. 이 전투에서 52명의 시민군이 목숨을 잃었어. 시민들은 또다시 무기를 들었고, 군대를 물리쳤어. 시민들은 왕이 있는 베르사유 궁전으로 향했어. 루이 필립 왕은 겁에 질려 영국으로 달아났단다.

프랑스 혁명, 7월 혁명에 이어 파리 시민들이 또 한 번 일으킨 이 혁명을 2월 혁명이라고 불러. 7월 혁명 때는 왕을 바꾸는 것으로 혁명을 끝냈지? 이번에는 달랐어. 시민들이 주축이 돼 임시정부를 세웠고, 임시정부는 헌법을 만들기 위해 바로 의회를 구성한 거야.

이때 프랑스에서 역사적인 사건이 만들어졌단다. 모든 성인 남성이 투표권을 얻게 된 거야! 지금까지 그 어느 나라에도 이런 일은 없었어. 몇 차례의 혁명 끝에 마침내 프랑스가 세계 처음으로 평등 선거를 이뤄낸 거지. 물론 여성에게는 투표권이 주어지지 않았기 때문에 완전한 평등이라고는 할 수 없어. 그래도 신분과 관계없이 투표를 할 수 있다는 사실은 국민이 주권을 되찾고 있다는 뜻이 아니겠어?

이때 임시정부를 장악한 사람들은 부유한 부르주아들, 즉 자유주의자들이었어. 4월 실시된 선거에서 이들이 대승을 거뒀지. 그러자 노동자를 비롯한 하층민들은 크게 낙담했어. 하층 시민들은 부르주아들을 믿지 않았거든. 6월이 되자 노동자들은 정부를 타도하기 위한 무력시위를 벌였어. 이게 바로 노동자들의 6월 혁명이야. 그러나 이 혁명은 큰 호응을 얻지 못했어. 일부 하층민을 뺀 대다수의 시민과 농민은 노동자의 편이 아니었단다. 공장이 발달하고 상품이 대량 생산되면서 자신들의 일거리가 줄어든 게 노동자 때문이라고 잘못 생각했던 거야. 노동자들은 외로운 투쟁을 벌이다 정부군에 의해 진압되고 말았어.

11월 프랑스 의회는 새 헌법을 완성했어. 프랑스는 이 헌법에 따라 다시 공화국으로 복귀했어. 제2공화국이 들어선 거야. 다음 달에는 공화국의 대통령을 뽑는 선거가 치러졌어. 뜻밖의 인물이 대통령이 됐단다. 바로 보나파르트 나폴레옹의 조카인 루이 나

**나폴레옹 3세** 제2공화국의 대통령으로 선출되었으나 쿠데타를 통해 황제가 되었다.

폴레옹이야.

　사실 루이 나폴레옹은 2월 혁명 때 임시정부에서 일하려고 했었어. 그러나 자유주의자들은 루이 나폴레옹을 믿지 않았어. '또 무슨 수작을 부리는 거지?' 자유주의자들은 이렇게 생각하며 그를 받아들이지 않았어. 그렇게 배척당하던 사람이 어떻게 국민적인 영웅이 됐을까? 알고 보니 루이 나폴레옹을 지지했던 사람들은 자유주의자가 아니었어. 대부분 과거 부르봉 왕조의 친척들이거나 가톨릭 교회 사람들 같은 보수주의자들이었지. 그들은 루이 나폴레옹의 능력이 뛰어나서가 아니라 나폴레옹 황제의 혈통이라는 점 때문에 그를 지지했던 거야. 당시 프랑스 사회는 너무 혼란스러웠고, 국민들은 나폴레옹 시절을 그리워하고 있었거든. 루이 나폴레옹의 인기는 정말로 놀랄 정도였어. 대통령 선거에서 무려 75%의 표를 얻었단다!

　그러나 루이 나폴레옹은 자신을 뽑아준 국민을 배신했어. 루이 나폴레옹은 대통령 자리에 만족하지 않았지. 그가 꿈꾼 자리는 황제였어! 공화국을 무너뜨리고 황제의 나라로 돌아간다는 것은 2월 혁명의 이념을 배신하는 거야. 그러나 그는 정말로 그렇게 했어.

　이때 프랑스 대통령의 임기는 4년이었어. 1848년에 대통령이 됐으니 1852년에는 물러나야 하는 거지. 루이 나폴레옹은 종신 대통령이 될 요량으로 헌법을 고치기로 했어. 그런데 헌법을 고치려면 의원 중 4분의 3이 동의해야 해. 현실적으로 거의 불가능하다고 봐야지. 루이 나폴레옹은 쉬운 방법을 택했어. 1851년 12월, 루이 나폴레옹은 쿠데타를 일으켜 반대파를 모두 제거했어. 의회를 해산했고, 이듬해 1월 새로운 헌법을 발표했지. 또다시 독재가 시작되는 거냐고? 맞아. 그러나 놀랍게도 프랑스 국민은 그를 지지했어. 아무래도 과거 나폴레옹 시절에 대한 그리움이 강했던 것 같아.

1852년 11월, 루이 나폴레옹은 또 한 번의 모험을 했어. 황제가 되기로 한 거야. 이번에도 국민의 저항은 없었어. 루이 나폴레옹은 황제에 올랐고, 이름을 나폴레옹 3세로 바꿨어. 프랑스 공화국은 다시 황제의 나라가 됐지. 이때를 제2제정 시대라고 불러.

## 1848년은 유럽 혁명의 해

항상 그래 왔듯이 프랑스는 혁명의 진원지였어. 프랑스 혁명의 이념은 나폴레옹 전쟁을 통해 유럽 전체로 확산됐고, 1830년의 7월 혁명은 이웃 지역으로 확산돼 벨기에가 독립하기도 했지. 이번에도 마찬가지야. 프랑스 2월 혁명의 영향을 받아 오스트리아, 독일, 이탈리아, 러시아 등 유럽 전역에서 혁명이 일어났어. 이 때문에 1848년은 유럽 혁명의 해로 기억되고 있단다.

오늘날 독일 북부 지역에 있던 군국주의 국가 프로이센은 이 무렵 오스트리아를 앞서면서 게르만족의 중심으로 성장하고 있었어. 프로이센이 얼마나 성장하고 있는지 가늠할 수 있는 사건도 있었어. 1834년 신성로마 제국의 영방국가였거나 공국이었던 39개의 게르만족 국가들이 관세동맹을 맺었어. 이 관세동맹을 주도한 나라가 바로 독일의 프로이센이었단다. 오스트리아는? 빠져 있었어. 관세동맹을 맺은 나라들끼리는 따로 세금을 내지 않고 상품을 수입하고 수출할 수 있었어. 한 나라 안에서 장사하는 것과 비슷하지? 그래, 이 관세동맹은 통일 독일로 가는 첫 단계였던 거야. 이 동맹을 오스트리아가 아니라 프로이센이 주도했다는 이야기는, 게르만족의 중심이 프로이센으로 이동하고 있다는 뜻이 아니겠어?

프랑스에서 2월 혁명이 터지고 한 달이 지났어. 오스트리아에서 시위가 시작됐지. 자유주의자들이 중심이 된 시민혁명군은 자유주의 의회를 세워줄 것을 요구했어. 오스트리아 황제 페르디난트 1세는 의외로 순순히 응했어. 보수주의자의 상징인 메테르니히를 총리직에서 해임하고 헌법도 만들겠다고 약속했지.

군국주의 국가인 프로이센은 어떤 상황일까? 당시 프로이센은 국가 주도로 중공업을 집중 육성하고 있었기 때문에 다른 유럽 국가와 달리 부르주아의 힘은 약한

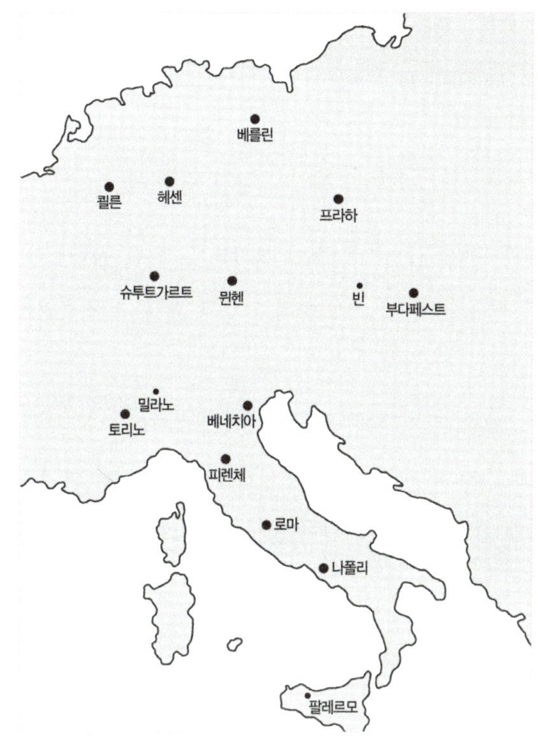



1848년 혁명 지도  오늘날 오스트리아, 독일, 이탈리아, 헝가리에서 일제히 혁명이 일어났다. 그러나 이 혁명은 거의 대부분 실패로 끝났다. 표시된 부분은 혁명이 일어난 도시들이다.

편이었어. 왕과 한편인 귀족들의 세력은 여전히 강했지. 서민 경제는 바닥을 기고 있었어. 시민들은 더 이상 물러설 곳이 없었지. 결국 프로이센에서도 오스트리아와 마찬가지로 3월 혁명이 터졌단다. 베를린 시민들은 귀족의 특권을 모두 없애고 자유주의 헌법을 만들라고 요구했지. 프로이센의 왕 프리드리히 빌헬름 4세는 군대를 투입해 시위를 진압하려고 했어. 그러나 시민의 저항을 여간해서는 억누르지 못할 것 같았나봐. 프리드리히 빌헬름 4세도 오스트리아의 황제가 그랬던 것처럼 시민에게 항복할 수밖에 없었단다.

5월, 프랑크푸르트에서 독일의 모든 영방 대표들이 참가한 가운데 첫 독일 의회인 국민의회가 열렸어. 이 의회에서 영방 대표들은 통일국가를 건설하는 데 합의했단다. 여기까지는 자유주의자들이 원하는 대로 돌아가는 것 같지? 그러나 그다음부터는 순탄치 않았어. 원래부터 부르주아의 힘이 약했기 때문인지 자유주의자들의 의견 통일이 다른 나라보다 훨씬 어려웠어. 수공업자들은 공장제를 폐지하고 옛날로 돌아가야 한다고 주장했고, 자유주의자들은 공화국을 주장했어. 옥신각신하는 사이에 시간만 계속 흘러갔지.

10월, 오스트리아에서 시위가 다시 시작됐어. 오스트리아는 보수주의의 상징이라고 했지? 오스트리아도 자유주의자들의 의견이 일치하지 않아 방황하고 있었단다. 자유주의 세력이 똘똘 뭉치지 못한 결과는 비참했어. 정부군이 시민군을 무참하게 진압해버리고 만 거야. 오스트리아의 소식은 프로이센에도 전해졌어.

그래도 프로이센 왕실은 당장 의회를 해산하지는 않았어. 당초 약속대로 1849년 3월, 헌법을 만들기까지 했지. 그러나 그걸로 끝이었어. 각 영방국가들은 자유주의 세력을 탄압했고, 11월에는 프리드리히 빌헬름 4세가 이 틈을 타서 의회를 탄압하기 시작했지. 12월, 마침내 국민의회는 해산됐고, 2년에 가까운 독일 혁명은 실패로 끝나고 말았단다.

빈 회의의 결정에 따라 이탈리아 북부는 오스트리아의 지배를 받고 있었어. 기억하고 있지? 이곳에서도 프랑스 2월 혁명의 영향을 받은 독립 혁명이 일어났단다. 이탈리아의 민족주의자 주세페 마치니는 이탈리아 중부의 교황령을 정복해 로마 공화국을 선포했어. 그 자신은 고대 로마 때처럼 집정관에 오르기도 했지. 그러나 오래가지는 못했어. 오스트리아의 반격이 시작된 거야. 결국 이 혁명도 실패로 끝나고 말았어.

아마 1848년 이후 민중혁명이 일어나지 않은 나라는 영국이 유일했을 거야. 일찌감치 시민혁명을 경험했고, 입헌군주제의 전통이 확고히 구축된 영국에서는 민중혁명이 일어날 이유가 비교적 적었어. 영국 정부 또한 개혁정책을 잇달아 발표하면서 합리적으로 통치를 했어. 영국이 이 무렵 세계 최고의 강대국이 된 것도 우연이 아니야.

### 통박사의 역사 읽기

#### ✚ 혁명은 낭만주의를 키웠다

혁명으로 유럽이 들끓던 19세기 초반과 중반, 문학과 미술 등 예술 분야에서 유행한 게 낭만주의야. 자유주의가 충만해지면서 그전까지 인간을 억압했던 감정을 최대한 살려내다 보니 자연스럽게 낭만주의 작품이 많았지. 미술가 들라크루아는 그리스 키오스 섬에서 오스만 제국의 군대가 그리스인을 집단 학살한 사건을 소재로 〈키오스 섬의 학살〉을 그렸고, 1830년 7월 혁명을 소재로 〈민중을 이끄는 자유의 여신〉을 그렸어. 혁명 과정에서 자행된 수많은 학살은 인간이 얼마나 추악할 수 있는지를 생각하게 했어. 낭만주의 지식인들은 이 때문에 인간에 대한 환멸을 느끼기도 했지. 악마주의가 나온 것도 그래서야.

## 또 다른 혁명이념, 사회주의

프랑스 2월 혁명이 일어날 즈음인 1848년, 영국 런던에서도 새로운 혁명이 시작되고 있었어. 물론 처음에는 아무도 주목하지 않았지. 바로《공산당 선언》이란 책이 발간된 거야. 이 책이 나오면서 사회주의 운동은 놀라운 속도로 확산됐단다.

《공산당 선언》은 국제 노동자 단체인 공산주의자동맹이 두 명의 독일 지식인에게 의뢰해 만들어진 것이었어. 첫 책은 독일어로 발표됐지만, 이윽고 영어와 프랑스어와 러시아어로 번역돼 유럽 여러 나라에 뿌려졌지. "공산주의Communism라는 유령이 유럽을 배회하고 있다"로 시작되는, 총 4장으로 구성된 《공산당 선언》은 최초의 사회주의 이론서였어. 《성경》이 기독교의 경전이고 《쿠란》이 이슬람교의 경전이지? 약간 과장한다면 《공산당 선언》은 사회주의자의 경전이라고 할 수 있단다.

이 책을 집필한 두 지식인은 카를 마르크스와 프리드리히 엥겔스였어. 카를 마르크스는 유대인의 집안에서 태어났어. 그의 아버지는 변호사였고, 자유주의자였지. 이런 집안에서 자라났기 때문인지 카를 마르크스는 일찍부터 혁명 사상에 눈을 떴단다. 프리드리히 엥겔스 또한 부유한 자본가 집안에서 태어났어.

이 두 명이 동지로 만난 것은 1843년이었어. 카를 마르크스는 이때 파리에서 망명 생활을 하고 있었는데, 자유주의만으로는 사회를 바꿀 수 없다고 생각하고 있었지. 그런데 자신과 똑같이 생각하는 사람을 발견했어. 바로 프리드리히 엥겔스를 만난 거야. 두 명은 새로운 혁명 사상이 필요하다고 여겼고, 그게 바로 노동자들이 주도하는 사회주의 혁명이었던 거야.

사회주의 혁명에 있어서 혁명의 주체는 노동자들이야. 카를 마르크스는 이를 노동자 계급이라고 불렀어. 왜 노동자가 혁명의 주체일까? 생각해봐. 산업과 자본주의가 발달하면 누가 돈을 가장 많이 벌지? 공장을 가진 자본가야. 반면 가장 궁핍해지는 사람은 누굴까? 일은 많이 하지만 아주 적은 임금으로 겨우 생계를 유지하는 노동자들이지.

문제는 자본가에 비해 노동자의 수가 너무 많다는 데 있어. 칼 마르크스는 노동

자들이 제품을 직접 만들면
서 경제의 모든 부분을 담당
하는데도 돈을 제대로 받지
못하는 건 부당하다고 생각
했어. 이런 현상을 칼 마르크
스는 '노동의 소외'라고 불렀
단다. 일하지 않는 자본가만
배를 불리는 자본주의는 타
도해야 하며 소외받는 노동
자들이 주체가 돼 혁명을 일
으켜야 한다는 게 칼 마르크
스의 사회주의였지.

 노동자 중심의 과학적 사회주의를 창시했다.

오늘날에는 대부분의 국가에서 노동자들의 권리가 법적으로 보호받고 있어. 그
러나 우리나라만 보더라도, 몇십 년 전까지 노동자들은 집회를 제대로 하지도 못
했단다. 파업을 하기 위해선 목숨을 걸어야 했지. 다행히 사회가 민주화되면서 노
동자들에 대한 억압도 크게 줄어든 거란다. 우리나라가 그럴진대 19세기의 유럽
은 오죽하겠니?

이 무렵까지만 해도 유럽에서 노동자들의 권리는 별로 없었어. 심지어 가장 민
주적이라는 영국에서도 상황은 비슷했지. 영국 정부는 1799년 단결금지법을 만
들었는데, 이 법에 따르면 노동자들은 단체행동을 할 수 없어. 정부나 기업주에게
정당한 요구를 하기 위해 단체를 조직하는 것? 당연히 안 되지. 시위를 하거나 파
업하는 건 괜찮을까? 단체도 못 만드는데 파업은 언감생심 꿈도 못 꾸지.

법이 보호해주지 않자 노동자들은 공장에 있는 기계를 부수기 시작했어. 1812년부터 영국의 여러 공장에서 기계들이 파괴되는 사건이 발생했는데, 이를 러다이트 운동이라고 불렀지. 당시 이 운동을 지휘했던 인물이 러다이트였다고 해서 이런 이름이 붙었단다.

그러나 기계를 부순다고 해서 노동자의 지위가 개선되겠니? 이렇게 해결될 일이라면 사회주의 이념이 나타나지도 않았을 거야. 카를 마르크스도 이런 수준의 투쟁으로는 세상을 바꿀 수 없다고 생각했어. 이미 말한 대로 그가 꿈꾼 것은 노동자가 모든 권력을 쥐는 사회였거든. 마침 프랑스 2월 혁명의 여파로 유럽이 들끓고 있었어. 독일과 오스트리아에서도 3월 혁명이 일어났어.

카를 마르크스는 드디어 혁명을 일으킬 때가 왔다고 생각했어. 그는 즉각 독일로 돌아가 혁명 동지들을 끌어 모으기 시작했지. 그러나 아직 독일의 자유주의자들은 사회주의를 받아들일 준비가 돼 있지 않았어. 게다가 자유주의 세력 내부의 갈등과 귀족들의 방해로 3월 혁명도 사실상 실패하고 말았잖아? 카를 마르크스는 사회주의 혁명의 꿈을 일단 접고 다시 독일을 떠나야 했어.

비록 사회주의 혁명에는 실패했지만 성과가 전혀 없는 건 아니야. 유럽 전역에 사회주의 사상이 광범위하게 퍼졌거든. 그 결실이 1864년 만들어졌어. 유럽 각국의 노동자 대표들이 런던에 모였어. 카를 마르크스는 이 자리에서 세계 최초의 사회주의 단체를 만들었지. 그 단체가 바로 국제노동자협회야. 보통 인터내셔널<sup>제1인</sup>터내셔널이라고 더 많이 알려져 있지. 인터내셔널의 모토는 "만국의 노동자여, 단결하라!"였어. 오늘날까지도 국제노동운동단체들이 애용하는 구호야.

# 산업 발전, 끝이 없다!

　19세기 초반 유럽은 온통 혁명의 소용돌이에 휩싸여 있었어. 그러나 그 와중에도 산업과 과학은 꾸준하게 발달했단다. 이 무렵 다른 대륙은 유럽의 발달 속도를 따라잡을 수 없었어. 특히 영국의 발달은 놀라울 정도였지. 영국이 '해가 지지 않는 제국'을 건설할 수 있었던 것도 이 산업과 과학 덕분이라고 해도 과언이 아니야.

　곧 살펴보겠지만 유럽 국가들은 대륙 안에서 많은 전쟁을 치렀어. 또한 다른 대륙에서도 식민지 확보를 위한 전쟁을 벌였지. 이런 유럽 국가들을 열강이라고 부른다고 했지? 열강 가운데 독일 같은 나라는 정부에서 주도해 중공업을 집중 육성했단다. 그 결과 경공업은 발달하지 못해서 국민들은 궁핍한 생활을 해야 했지만, 군사력만큼은 강국이 될 수 있었어. 이 모든 힘의 원천이 무엇이라고? 그래, 산업과 과학이야.

　앞에서 살펴봤지만, 자본가가 성장하는 만큼 노동자들은 힘든 삶을 살았어. 사회주의 이념도 그래서 만들어졌지? 그러나 노동 조건도 점차 개선됐단다. 산업 발전을 둘러싼 유럽의 풍경도 함께 살펴볼게.

## 철도가 달리고, 영화가 상영되다

　영국에서 시작된 산업혁명은 19세기가 되면 프랑스, 독일, 벨기에로 확산됐어. 대서양 건너 미국까지 전파되기도 했지. 산업혁명이 가장 먼저 시작된 산업 분야가 어디였지? 그래, 면직물 산업이었어. 19세기 영국의 면직물 생산량은 그전보다 더 빨리 늘어났어. 불과 50여 년 만에 열 배로 늘었지. 이처럼 면직물 생산량을 늘릴 수 있었던 가장 큰 이유 가운데 하나가 증기기관이었다는 것도 기억하지?

19세기가 되면 그 증기기관이 공장 밖으로 나왔단다. 1801년 영국의 트레비식이 증기기관을 이용해 달리는 차를 처음으로 발명했어. 그는 런던 시내에서 증기기관차가 잘 달릴 수 있는지 테스트도 했지. 안타깝게도 이 기관차는 궤도를 이탈하고 말았단다. 아직까지는 증기기관차가 먼 거리까지 철도 위를 달릴 수준은 아니었던 거야.

그 후로도 여러 명의 발명가가 기관차를 개발하는 데 전념했어. 그리고 마침내 제대로 된 증기기관차를 발명하는 데 성공했지. 바로 영국의 스티븐슨이 그 일을 해냈단다. 스티븐슨은 1814년 철도 위를 달릴 수 있는 본격적인 증기기관차를 만들었어. 이윽고 1825년에는 스톡턴에서 달링턴까지 운행하는 데 성공했어. 이때 무려 90톤의 석탄을 싣고 있었다는구나. 이제 증기기관차가 많은 연료를 싣고도 철도 위를 잘 달릴 수 있게 된 거야!

증기기관차가 발명되고 기차가 달릴 수 있는 철도가 놓이면서 산업 발전 속도는 더욱 빨라졌어. 생각해봐. 아무리 값싸고 질 좋은 제품을 많이 생산해도 수송이 늦어지면 아무래도 맥이 풀리지 않겠어? 또 목표 생산량을 열 배 높여 잡았다고 해도 석탄과 같은 산업 연료가 빨리 수송되지 않으면 공장을 가동할 수 없겠지?

이처럼 수송 속도가 빨라지니 다른 산업 분야도 더불어 발전하고 있었어. 19세기 중반쯤 유럽 여러 나라에서 증기기관차가 달리기 시작했고 19세기 후반에는 독일에서 전기를 사용한 기관차, 즉 전기기관차를 발명하기도 했단다. 눈이 어질어질할 정도로 빨리 산업이 성장하고 있었던 거야.

증기기관차의 발명이 산업을 발전시켰다면, 많은 발명품은 인류의 삶을 풍성하게 했어.

1823년 프랑스 사람 루이 다게르가 사진 기술을 발명했어. 그는 14년 후 이 사진 기술을 이용해 사진기를 발명했고, 1839년에는 프랑스 과학아카데미로부터 발명품 공식 인증을 받았단다. 사진기로 처음 찍은 사진들은 주로 풍경 사진이었어. 그러나 인화 기술이 발달하면서 1850년대 이후에는 인물 사진을 많이 찍기 시작했다는구나. 사람들은 눈이 휘둥그레졌어. 물론 그전에도 그림을 실물과 똑같은 수준으로 그리는 화가들도 많았어. 그러나 아무리 그렇다고 해도 사진만 하겠니?

사진이 발명됐다면 사진의 개념을 확대시킨 다음 발명품이 나오겠지? 어떤 발명이 이어졌을까 충분히 예측할 수 있을 거야. 19세기가 끝나기 5년 전인 1895년, 여러 사람이 한꺼번에 영화를 볼 수 있는 발명기가 나왔어. 그래, 이제 사진을 넘어 동영상을 기록하고 볼 수 있게 된 거야.

영화 기술은 미국에서 먼저 발달했어. 1878년 미국인 마이브리지가 말이 달리는 모습을 24장의 필름에 담은 게 시초였지. 그 후 여러 발명가가 이 기술을 발전시켰어. 11년이 지난 후에는 미국인 발명가 에디슨이 최초의 영사기인 키네토스코프를 발명하는 데 성공했어. 그러나 이 키네토스코프는 아직 대중이 쉽게 이용할 수 있는 수준은 아니었나봐. 여러 사람이 한꺼번에 볼 수 있는 영화를 만든 사람은 프랑스의 발명가 뤼미에르 형제였단다.

뤼미에르 형제는 영사기를 발명하는 데 그치지 않았어. 실제로 영화도 만들었거든. 오늘날로 치면 영화감독 역할까지 한 거야. 에디슨이 키네토스코프를 발명하고 6년이 지난 1895년, 뤼미에르 형제가 만들어 일반인에게 돈을 받고 보여준 영화는 〈리옹의 뤼미에르 공장 출구〉 〈바다〉 〈물고기를 낚는 아기〉 〈열차 도착〉과

**뤼미에르 형제** 최초로 영화를 제작하여 현대 영화의 아버지로 불린다.

같은 작품이었어. 오늘날의 기준으로 보자면 작품이라고도 할 수 없지. 상영 시간이 고작 해야 1분도 되지 않았고, 영화 필름의 전체 길이도 100미터가 되지 않았거든. 뤼미에르 형제는 흥행에도 참패했어. 아직 많은 사람들이 영화를 생소하게 쳐다보았던 거야. 뤼미에르 형제는 돈을 날리고 영화 사업에서 손을 뗐지만, 그들은 오늘날까지도 현대 영화의 아버지로 불린단다.

오늘날 우리가 일상적으로 쓰는 전화는 영화보다 먼저 발명됐어. 사진기가 발명된 해인 1837년, 영국이 가장 먼저 통화 실험을 했어. 이윽고 1866년에는 대서양을 횡단하는 전신 케이블이 최초로 깔렸고, 1879년에는 런던에 전화국이 세워졌단다. 1872년부터 5년간 진행된 영국 챌린저 호의 해양탐사도 기억할 만한 사건이야. 이 사건을 계기로 해양학이란 학문이 탄생했거든. 챌린저 호는 해양을 관측하기 위해 태평양과 대서양, 남극해 일대를 탐사했어. 항해한 거리만 12만 8천 킬로미터라니 놀랍지 않니?

다른 대륙의 역사이긴 하지만, 미국을 잠시 살펴볼까? 이 무렵 미국의 산업 발전도 놀라운 속도로 진행되고 있었어. 1807년에는 증기기관을 이용한 증기선이 허드슨 강을 달렸어. 1834년에는 재봉틀이 처음으로 발명되기도 했지. 영국에서 면직물을 대량 생산하는 데 성공했다면, 미국에서는 기계가 옷을 대량으로 만드는 데 성공한 거야. 1879년에는 에디슨이 전등을 발명했어. 사실 그전에도 전등은 있었지만 5초를 넘기지 못하고 꺼져버렸지. 에디슨이 발명한 전등은 수십 시간을 넘겨도 끄떡없었단다.

## 만국박람회 VS 공황

18세기 중반 이후 태동한 산업혁명은 확실히 유럽 세계를 바꿔놨어. 우리가 유럽사를 다루고 있어서 그렇지, 사실은 전 세계를 바꿔놨다고 해도 과언이 아니야. 급속하게 발달한 산업혁명은 19세기 중반에 이르면 완결판을 세상에 선보이는 경지에 이른단다.

자본주의가 그사이 얼마나 발달했는지를 한눈에 보여주는 만국박람회가 1851년 처음으로 열린 거야. 유럽 대륙이 혁명의 뒷수습을 하고 있을 때였지? 모두 우왕좌왕하고 있을 때 산업혁명의 심장부인 영국 런던에서는 자본주의의 꽃이 활짝 핀 셈이야. 사실 박람회가 이때 처음 열린 것은 아니야. 1761년에도 런던에서 박람회가 열린 적이 있어. 그러나 당시에는 영국 정부 차원에서 개최한 것도 아니고, 공업 제품 일부가 전시되는 수준이었지. 1851년 열린 제1회 런던 만국박람회는 규모면에서 지금까지의 어떤 박람회와 비교할 수 없을 정도로 거대했단다.

박람회가 열린 장소는 하이드파크의 수정궁이었어. 이 건물 또한 그전에 볼 수 없었던 기법으로 건축됐어. 철과 유리를 이용해 길이 563미터, 폭 124미터의 유리 궁전을 만든 거야. 그것도 6개월이란 짧은 기간에 말이야. 이런 건축 기법을 조립식 건축이라고 하는데, 수정궁이야말로 조립식 건축의 대표적인 예라고 할 수 있지. 이런 기법으로 건물을 짓는다는 발상 하나만 놓고 보더라도 산업 측면에서 영국의 자신감이 넘쳤다는 사실을 짐작할 수 있겠지?

런던 만국박람회에는 전 세계에서 출품된 제품 1만 4천여 점이 전시됐어. 아시아에서도 일본과 중국이 제품을 내놨다는구나. 다만, 그 제품이 도자기나 그림 같은 게 대부분이었대. 아직 산업화가 덜 돼 있었다는 사실을 여기에서도 알 수 있지? 영국 전시관은 기관차를 비롯해 온통 최신 기계로 가득했어. 정말 비교되는 대목이지? 이 런던 만국박람회에는 500만~600만 명의 관람객이 다녀갔다는구나.

만국박람회는 그 후 국제박람회로 이름이 바뀌었는데, 1900년까지 총 13회 열렸어. 영국이 1회와 3회를 런던에서 개최했고, 프랑스가 2회, 4회, 7회, 10회, 13회 1900년를 파리에서 개최했어. 미국에서 두 번, 오스트레일리아에서 한 번 열렸고, 오스트리아, 에스파냐, 벨기에가 각각 한 번씩 개최했단다. 박람회는 오늘날 엑스포라는 단어로 바뀌어 계속 열리고 있지.

만국박람회가 자본주의의 꽃이라면 자본주의의 덫도 있었어.

바로 공황이야. 공황이란 자본주의 체제하에서 경제 질서가 순식간에 무너지는 현상을 말한단다. 공황이 시작되면 대체로 주가가 폭락하고 많은 기업이 도산하며 노동자는 일자리를 잃게 돼. 역사상 최악의 공황은 1929년 미국에서 발생해 이후 전 세계로 확산된 대공황이야.

**런던 만국박람회** 자본주의의 꽃이라고 불리는 이 박람회를 통해 얼마나 빨리 산업화가 진행되는지를 알 수 있었다.

요즘에는 공황의 조짐이 나타나면 먼저 그 나라의 정부가 앞장서서 경제 회복을 위해 최선을 다하지. 여러 나라들이 공동의 위기를 극복하기 위해 서로 협력하는 것도 흔히 볼 수 있는 풍경이야. 그러나 19세기만 해도 그렇지 못했어. 자본주의 선진 국가들은 그동안 경험해보지 못한 공황이 나타나자 어떻게 대처해야 할지 몰랐지. 18세기에도 공황 비슷한 사건이 발생하기는 했어. 그때 영국 증권시장이 한때 붕괴해 난리가 났었지. 그러나 아직 자본주의가 초창기라서 파장이 크지는 않았어.

1825년 영국에서 다시 공황이 발생했어. 자본주의가 이미 상당히 발전한 터라 파장은 엄청났지. 많은 기업과 은행들이 파산했어. 공장들은 문을 닫았고, 노동자들은 실업자 신세가 돼버렸지. 다행히 이 공황은 다른 국가로까지 급격하게 확산되지는 않았어. 그렇다고 해서 문제가 해결된 것은 아니야. 왜 공황을 자본주의의 덫이라고 부르겠니? 언제든지 발목을 잡을 수 있기 때문이야. 실제 공황은 그 후 10여 년을 주기로 발생했어. 게다가 파괴력은 그때마다 커졌어. 이미 자본주의로 모든 나라들이 연결됐기 때문이야. 한 나라에서 시작된 공황이 다른 나라로 퍼져, 그 나라의 경제를 무너뜨렸어.

우연일까? 자본주의 꽃인 만국박람회가 런던에서 처음 열리고 채 6년이 지나지 않은 시점이었어. 1857년 미국에서 공황이 발생했단다. 뉴욕은행이 파산을 선언하자 이 은행과 거래 관계에 있던 기업과 외국 투자자들이 모두 알거지 신세가 됐어. 외국 투자자라면 유럽 투자자밖에 더 있겠니? 이 공황의 여파는 유럽으로 이어졌어. 그래, 처음으로 세계공황이 일어난 거야!

자본주의는 이런 위기를 겪으며 계속 발전했어. 공황에서 살아남은 기업가들은 더욱 강해졌지. 그러나 언제 다시 공황이 일어날지 모르는 상황이야. 이때 기업가들이 안정적으로 자본주의를 발전시켰으면 70여 년 후 세계대공황을 맞지 않았을지도 몰라.

## 통박사의 역사 읽기

### ✚ 자본론

오늘날 카를 마르크스를 사회주의의 대표적 이론가로 지명하는 것은 《공산당 선언》을 집필했기 때문만은 아니야. 사회주의는 20세기 들어 실패한 이론으로 규명됐지만, 아직까지도 그의 또 다른 저서는 훌륭한 경제이론서로 받아들여지고 있어. 그 책이 바로 《자본론》이야. 자본론은 총 3권으로 돼 있어. 1권은 1867년에 출간됐지. 마르크스는 《자본론》 1권을 내고 16년이 지난 1883년 세상을 떠났단다. 그럼 2권과 3권은? 마르크스의 평생 동지인 프리드리히 엥겔스가 마르크스의 유고를 정리해 출간했지. 《자본론》은 자본이 어떻게 만들어지며 어떻게 유통되는지, 또 어떻게 사회에 분배돼 어떤 갈등을 일으키는지를 체계적으로 정리했다는 평가를 받고 있단다.

## 산업사회의 그늘

유럽이 산업화되고 자본주의가 발달하면서 부작용도 생겨났어. 앞에서 잠깐 언급하기는 했어. 그래, 노동자의 삶이 아주 비참해진 거야. 대규모 공장 지대에는 가난한 노동자들이 몰려 살았어. 그들은 하루 종일 일해도 입에 겨우 풀칠할 정도밖에 벌지 못했어. 그들이 사는 곳은 말 그대로 빈민굴과 다를 바 없었지. 이런 상황이었으니 러다이트 운동이 일어난 것도 이해가 돼.

144

아무래도 산업이 가장 발달한 영국의 노동 환경이 어떻게 변화했는지를 살펴보는 게 좋을 것 같아. 다른 나라도 시간의 차이는 있지만 결국 영국의 길을 따라갔거든.

19세기 초반 러다이트 운동이 일어나고 노동자들의 투쟁이 거세지자 영국 정부는 고민했어. 이대로 두면 정말 큰 혼란이 생길지도 모르잖아? 영국 정부는 고심 끝에 1824년 단결금지법을 폐지했어. 이제 노동자들도 조직을 만들 수 있게 된 거야! 이때부터 노동자들은 노동조합을 만들어 조직적으로 투쟁을 했단다. 노동조합은 정부와 자본가에게 노동 시간을 단축하고 임금을 올려달라고 요구했어. 처음에는 노동조합의 힘이 약했기 때문에 정부와 자본가는 당연히 이 요구를 무시했어. 그러나 갈수록 노동조합의 투쟁이 거세지자 한 발짝 물러설 수밖에 없었지.

노동운동을 지휘한 사람 가운데 오언이란 인물이 있었어. 오언은 노동자들이 각종 조합을 만들어 스스로 힘을 길러야 한다고 주장했어. 오언은 혁명이나 투쟁이 아니라 타협을 통해서 노동자들의 세상을 건설할 수 있다고 생각한

**노동의 소외** 자본주의가 발달함에 따라 노동자의 소외 현상은 더욱 가속화되었다.

거야. 정통 사회주의자들은 현실적으로 불가능한 공상이라며 그를 공상적인 사회주의자라고 불렀단다.

어쨌든 오언의 활동으로 19세기 중반에는 전국노동조합의 연합체가 만들어졌고, 이와 별도로 노동자들의 협동조합도 만들어졌단다. 노동 시간을 단축하기 위한 투쟁도 19세기 중반 결실을 맺었어. 1847년, 하루 노동 시간을 10시간으로 제한하는 데 성공한 거야.

노동자들은 법과 제도를 고치기 위해 많은 투쟁을 했어. 이런 여러 투쟁 가운데 대표적인 것이 바로 차티스트 운동이지. 이 운동은 1838년부터 약 10년간 계속됐는데, 노동자들도 투표할 수 있는 권리를 달라는 게 가장 큰 요구사항이었단다. 이 운동은 유럽 혁명의 해인 1848년 절정을 이뤘는데, 실패로 끝나고 말았지. 차티스트 운동에 대해서는 다음에 다시 살펴볼게.

사실 오늘날까지도 기업가와 노동조합은 대립할 때가 많아. 민주화된 현대 사회에도 그럴 지경인데, 이때야 오죽했겠니? 노동자와 기업가, 정부의 싸움은 좀처럼 끝나지 않았어. 그러다가 19세기 후반으로 접어들면서 많은 나라들이 노동조합을 법으로 인정하기 시작했지.

그러나 아무리 타협했다고 해도 진심으로 서로를 존중한 것은 아니야. 이 무렵 유럽이 혁명의 시대였다는 거 기억하지? 사회주의 이념은 지식인과 노동자의 리더들에게 더욱 확산됐어. 왕, 귀족, 의회는 모두 사회주의 운동을 곱게 보지 않았어. 그들에게 사회주의자는 나라를 전복시키려는 불순 세력으로 여겨졌던 거야. 19세기 중반까지 국제 사회주의 운동 단체인 제1인터내셔널이 왕성하게 활동했었지? 바로 그 조직이 여러 나라의 타깃이 되고 말았어.

1871년 파리에서는 노동자 정부를 꿈꾸는 혁명이 터졌어. 이 혁명에 대해서는 곧 살펴볼 거야. 살짝 결과를 엿보자면, 실패였단다. 이 혁명에서 실패하고 나서 제1인터내셔널도 힘이 약해졌어. 결국 5년 후인 1876년, 제1인터

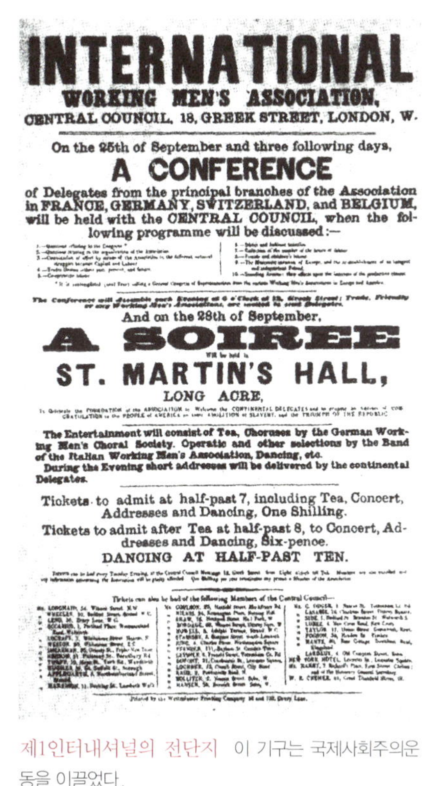

제1인터내셔널의 전단지  이 기구는 국제사회주의운동을 이끌었다.

내셔널은 해체되고 말았지. 그러나 혁명세력까지 모두 사라진 것은 아니었어. 그로부터 13년이 지난 1889년 7월, 노동자와 사회주의자들은 파리에서 다시 모여 인터내셔널을 부활시켰어. 이 기구를 보통 제2인터내셔널이라고 불러. 또다시 유럽 전역에 사회주의 운동이 불기 시작했어. 이번에는 영국이나 프랑스보다 국민의 삶이 훨씬 고통스러웠던 러시아와 독일에서 특히 사회주의가 열렬한 지지를 받았단다. 훗날 러시아에서 처음으로 사회주의 혁명이 터지고, 소비에트 정부가 들어선 게 다 이런 이유에서야.

## 통박사의 역사 읽기

### + 어려운 시절

산업혁명의 그늘을 생생하게 알 수 있는 문학 작품이 있어. 1853년 출간된 영국 작가 찰스 디킨스의 《어려운 시절Hard Times》이야. 찰스 디킨스는 이 소설에서 공장 노동자의 눈을 통해 산업과 자본주의 발달 과정에서 황폐해진 세상을 음산하게 묘사했단다. 이를테면, 공장 굴뚝에서 나오는 연기는 독사가 꾸물거리는 것으로, 증기기관은 괴물 같은 코끼리 머리로 보는 식이야. 산업이 발달하면서 강물은 잿빛으로 변했고, 똑같은 거리에 똑같은 사람들이 의미 없는 삶을 반복하고 있다는 비판도 나오지. 사실 이런 내용은 디킨스의 경험에서 나온 것일 수도 있어. 어렸을 때부터 지독하게 가난했던 탓에 디킨스는 학교에 다니지 못하고 열두 살부터 공장에서 일을 해야 했거든. 오늘날 영국에서 찰스 디킨스는 셰익스피어에 버금가는 문인으로 추앙받고 있단다.

# 민족주의와 제국주의

　산업과 과학의 발전, 식민지 확대, 자본주의 정착…. 유럽은 시간이 지날수록 더 강해졌어. 물론 유럽의 강대국들이 서로 사이좋게 발전한 것은 아니야. 유럽 각국의 정치사를 살펴볼 때 확인할 수 있겠지만, 대륙 안에서도 여러 차례 전쟁을 치렀단다. 다른 나라를 죽이고, 강대국의 지위에 오르기 위해서였어.

　메이저 유럽 국가들이 강해지자 식민지의 피해는 더 커졌어. 유럽에서 대량 생산 방식으로 만들어진 제품은 유럽 안에서 모두 소비할 수 없을 만큼 많아졌어. 그 제품을 팔아야 돈을 벌 것이고, 회사에 다시 투자를 할 수 있겠지? 그렇다면 어떻게 해서든 그 제품을 모두 팔아야 해. 그래, 식민지에 모두 떠맡겼어. 이게 제국주의라는 것은 이미 설명했지?

　독일과 러시아는 군사력부터 키워 열강이 된 나라들이야. 이런 지배층들은 민족의 이익을 위해 개인의 자유주의를 철저히 억눌렀어. 범게르만주의와 범슬라브주의가 이때부터 등장했지. 이런 극단적 민족주의 때문에 유럽 동부와 발칸 반도의 힘없는 나라들은 고통을 받을 수밖에 없었어. 제1차 세계대전도 이 민족주의 갈등 때문에 발생했다고 할 수 있지. 먼저 민족주의를 살펴보고, 이어 제국주의에 대해 알아볼게.

1820년대 체코에서 "슬라브족은 하나다"라는 생각이 싹트기 시작했어. 발칸 반도의 나라들과 유럽 중부 내륙의 국가들이 여기에 동의했어. 오늘날에는 이 지역의 국가들을 대체로 동유럽으로 묶는 경향이 있어. 제2차 세계대전 후 모두 소련의 위성국가로 전락했기 때문에 자연스럽게 그렇게 구분하는 거지. 그러나 엄밀히 말하면, 이런 나라 가운데 상당수는 중부 유럽에 위치해 있단다.

어쨌든 체코, 슬로바키아, 크로아티아, 세르비아는 모두 슬라브족이었는데, 서유럽 국가들에 비해 국력은 많이 약했어. 이러던 차에 이 지역의 슬라브족을 한 문화권으로 통합해야 한다는 주장이 나왔어. 모든 슬라브족이 뭉친다면 강대국이 될 수 있다는 이 이념이 바로 범슬라브주의란다.

1848년 프랑스에서 2월 혁명이 일어났고, 그 영향을 받아 독일과 오스트리아에서 3월 혁명이 일어났어. 혁명은 두 나라에서 멈추지 않았어. 다시 또 다른 나라로 튀었지. 바로 독일 동남부 쪽에 있는 체코야. 그 체코의 수도 프라하에서 처음으로 슬라브족의 회의가 열렸어. 범슬라브주의가 슬슬 시동을 걸고 있었던 거야.

이 지역의 슬라브족 국가들은 대부분 오스트리아에 소속돼 있었어. 조금 남쪽으로 내려가 발칸 반도에 이르면, 그곳의 슬라브족은 오스만 제국의 지배를 받고 있었지. 오스트리아나 오스만 제국이나 한쪽은 게르만족이고, 또 한쪽은 투르크족이라는 것 빼고는 다를 게 있겠니? 어느 쪽이나 독립을 위해서는 넘어야 할 산들이었지.

그래, 이 지역의 슬라브족이 원한 것은 바로 독립이었어. 오스트리아와 오스만 제국으로부터 독립해 슬라브족의 연방국을 만들겠다는 거지. 그렇다면 슬라브족의 큰형님 러시아로부터 도움을 받을 수 있지 않을까? 그러나 이들은 러시아와도 타협하기를 거부했어. 러시아가 지배자 행세를 하려고 한다는 이유 때문이었지. 같은 슬라브족이라고는 해도 러시아가 끼어들면 오스트리아, 오스만 제국에 이어 또 하나의 지배자만 늘어난다는 거야. 이런 점을 보면 이때의 범슬라브주의는 민족주의 성격을 띠기는 했지만, 실제로는 자유주의에 가까웠다는 사실을 알 수 있어.

이 범슬라브주의와 또 다른 범슬라브주의가 있었어. 체코에서 범슬라브주의 운동이 시작될 무렵인 1830년대 후반, 러시아에서도 범슬라브주의 운동이 일기 시작한 거야. 러시아는 슬라브족이 다른 민족보다 우월하며 러시아가 중심이 돼서 슬라브족을 부흥시켜야 한다고 생각했어. 동유럽 국가들의 범슬라브주의와 달리

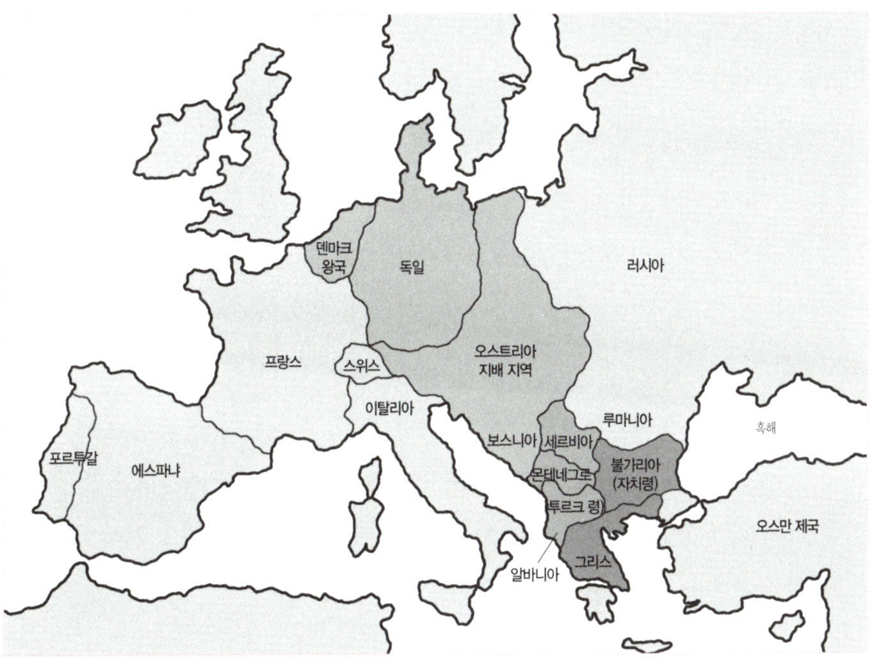


**러시아-투르크 전쟁 후의 유럽** 1878년 6차에 걸친 전쟁 후 발칸 반도의 지도가 많이 바뀌었다. 루마니아, 세르비아, 몬테네그로가 독립했지만 알바니아와 마케도니아는 여전히 오스만 제국의 지배를 받았다.

맹목적인 민족우월주의가 녹아 있지? 이 러시아의 범슬라브주의가 점점 커질 수 있었던 전쟁이 바로 러시아-투르크 전쟁이란다.

1806년, 제3차 러시아-투르크 전쟁이 터졌어. 이 전쟁은 프랑스의 나폴레옹이 훈수를 두는 바람에 일어났어. 나폴레옹은 1812년 러시아를 침략할 계획이었는데, 그전에 러시아의 힘을 뺄 필요가 있었겠지? 누가 러시아의 힘을 빼놓을까? 나폴레옹은 오스만 제국이 적임자라고 생각했어. 나폴레옹은 "두 번의 패배를 만회할 기회야. 러시아와 싸워!"라며 오스만 제국을 부추겼어.

그러나 이미 약해질 대로 약해진 오스만 제국의 군대는 러시아 군대를 이길 수 없었어. 당연히 러시아의 승리로 제3차 전쟁이 끝났지. 이때까지만 해도 오스만 제국은 러시아만 상대하면 됐어. 하지만 1821년 그리스가 독립을 선언한 직후, 그리스를 지지한다며 영국까지 오스만 제국과의 전투에 뛰어들었어. 오스만 제국은 그야말로 풍전등화의 위기에 놓였단다.

이런 와중에 1828년, 오스만 제국과 러시아 사이에 제4차 전쟁이 터졌어. 1년 만에 이 전쟁도 러시아의 승리로 끝났어. 그리스는 독립을 쟁취했고, 오스만 제국의 지배를 받던 세르비아와 몰다비아가 자치권을 얻었어. 러시아는 이런 표정을 지었겠지? "슬라브족이여, 봐라. 러시아가 너희들을 구원하고 있다!"

그런데, 러시아는 정말로 슬라브족 국가들을 오스만 제국으로부터 독립시켜주려고 했을까? 순수한 의도로? 아니야. 슬라브족 국가들이 저항하면 오스만 제국의 힘이 약해질 테고, 그 틈을 노려 흑해와 지중해로 진출하려고 했던 거야. 이 점을 눈치 챈 동유럽의 범슬라브주의 운동가들은 같은 슬라브족인 러시아에게도 저항했단다.

어쨌든 이때부터 범슬라브주의는 러시아가 주도했어. 자유주의자들의 열망은 억압됐고, 러시아의 패권주의만 강해졌단다. 자신감을 얻은 러시아는 오스만 제국의 내정을 간섭하면서 더욱 강하게 압박했어. 러시아의 세력이 강해지면 누가 긴장할까? 당연히 다른 열강들, 즉 영국과 프랑스와 오스트리아였어. 열강들은 러시아의 일거수일투족을 주의 깊게 관찰하기 시작했지.

1853년, 러시아는 열강들이 반대하거나 말거나 오스만 제국을 다시 침략했어. 제5차 전쟁이 터진 거야. 열강들은 더 이상 내버려두면 러시아의 세력이 너무 강해질 거라고 판단했나봐. 사실 오스만 제국을 러시아에게 빼앗기는 것만으로도 다른 열강에게는 큰 타격이 될 수 있었어. 예로부터 오스만 제국의 땅은 동서 무역을 중개하는 요충지였기 때문에 꽤나 중요한 곳이었단다.

제5차 전쟁은 유럽 열강들도 참전한 국제전이 돼버렸어. 러시아가 본격적으로 오스만 제국을 공략하기 위한 동방정책을 짜놓고 개시한 전쟁이기도 하지. 그 때문에 이 제5차 전쟁은 제1차 동방 전쟁이라고도 불러. 이 전쟁은 또 다른 이름이 있어. 크림 반도에서 치러졌다고 해서 크림 전쟁<sub>1853년~1856년</sub>이라고도 하지. 이 전쟁에서 러시아는 패했어. 범슬라브주의도 한풀 꺾였겠지?

그로부터 10여 년이 흘렀어. 러시아는 발칸 반도의 슬라브족 국가들에게 "오스만 제국이 약해졌으니 독립투쟁을 해!"라며 다시 부추겼어. 1875년 보스니아에서 오스만 제국에 대한 반란이 일어났어. 헤르체고비나, 불가리아, 세르비아, 몬테네그로가 반란에 동참했어. 러시아의 범슬라브주의 전략이 딱 들어맞은 거야. 러시아는 슬라브족 국가를 지원한다는 명분을 내걸고 1877년 제6차 전쟁을 일으켰어. 준비를 치밀하게 했나보지? 러시아 군대는 단숨에 오스만 제국의 수도인 이스탄불까지 진격했어. 물론 러시아가 승리했지.

1878년 모든 러시아-투르크 전쟁이 끝나면서 산스테파노 조약과 베를린 조약이 잇달아 체결됐어. 그 후 슬라브족 국가들은 어떻게 달라졌을까? 세르비아, 루마니아, 몬테네그로가 독립을 얻었어. 불가리아는 자치권을 확보했지. 러시아는 유럽과 소아시아를 연결하는 다르다넬스 해협을 언제든지 이용할 수 있는 권리도 따냈어. 일단은 범슬라브주의가 크게 성공한 것 같지?



### ✚ 전쟁터에 나타난 천사

크림 전쟁은 유럽 동쪽의 낙후된 크림 반도에서 치러졌어. 의료 시설은 아주 낙후돼 있었어. 병사들은 작은 부상으로도 제때 치료를 받지 못해 목숨을 잃었지. 이때 한 여성이 나타나 그들을 간호했어. 바로 플로렌스 나이팅게일이야. 그녀는 38명의 성공회 수녀를 이끌고 전쟁터로 갔어. 이윽고 이스탄불의 위스퀴다르란 곳에 야전병원을 세웠지. 헌신적인 봉사로 나이팅게일은 오늘날까지 '백의의 천사'로 불리고 있어. 그뿐만 아니라 나이팅게일은 간호

나이팅게일

사 학교를 세워 간호사를 전문 직업으로 발전시킨 인물이기도 해. 그 때문에 간호사들은 반드시 나이팅게일 선서를 하고 나서 직업에 임한단다.

## 민족주의 VS 자유주의

보헤미아는 오늘날 체코를 가리켜. 신성로마 제국에 포함돼 있었고, 합스부르크 왕조의 영토였지. 30년 종교 전쟁의 원인이 됐던 개신교도와 가톨릭교도와의 싸움도 이곳에서 발생했어. 그렇다면 체코인들은 오스트리아, 독일, 이탈리아와 같은 유럽 국가들과 똑같은 민족일까? 아니야. 지배층만 그곳에서 넘어왔을 뿐, 민중은 모두 슬라브족이었어. 결국 메이저 유럽 사람들에게 체코인은 이방인으로 여겨졌던 거야.

체코에서 자유주의에 가까운 범슬라브주의가 일어났다고 했지? 이 단어를 빌려와 러시아는 민족우월주의의 색채가 강한 범슬라브주의를 다시 주장했어. 그러자 신성로마 제국의 영방들, 즉 게르만족도 가만히 있지 않았단다. 그들은 범슬라브주의와 본질적으로 크게 다르지 않은 민족주의를 내세웠는데, 그게 바로 범게르만주의야. 사실 19세기 초반까지만 해도 범게르만주의는 강하지 않았어. 범게르만주의란 말도 프로이센에 의해 독일이 통일된 19세기 후반에 본격적으로 사용됐단다.

따지고 보면 유럽 사람들이 민족이란 개념을 중요하게 여기기 시작한 것도 불과 2백여 년밖에 안 돼. 중세 시대만 하더라도 민족이란 개념은 거의 없었지. 합스부르크 가문을 봐. 유럽 여러 나라를 지배했잖아? 그 가문의 영토에 살고 있는 사람들은 그냥 합스부르크 가문의 백성일 뿐이었어. 민족이란 개념은 근대로 접어든 이후에야 비로소 자리 잡았다고 했지?

이 민족주의와 함께 생각해봐야 할 이념이 있어. 지금까지 몇 차례 말했던, 바로 자유주의야. 이 두 이념은 동전의 양면처럼 늘 한꺼번에 나타났어. 민족주의와 자유주의는 프랑스 혁명과 나폴레옹 전쟁, 1848년의 혁명기를 거치면서 유럽 전역에서 나타났어. 얼핏 보면 자유주의와 민족주의가 비슷해 보이지만, 실제로는 많이 달라. 가령 초창기의 범슬라브주의를 떠올려봐. 그들이 원한 것은 자유주의 연방국이었어. 반면 러시아의 범슬라브주의는 맹목적 민족주의였지, 자유주의는 아니었잖아?

산업과 자본주의가 발달하면서 자본가를 포함한 자유주의 시민들의 세력이 강해진 영국과 프랑스에서는 맹목적 민족주의가 덜 발달했어. 그러나 독일, 러시아, 오스트리아 같은 나라는 뒤늦게 열강의 대열에 진입하기 위해 철저하게 국가가 산업을 주도했어. 그러다 보니 개인의 자유는 그리 중요하지 않았어. 국가가 강해지는 게 더 중요하니, 자유가 억압돼도 반항하지 말라는 거야.

**프란츠 요제프 1세** 오스트리아 황제로 헝가리 귀족들과의 타협을 통해 오스트리아–헝가리 제국을 열었다.

여러 민족이 뒤섞여 있는 오스트리아가 민족주의 때문에 큰 몸살을 앓은 대표적인 나라야. 이미 살펴본 대로 1848년 오스트리아의 지배를 받던 북부 이탈리아, 헝가리, 보헤미아에서 독립 혁명이 일어났어. 물론 이 혁명은 모두 실패했지만, 그렇다고 해서 이들 나라가 독립을 포기한 건 아니었어. 그 때문에 민족 간 갈등이 폭발 직전

수준까지 치달았단다.

1867년 오스트리아 황제 프란츠 요제프 1세는 헝가리에게 자치권을 줬어. 헝가리는 왕국을 건설했지만 프란츠 요제프 1세가 헝가리 왕국의 왕에 올랐기 때문에 완전한 독립은 아닌 셈이지? 이렇게 해서 만들어진 나라가 오스트리아-헝가리 제국이야.

그러나 문제가 생겼어. 오스트리아는 게르만족이고, 헝가리는 마자르족이었어. 게르만족은 마자르족을 우습게 여겼지. 오스트리아 왕실과 짝짜꿍이 맞은 마자르족 귀족들이야 별 제재를 받지 않았겠지만, 평범한 마자르인들은 식민지 백성과 다름없는 생활을 해야 했어. 마자르인들은 독립투쟁을 벌였겠지? 오스트리아는? 당연히 탄압했어. 오스트리아에 있는 소수민족은 마자르족만 있는 게 아니었어. 슬라브족들도 있었지. 당연히 이들도 탄압을 받았단다.

헝가리도 사실은 오스트리아를 욕하기가 민망해. 오스트리아 안에 헝가리가 있듯이 헝가리 안에는 남슬라브족이 있었는데, 이들이 마자르족에게 탄압을 받고 있었던 거야. 헝가리는 독립투쟁을 하던 남슬라브족을 집단 학살하기도 했어. 절대 독립을 허용하지 않겠다는 거지. 마자르족의 헝가리는 게르만족의 오스트리아 지배를 벗어나려고 하면서도 슬라브족은 자신들의 지배를 받으라고 강요한 셈이야.

오스트리아도 이 점을 적절히 활용했어. 한 민족이 독립하겠다고 투쟁을 시작하면, 오스트리아는 그 민족과 사이가 좋지 않은 다른 민족을 부추겨 서로 싸우게 만들었단다. 그렇게 하면 민족 간 갈등 때문에 혁명이 무산되는 거야. 실제로 오스트리아는 헝가리의 마자르인들이 독립운동을 할 때 그들의 지배를 받는 슬라브인과 루마니아인들을 꼬드겨 헝가리에 저항하게 했단다.

강대국의 지배로부터 벗어나려는 민족은 자유주의를 꿈꿨어. 프랑스 혁명, 7월 혁명, 2월 혁명, 1848년 혁명 등이 모두 자유주의 국가를 만들고 싶다는 바람이었지. 그러나 이런 자유주의는 맹목적 민족주의에 의해 무너지고 말았어. 민족주의와 자유주의는 공존할 수 없었을까? 민족을 너무 강조하면 개인의 자유를 억압할 수밖에 없고, 개인의 자유를 지나치게 강조하면 민족이고 국가고 상관없다는 자유방임이 돼버리겠지? 이 두 이념을 조화시키는 것은 정말 어려운 과제야.

## 열강, 세계를 착취하다

유럽 대륙 안에서 서로 다른 민족이 갈등을 벌였다면, 아시아나 아프리카 같은 식민지 대륙에서는 열강이 일심동체로 착취를 했어. 물론 식민지 민중들도 저항을 벌였지만 열강의 첨단 무기와 군대 앞에 무릎을 꿇을 수밖에 없었어. 결국 많은 국가들이 열강의 지배를 받게 됐지.

유럽 열강이 아시아에서 가장 군침을 흘린 나라는 중국이야. 여러 나라가 중국 진출을 시도했지만, 가장 먼저 중국의 문을 연 나라는 영국이지. 영국은 면직물과 모직물을 중국에 수출했고, 차와 비단을 수입했어. 그러나 어찌 된 게 무역을 하면 할수록 영국만 적자가 커졌단다. 영국이 그 이유를 찾던 중에 중국인들이 영국의 섬유 제품을 별로 좋아하지 않는다는 사실을 알아냈어. 중국인들은 원래부터 즐겨 입었던 비단옷을 여전히 선호하고 있었던 거야. 반면 영국인들은 중국의 차를 너무 좋아했어. 수입은 느는데, 수출은 줄어. 그러면 적자가 커질 수밖에 없겠지?

이 무렵 국제무역은 주로 은으로 결제를 했단다. 당연히 영국이 보유하고 있던 막대한 양의 은이 고스란히 중국으로 흘러들어갔어. 이대로 둘 수는 없다! 영국 상인들은 불법으로라도 돈을 벌기로 했어. 그게 바로 아편이었지. 과연 예상대로 영국은 아편 밀매로 큰돈을 벌게 됐어. 그러나 중국은 아편 중독자가 급격하게 늘어 큰 사회문제가 돼버렸어. 중국의 청 조정은 영국에 항의했지만 전혀 고쳐지지 않았어. 결국 영국의 상선을 기습 검문해 아편을 빼앗고, 모두 버렸어.

영국은 청 조정에게 태워버린 아편을 모두 배상하라고 요구했어. 청은 부당한 요구라며 거절했지. 영국 의회에서 중국을 칠 것인지를 두고 치열한 논쟁이 벌어졌어. 중국이 힘이 없다고는 하지만 2천 년 넘게 아시아의 일인자 자리를 지켰던 나라이기 때문이야. 혹시라도 전쟁에서 패하지 않을까 하는 걱정이 들었던 거지. 그러나 결국에는 전쟁을 하자는 쪽이 우세했어. 영국 함대가 전격적으로 중국을 침략했단다. 이 전쟁이 바로 제1차 아편 전쟁<sup>1840년~1842년</sup>이야.

전쟁은 싱겁게 끝났어. 막상 뚜껑을 열어보니 중국이 너무나 약했던 거야. 2년 만에 전쟁을 끝낸 영국은 중국과 난징 조약을 맺었어. 이 조약에 따라 홍콩을 빼앗았고, 최혜국 대우를 보장받았지.(홍콩은 150년이 지난 1997년에야 중국에 되돌려졌단다.) 만약 그 후 중국이 또 다른 열강과 국제 조약을 맺을 때 영국보다 높은 지위를 주게 되면 자동으로 영국도 그 지위를 인정받는 게 최혜국 대우란다. 영국인들의 치외법권도 인정받았어. 이에 따라 영국인들이 중국 땅에서 범죄를 저질러도 중국 사법부는 재판을 할 수 없었지.

영국은 끝까지 집요했어. 제1회 만국박람회가 열리고 5년이 지난 1856년, 또다시 중국을 침략한 거야. 아편 밀무역을 하는 영국 선박을 중국이 단속하는 과정에서 영국 국기가 훼손됐다는 이유였지. 물론 침략의 진짜 이유는 중국을 집어삼키려는 거였어. 이 사건이 애로 호 사건이고, 이로 인해 터진 전쟁이 제2차 아편 전쟁<sup>1856년~1860년</sup>이야. 어라? 이번에는 영국뿐만 아니라 프랑스, 미국, 러시아까지 전쟁에 가담했어. 그동안 모두 중국을 노리고 있었던 거야.

제2차 아편 전쟁도 열강의 승리로 끝났어. 4개 열강은 중국과 톈진 조약을 체결했어. 중국의 10개 항구가 개방됐고, 외국인들도 중국 어디든지 자유롭게 여행할 수 있게 됐어. 중국은 두려웠나봐. 조약을 비준하고 이행하는 걸 슬슬 미뤘어. 그러자 열강 군대가 다시 중국을 침략해 수도 베이징을 불태우고 문화재를 약탈했지. 1860년, 열강들은 중국과 다시 베이징 조약을 체결했어. 중국은 톈진 조약을 빨리 이행할 것을 약속했고, 영국에는 주룽 반도, 러시아에는 연해주를 빼앗겼어. 이때부터 중국은 사실상 영국의 반식민지로 전락했단다.

중국의 사례만 봐도 영국의 제국주의 속성을 잘 알 수 있을 거야. 영국은 인도에서도 어김없이 제국주의의 이빨을 드러냈단다. 원래 18세기까지만 해도 인도에는 영국뿐만 아니라 네덜란드, 프랑스, 포르투갈, 에스파냐 등 많은 유럽 국가들의 무역 회사가 있었어. 그러나 19세기가 되면 영국이 나머지 국가의 회사를 모두 쫓아내고 인도를 독점했지.

영국이 제2차 아편 전쟁을 일으키며 중국을 침략한 다음 해인 1857년, 인도에서 영국에 저항하는 대규모 봉기가 일어났어. 영국의 동인도회사에 고용된 인도인 병사들이 가혹한 대우를 참지 못하고 폭동을 일으킨 거야. 인도인 병사를 '세포이'라고 불렀기 때문에 이 반란을 세포이의 항쟁이라고 불러.

그러나 재래식 무기를 겨우 갖춘 세포이들이 첨단무기로 무장한 영국 군대를 이길 수는 없었어. 영국은 2년 만에 모든 반란을 진압하고 인도의 무굴 제국에게 책임을 물었어. 어떤 식으로? 무굴 황제를 끌어내리고 인도를 영국의 직할지로 삼아버린 거야! 인도를 사실상 합병한 셈이지. 1877년에는 나아가 영국 빅토리아 여왕이 직접 인도의 왕에 올랐어. 영국은 이어 아프가니스탄, 네팔, 미얀마로 식민지를 넓혀갔지.

인도차이나 반도는 프랑스가 차지했어. 원래 이 지역은 중국 청나라가 오랜 세월 지배해오던 곳이야. 프랑스는 인도에서 영국에게 밀려나자 인도차이나 반도라도 얻을 생각이었나봐. 1884년 프랑스는 청나라와 전쟁을 벌이고 나서 인도차이나 반도를 통째로 빼앗았어.

프랑스는 이윽고 동남아시아로 진출하려고 했어. 동남아시아도 이미 유럽 국가들이 차지하고 있었지. 인도네시아는 네덜란드가, 필리핀은 미국이 점령한 상태였어.(에스파냐로부터 미국이 빼앗았어.) 프랑스는 나머지 나라들을 욕심냈어. 그러나 영국이 가만히 있지 않았어. 두 나라는 충돌 직전까지 갔지만 이번에는 전쟁을 하지 않았어. 서로 타협한 거야. 영국이 싱가포르와 말레이시아를, 프랑스가 나머지 지역과 타이의 일부를 지배하기로 한 거지. 열강들끼리 땅 따먹기 놀이하는 것 같지 않니?

이 무렵 아프리카 사정도 비슷해. 에티오피아와 라이베리아를 뺀 나머지 모든 아프리카 나라들이 유럽 열강의 지배를 받았어. 에티오피아는 1896년 이탈리아의 공격을 받기는 했지만, 오히려 이탈리아가 패배하고 물러났단다.

1834년 영국은 아프리카 남단 케이프타운에 오래전부터 정착해 살고 있던 네덜란드 이주민<sup>보어인</sup>을 쫓아내고 그 땅을 차지했어. 1만여 명의 보어인은 트란스발과 오렌지 자유주로 이주해 정착촌을 건설했어. 그런데 그곳에서 금광과 다이아몬드 광산이 발견됐어. 영국은 또 그들을 쫓아냈어. 이렇게 해서 영국과 보어인 사이에 전쟁이 터졌는데, 그 전쟁이 보어 전쟁<sup>1899년~1902년</sup>이란다.

1869년, 유럽과 아프리카를 잇는 수에즈 운하가 건설됐어. 이 운하는 이집트의 소유였지. 그러나 수에즈 운하의 소유권을 둘러싸고 영국과 프랑스가 은근히 갈등을 벌였어. 그도 그럴 것이 수에즈 운하를 건설한 쪽은 프랑스 회사였지만, 실제 지중해 무역을 많이 하는 쪽은 영국 상선들이었거든. 1875년 이집트에 재정위기

수에즈 운하 지중해와 홍해를 잇는 운하로 프랑스에 의해 건설되었으나 곧 영국에게 지배권이 넘어갔다.

가 닥치자 영국 쪽에서 선수를 쳤어. 이집트 정부가 가지고 있는 운하 지분을 사들인 거야.

이 정도로 끝났다면 영국과 프랑스 제국주의가 충돌하지 않았을지도 몰라. 그러나 두 나라의 식민지 욕심은 아프리카에서도 어김없이 드러났어. 프랑스는 아프리카 서부의 알제리, 튀니지, 가나에서 시작해 아프리카 동부까지 동서로 정복하겠다는 아프리카 횡단정책을 추진하고 있었어. 반면 영국은 이집트와 수단을 시작으로 아프리카 북단에서 남단 케이프타운까지 남북으로 정복하겠다는 아프리카 종단정책을 추진했지.

이런 상황이었기 때문에 프랑스는 영국이 이집트를 차지할까봐 조마조마했어.

이집트야말로 중요한 군사적 요충지였거든. 그런데 정말 그런 일이 생겨버렸어. 1881년 이집트에서 반외세운동이 일어났는데, 이를 구실로 영국이 떡하니 이집트 전체를 정복해버린 거야.

1898년 영국과 프랑스는 마침내 이집트 남부, 오늘날 수단의 파쇼다에서 충돌했어. 그러나 프랑스가 화해 제스처를 보내면서 전쟁으로까지 치닫지는 않았단다. 프랑스가 영국에 겁을 먹었던 것일까? 그랬을 수도 있지만, 그보다는 독일을 견제하려는 의도가 더 컸어. 1871년 비스마르크에 의해 통일된 독일 제국이 뒤늦게 식민지 경쟁에 나서면서 무서운 속도로 팽창하고 있었거든. 그 때문에 영국과 프랑스 군대는 "우리끼리 싸우지 말자"라고 합의하고 군대를 철수시켰던 거야.

# 19세기 유럽 각국의 변화

19세기 유럽은 격변의 소용돌이에 휩싸여 있었어. 지금까지는 나폴레옹 전쟁, 혁명이념, 사회주의, 산업의 발전, 민족주의, 제국주의 등 주제별로 19세기의 역사를 살펴봤어. 이번에는 각 나라별로 역사를 살펴볼 생각이야.

이 무렵 영국은 다른 나라들보다 안정돼 있는 편이었어. 그 덕분에 내부적으로는 산업과 과학이 눈부시게 발달했고, 해외 식민지 전쟁에서도 모두 승리할 수 있었지. 프랑스는 제정과 공화정을 번갈아 가며 혼란스러운 편이었어. 오늘날의 독일과 이탈리아가 탄생한 것도 19세기 후반이야. 또한 러시아가 열강으로 성장한 것도 이때였지. 자, 영국부터 시작해볼까?

## 영국, 위로부터의 개혁

1805년 나폴레옹은 정복 전쟁을 시작하기 전에 영국을 공격했어. 이 트라팔가르 해전에서 영국이 크게 승리했던 사실을 기억하고 있지? 나폴레옹은 결국 영국을 포기하고 대륙으로 눈을 돌렸어. 그 후 영국은 대륙에서 진행된 나폴레옹 전쟁에 별 관심을 가지지 않았고, 다른 열강들도 굳이 영국과 충돌하려고 하지 않았지. 영국은 해외 식민지로 눈을 돌렸어. 그 어느 나라보다 제국주의를 강화한 셈이야.

19세기 유럽이 혼돈의 시대였다고 하지만, 영국은 비교적 순탄하게 19세기를 보냈어. 17세기에 일찌감치 입헌군주제가 정착된 게 가장 큰 이유였을 거야. 대륙의 나라들을 봐. 자유주의자들은 입헌군주제나 공화정을 요구하며 투쟁을 벌였고, 왕과 귀족들은 이들의 요구를 절대 수용하지 않았어. 타협이란 있을 수 없었고, 그 때문에 1830년 프랑스에서 7월 혁명이 일어났으며, 1848년에는 유럽 전역에서 혁명이 일어난 것 아니겠어?

물론 영국도 아무런 문제가 없었던 건 아니야. 영국에서도 민주주의가 발전하는 과정에서 큰 진통을 겪어야 했지. 이를테면 선거법 개정과 관련된 갈등이 많았어. 급진 개혁주의자들은 19세기 초반부터 신분을 따지지 않고 모든 사람에게 평등하게 투표권을 줘야 한다며 시위를 벌였어. 그러나 영국 의회는 이 문제에 별 관심이 없었고, 오로지 선거구 조정을 둘러싸고 대립을 벌였단다.

이때 영국 의회는 토리당<sup>보수당</sup>과 휘그당<sup>자유당</sup>으로 나뉘어져 있었어. 당의 이름을 보면 알겠지만, 휘그당을 지지하는 세력은 부유한 자유주의자들, 이를테면 부르주아나 자유주의 귀족이었어. 반면 토리당을 지지하는 세력은 지주들이 많았어. 토리당은 선거구를 조정하는 데 반대했어. 그렇게 하면 지주 출신의 의원이 덜 나올 수 있기 때문이야. 휘그당은 선거구를 현실에 맞게 재조정해야 한다고 집요하게 주장했어.

사실 토리당의 주장은 고집, 더 나아가 아집이라고 할 수 있을 거야. 산업화가 활발히 진행되면서 대도시들이 생겨났고, 그 대도시에 많은 사람들이 몰려들었지? 반면 농업도시나 전통이 강한 도시들은 사람들이 썰물처럼 빠져나가 텅 비어 버렸어. 그런데도 각 선거구<sup>도시</sup>에서 선출하는 의원 수는 예전 그대로였어. 인구가 3천 명에서 3백 명으로 줄어든 농업도시와 백 명에서 5천 명으로 늘어난 산업도시에서 선출하는 의원 수가 같은 거야. 영국 정부가 직접 조사를 해보니, 어떤 농업도시는 인구가 거의 빠져나가 의원을 선출할 수도 없는 지경이었다는구나. 이런 선거구를 부패선거구라 불렀대.

1832년 토리당도 어쩔 수 없었는지 마침내 휘그당의 주장대로 선거법이 개정됐어. 많은 부패선거구가 폐지됐고, 그 대신 산업도시에서 선출하는 의원의 수가 늘었어. 휘그당의 뜻대로 된 셈이야. 그러나 이 개혁은 결국 부유한 부르주아만을 위한 것이 되고 말았단다. 왜? 유권자가 늘었다고 해도 평범한 시민들은 여전히 투표권이 없었던 거야. 특히 산업사회의 핵심 일꾼이자, 수적으로 가장 많은 노동자들의 불만이 컸어.

1838년 노동자들을 중심으로 시민들이 참정권을 얻기 위한 운동을 시작했어. 이 운동이 앞에서 잠깐 언급했던 차티스트 운동 1838년~1848년이란다. 차티스트들은

차티스트 운동 영국에서 노동자의 참정권을 요구한 이 운동은 결국 실패로 돌아갔다.

무력 투쟁보다는 여러 사람의 서명을 모아 정부에 탄원하는 청원운동 방식을 택했어. 1년 뒤 차티스트들은 "매년 선거를 실시하며 비밀선거와 보통선거를 보장하라"며 120만여 명의 서명을 모아 의회에 제출했어. 그 짧은 시간에 120만 명의 서명을 모은다는 것은 결코 쉬운 일이 아니야. 의회도 놀랐을까? 아니야. 아주 냉랭했단다. 부르주아들은 노동자들에게 투표권을 주고 싶지 않았던 거야.

다행히 차티스트들은 폭동을 일으키지 않았어. 만약 그들이 폭동을 일으켰다면 대륙과 마찬가지로 혁명의 소용돌이에 휩싸였겠지? 차티스트들은 인내심을 갖고 다시 서명을 받기 시작했어. 1842년 차티스트들은 3백만 명이 넘는 서명을 모아 다시 국민청원을 했어. 부르주아 의회는 또 차티스트의 요구를 묵살했어. 이번엔 혁명으로 이어질까? 아니야. 차티스트들은 이번에도 국민청원 방식을 고수했어. 혁명의 해인 1848년, 이번에는 5백만 명이 넘는 서명을 모아 국민청원을 제출했단다. 결과? 그전과 다르지 않았어. 또다시 의회는 차티스트들의 요구를 받아들이지 않았지.

1848년 청원을 끝으로 차티스트 운동은 더 이상 진행되지 않았어. 대륙의 거의 모든 나라에서 혁명이 실패했지? 그 분위기가 영국에도 미친 거야. 다행히 영국 의회가 나서서 선거법 개혁을 추진했단다. 혁명이 터졌던 다른 나라들과 달리 위로부터 개혁을 한 거야. 독일이 통일되던 1871년, 영국 의회는 하루 노동 시간을 10시간으로 제한하고 9세 미만의 아이에게는 노동을 시키지 못하도록 하는 법을 만들었어. 최소한의 교육을 모든 국민이 받도록 의무화하는 법도 만들었지. 1884년에는 마침내 차티스트의 소원도 이뤄졌어. 모든 성인 남성에게 참정권을 준 거야. 영국은 20세기로 접어든 뒤에도 위로부터의 개혁을 꾸준히 추진했단다.

### ✚ 보수당과 자유당의 2차전, 곡물법

토리당과 휘그당의 싸움은 또 있었어. 오히려 선거법보다 이 싸움에 사람들은 더 많은 관심을 보였어. 바로 곡물법을 둘러싼 논쟁이야. 원래 영국은 유럽 대륙과 떨어져 생활하는 걸 좋아했지? 12세기에 만들어진 곡물법이 대표적인데, 대륙에서 수입하는 곡물의 양을 일정 수준으로 제한하는 거였지. 그런데 몇백 년이 흐르는 동안 영국 곡물 값이 엄청 뛰어오른 게 문제였어. 다른 데서 싸게 사올 수도 있지만 이 법 때문에 그렇게 할 수 없었지. 지주들이야 돈을 많이 버니 불만이 없었겠지만 자본가를 포함한 시민들은 곡물을 사느라 많은 돈을 써야 했으니 불만이 컸지. 이번에도 토리당이 패했단다. 1846년 곡물법이 폐지된 거야. 확실히 영국에서는 시민들의 힘이 강한 것 같지?

## 비스마르크와 독일 통일

나폴레옹 전쟁이 한창이던 19세기 초반으로 가볼까? 이 무렵 프로이센은 특히 군사 분야에서 급속도로 발전하고 있었어. 구식무기를 모두 최신무기로 바꿨고, 군인 수도 대폭 늘어났지. 국가가 주도해 곳곳에 중화학 공장들을 건설했어.

이런 상황에서 나폴레옹 정복 전쟁이 터졌어. 프로이센은 나폴레옹 군대가 두렵기는 했지만 지금까지 나름대로 전투력을 보강했기 때문에 충분히 맞설 수 있을 줄 알았어. 그러나 아니었어. 1806년 나폴레옹 군대와 치른 예나 전투에서 프로이센 군대는 너무 쉽게 패하고 말았단다. 프로이센은 곧 나폴레옹에게 점령되고 말았지.

나폴레옹 전쟁이 끝나고 원상회복된 프로이센은 지금껏 자신들이 환상 속에 살아왔다는 걸 깨달았어. 빈 체제가 만들어진 이후 프로이센은 과거보다 더 정부가 적극적으로 나서서 개혁을 추진했어. 무엇보다 국민의 교육에 신경을 썼다는구나. 교육이 국력이라는 말은 프로이센에서도 통했나 보지? 프로이센의 교육 열풍은 그 후 유럽 전역으로 확산됐어. 그 덕분에 20세기 초반에는 대부분의 유럽 사람들이 글자를 읽게 됐어. 프로이센의 공이라고 할 수 있겠지?

앞에서 다뤘던 부분인데, 잠시 기억을 더듬어봐. 영국에서 선거구를 조정하는 선거법이 만들어지고 2년이 지난 1834년, 39개의 게르만족 국가들이 관세동맹을 맺었어. 이 관세동맹을 주도한 나라는? 그래, 프로이센이었어. 오스트리아는 아

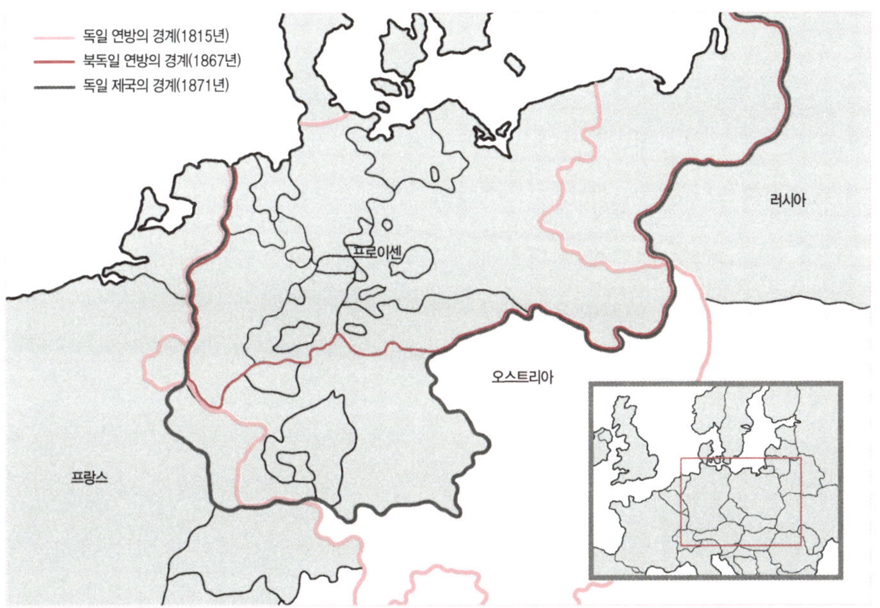



**독일 영토의 변화**  1815년 독일 연방에는 오스트리아까지 포함돼 있었다. 그러나 1867년의 북독일 연방에서는 배제됐다. 1871년에는 프로이센이 중심이 돼 북독일과 오스트리아 북부 지역을 합쳐 독일 제국을 건설했다.

예 빠져 있었지. 이 관세동맹 덕분에 독일 연방의 경제력은 나날이 발전했어. 그러나 이 관세동맹은 게르만족의 통일국가를 건설하기 위한 전 단계로 추진됐던 거야. 경제 발전에 따른 이익이 민중과 자유주의자들에게는 거의 돌아가지 않았지. 범게르만주의에 따라 개인의 자유는 오히려 더 억압됐어. 민족주의가 자유주의를 억누른 셈이야. 이러니 1848년 3월 혁명이 일어난 것도 우연이 아니었던 거야.

프로이센 왕 프리드리히 빌헬름 4세는 3월 혁명에 굴복했어. 두 달 후에는 프랑크푸르트에서 첫 독일 의회인 국민의회를 열었고, 이듬해 3월 헌법도 만들었지. 자유주의가 승리하는 것일까? 그러나 앞에서 살펴본 대로 이 자유주의 운동은 1849년 12월 국민의회가 해산되면서 끝나고 말았어. 프리드리히 빌헬름 4세는 프로이센을 다시 보수주의로 돌려놨지.

1861년, 프리드리히 빌헬름 4세의 동생인 빌헬름 1세가 프로이센의 왕에 올랐어. 이듬해 빌헬름 1세는 오토 폰 비스마르크를 총리, 즉 재상으로 임명했어. 비스마르크는 매우 보수적이었으며 민족주의가 아주 강한 인물이었지. 그는 젊었을 때 프랑스와 러시아 대사관에서 근무했는데, 그때부터 프로이센이 중심이 돼 게르만족 통일국가를 건설해야 세계적인 강국이 될 수 있다고 생각했단다. 그에게는 독일 통일이 지상 과제였던 거야.

재상이 된 비스마르크는 철혈정책을 추진했어. 철혈정책이란 무력, 즉 철鐵과 피血만이 강력한 독일을 건설할 수 있다는 정책이야. 좀더 쉽게 표현하자면, 힘만 있으면 뭐든지 할 수 있다는 뜻이지. 이 정책은 프로이센 의회와 맞지 않았어. 아무리 군부 국가라고는 하지만 의회는 어쨌든 존재했고, 의원들 가운데는 자유주의자들도 꽤 있었기 때문이야. 그러나 비스마르크는 전혀 개의치 않았어. 모든 사안을 우선 자기 뜻대로 추진하고 나중에야 형식적으로 의회의 승인을 받았단다. 의회는 맘에 들진 않았지만 비스마르크가 무서워 승인할 수밖에 없었지. 철혈재상이란 말이 그냥 붙은 게 아니란 걸 알겠지?

철혈정책에 따라 비스마르크가 가장 역점을 둔 분야 또한 군대였어. 프로이센은 처음부터 끝까지 군부 국가를 벗어날 수 없었나봐. 어쨌든 비스마르크는 군인 수를 더 늘렸고, 신식무기를 도입했으며 군대 기강을 더 엄격하게 고쳤어. 상사에 무조건 복종하는 군인을 우스갯소리로 '독일 병정'이라고 부르는 것도 이 때문이야. 그만큼 프로이센 군대는 엄격했어. 어쨌든 프로이센은 비스마르크 덕분에 다시 군사 강국으로 성장했단다.

내부 기반을 다진 비스마르크는 독일 통일을 위해 본격적으로 움직이기 시작했어. 그는 우선 오스트리아부터 제거하기로 했어. 같은 게르만 국가이기는 하지만 오스트리아는 너무 많은 민족들이 뒤엉겨 있었기 때문이야. 만약 오스트리아까지 통일 과업에 끼워준다면 자칫 민족 분쟁에 휘말릴 수 있고, 통일은 영영 멀어져버릴 수도 있어. 이런 점 때문에 비스마르크는 과감하게 오스트리아를 통일 작업에서 제외하기로 했지. 이런 통일 관점을 소독일주의라고 불렀어. 반면 오스트리아를 포함해 모든 게르만족이 참여하는 통일국가를 건설하자는 관점은 대독일주의라고 불렀지.

프로이센은 오스트리아를 치기로 했어. 우선 주변국이 전쟁에 개입하는 것을 막기 위해 프랑스와 이탈리아로부터 중립을 지키겠다는 약속을 받아냈지. 모든 작업을 마친 프로이센은 1866년 오스트리아를 전격 공격했어. 비스마르크의 예상대로 프로이센은 오스트리아를 물리쳤지. 이제 프로이센이 오스트리아를 확실히 배제하고 소독일주의에 따라 통일을 추진해도 말릴 나라는 없겠지?

비스마르크가 다음에 노린 타깃은 프랑스였어. 그러나 전쟁을 일으킬 명분이 없었지. 마침 1870년 에스파냐에서 혁명이 일어나 왕의 자리가 비어버리는 사건이 생겼어. 이 왕의 후보로 프로이센 호엔촐레른 왕조의 인물이 거론됐대. 프로이센으로서는 에스파냐의 왕위를 차지할 경우 대륙의 최고 강자인 프랑스를 위아래에서 압박할 수 있는 기회를 잡을 수 있겠지? 프랑스의 입장에서는 프로이센이 에스파냐 왕이 된다면 절체절명의 위기를 맞게 될 거야. 당연히 프랑스 황제 나폴레옹 3세는 이를 반대했어.

이 사건을 구실로 비스마르크는 교묘하게 프랑스 황제와 프로이센 왕 사이를 이간질했어. 결국 화를 못 이긴 나폴레옹 3세가 프로이센에 대해 1870년 7월 19일, 선전포고를 해버렸어. 옳거니! 비스마르크는 만세를 부르고 싶었을 거야. 즉각 프로이센 군대가 출정했고, 프랑스 군대는 게임이 되지 않았어. 스당 전투에서는 나폴레옹 3세까지 사로잡았어. 나폴레옹 3세는 프로이센 왕 빌헬름 1세에게 치욕적인 항복을 해야 했단다. 프로이센 군대는 1871년 1월 28일, 프랑스를 정복하는 데 성공했어.

지금까지의 모든 전략은 비스마르크의 머리에서 나왔어. 비스마르크는 지나친 민족주의자라고 했지? 그의 머릿속에는 64년 전

나폴레옹 3세(좌)와 비스마르크　스당 전투에서 나폴레옹 3세는 프로이센 군대에 사로잡히는 수모를 당했다.

나폴레옹 군대에게 패했던 예나 전투가 남아 있었나봐. 비스마르크는 기어코 프랑스인의 자존심을 짓밟기로 했어. 비스마르크는 파리 베르사유 궁전에서 영방국가들을 모아 독일 제국을 선포했어. 통일독일의 첫 황제로 빌헬름 1세가 취임했지. 오스트리아? 당연히 배제됐어.

비스마르크는 정말 타고난 정치인이었어. 통일을 이룬 다음에는 언제 그랬냐는 듯 절대 다른 나라를 넘보지 않았단다. 물론 의도적으로 팽창정책을 억제한 거야. 왜 그랬겠니? 독일이 갑자기 급성장하니까 주변의 열강들이 모두 독일만 유심히 지켜보고 있었기 때문이야. 이런 상황에서 독일이 주변 나라를 침략하면 열강들이 가만히 있지 않겠지? 어쩌면 아무도 예상하지 못했던 큰 전쟁으로 번질 수도 있어.

비스마르크는 조심스럽게 정책을 펴나가기 시작했어. 또 만약을 위해 1882년 이탈리아, 오스트리아와 동맹을 맺어놓았어. 이 삼국동맹에 위협을 느낀 프랑스가 1891년 러시아와 협상을 맺었고, 1907년 영국이 이 협상에 가세함으로써 삼국협상이 만들어졌지.

세력이 팽팽하니까 정말로 전쟁이 일어나지 않았어. 비스마르크의 예상이 적중한 거지. 그러나 빌헬름 1세의 뒤를 이어 독일 황제가 된 빌헬름 2세는 팽창정책을 좋아했어. 빌헬름 2세는 비스마르크가 소극적이라며 재상에서 해임해버렸단다. 훗날 제1차 세계대전의 불씨가 이때 만들어졌다고 해도 과언이 아니야.

아, 비스마르크의 업적이 또 하나 있어. 1889년 질병, 사고, 노후에 대비할 수 있는 사회보장보험을 처음으로 실시한 거야. 오늘날까지 이 보험이 이어지고 있으니 벌써 백 년이 넘는 역사를 자랑하고 있지?

### ✛ 냉혈한 비스마르크?

비스마르크가 친구와 함께 숲을 거닐 때였어. 친구가 늪에 빠지고 말았지. 비스마르크가 구하려 했지만 거리가 멀어 손이 닿지 않았어. 친구의 몸은 점점 더 깊숙이 빠져들고 있었지. 그 모습을 바라보던 비스마르크가 갑자기 총을 꺼내 친구를 겨눴어. 비스마르크는 "너를 구할 수도 없다. 고통 속에 죽어가는 모습을 보기 힘들다. 그럴 바에야 죽이는 게 낫다"라고 말했단다. 이런 냉혈한이 또 어디 있을까? 겁을 먹은 친구는 "내가 어떻게든 빠져나갈 테니 총을 거둬달라" 하고 말하고는 용을 써서 결국 늪에서 빠져나왔어. 친구는 비스마르크를 쏘아봤어. 그제야 비스마르크는 "내가 겁을 줬기 때문에 네가 빠져나올 힘이 생겼던 거야"라고 말했단다. 죽어가는 친구 앞에서 이런 냉정함을 유지하기란 정말 힘들겠지?

## 최초의 사회주의 정부, 파리코뮌

1848년 2월 혁명까지의 프랑스 역사는 이미 살펴봤지? 여기서는 나폴레옹 3세가 황제에 오른 1852년 이후의 역사를 보도록 할게. 사실 다른 나라의 역사를 이야기하면서 이미 대부분 거론된 이야기들이야. 다만 프랑스의 입장에서 다시 정리해보려는 거지.

나폴레옹 3세는 과거 나폴레옹처럼 유럽의 정복자가 되려고 했어. 당연히 팽창 정책을 폈고, 여러 전쟁에 개입했어. 1854년 크림 전쟁에서는 연합군 편에서 러시아와 싸워 이겼고, 1859년 이탈리아 통일전쟁 때는 오스트리아를 약화시키려고 이탈리아를 지원하기도 했지. 그러나 이 전쟁에서는 곧 정책을 바꿔 이탈리아를 배신했고, 그 대가로 니스와 사보이아를 얻기도 했어.

그러나 프랑스는 누가 뭐라 해도 혁명의 나라야. 나폴레옹 3세라는 황제가 있다고는 하지만 그의 권력이 과거 나폴레옹처럼 강하지는 못했어. 자유주의 의회가 버티고 있어 사사건건 황제의 독주에 제동을 걸었거든. 노동자들도 다른 나라에서처럼 투쟁을 계속했어. 노동자들은 1864년 파업권을 따냈고, 1868년에는 노동조합을 조직할 수 있게 됐단다.

황제의 체면은 갈수록 떨어졌어. 나폴레옹 3세는 자신이 종이호랑이처럼 느껴지는 게 싫었나봐. 권위를 되찾기 위해서는 특단의 조치가 필요하다고 생각했지. 그가 생각해낸 것은 전쟁이었어. 전쟁에서 승리했을 때 황제의 권위도 회복된다고 믿었던 거지. 마침 계기가 생겼어. 1870년 프로이센과 전쟁을 하게 된 거야. 이미 살펴본 대로 비스마르크의 전략에 딱 걸려든 셈이지만 어쨌든 나폴레옹 3세는 의기양양하게 프로이센에 대해 선전포고를 했어. 의회와 상의하지도 않았지. 그 결과는 이미 알고 있는 대로야.

프랑스 의회는 나폴레옹 3세가 프로이센에 항복하자 즉각 제정의 폐지를 선언했어. 이어 임시 정부가 권력을 넘겨받고, 계속 프로이센과 전쟁을 치렀어. 황제가 사라지면서 프랑스는 제2제정의 역사가

**파리코뮌의 바리케이트** 최초의 사회주의 정부인 파리코뮌은 프랑스 정부에 의해 두 달 만에 해체되었다.

끝나고, 제3공화정의 역사가 시작됐단다.

그러나 임시정부의 군대는 약했어. 아니, 프로이센의 군대가 훨씬 강했다고 보는 게 옳을 거야. 프랑스 수도 파리가 함락될 위기에 처하자 임시정부는 항복하는 것 말고는 다른 방법이 없다는 걸 깨달았어. 결국 임시정부는 프로이센과 강화 조약을 맺기로 했단다.

프랑스 민중들은 분노했어. 1871년 3월 그들은 임시정부, 즉 제3공화정부를 더 이상 믿지 못하겠다며 자체 정부를 꾸리기 시작했어. 정통 정부와 별도로 사회주의자와 노동자가 중심이 돼 만든 이 정부를 파리코뮌이라고 불렀어. 파리코뮌은 최초의 사회주의 정부로 기록돼 있단다.

사회주의자들은 비장한 각오로 파리코뮌을 출범시켰을 거야. 그러나 파리코뮌의 운명은 너무 비참했단다. 공화정부가 무력으로 그들을 진압한 거야. 양측은 내전을 벌였고, 파리코뮌에 속해 있던 시민 2만 명이 모두 학살되면서 내전이 끝났어. 파리코뮌은 두 달 만에 해체되고 말았지.

파리코뮌을 해체한 공화정부는 프로이센에 항복했어. 그 결과는 이미 알고 있는 대로야. 프랑스 베르사유 궁전에서 독일 제국 선포식이 열렸지. 그뿐만 아니라 프랑스 정부는 프로이센에게 50억 프랑의 배상금을 내야 했어. 또 알자스와 로렌 지방이 프로이센으로 넘어갔어. 제3공화정은 제2차 세계대전이 터진 직후 1940년 독일에 항복할 때까지 약 70년간 계속됐어.

## ✚ 마지막 수업

알퐁스 도데의 단편소설 《마지막 수업》의 배경이 바로 프로이센–프랑스 전쟁이야. 프로이센에 점령된 알자스의 한 학교에서 프랑스어로 진행하는 마지막 수업을 소재로 한 작품이지. 낮 12시가 되자 선생님이 칠판에 "프랑스 만세"라고 쓰고 수업을 끝내는 대목이 인상적이야. 작품의 내용대로 알자스와 로렌은 프로이센으로 넘어갔지. 그런데 이 지역이 원래 프랑스 땅이었다고 말하기도 사실 모호하단다.

알퐁스 도데

원래 이 지역은 9세기 후반의 메르센 조약에 따라 동프랑크에 속한 영토였어. 동프랑크가 독일의 전신이니 독일 땅이 맞겠지? 그런데 17~18세기에 프랑스가 이 땅을 독일로부터 빼앗았단다. 그렇다면 독일 땅이 맞는 것 아닐까? 지금은? 제2차 세계대전 후 프랑스의 영토로 최종 확정됐단다.

### 알렉산드르 2세와 러시아의 개혁

19세기 후반이 되면 러시아는 열강의 반열에 올라서게 돼. 북방 전쟁 이후 백 년이 흘렀을까? 프로이센과 마찬가지로 러시아도 국가 주도로 순식간에 군사 강국이 됐어. 자유주의자를 억압했고, 강력한 군대를 앞세워 북유럽 국가들과 오스만 제국을 굴복시켰지. 동유럽의 슬라브족들 사이에 큰형님으로 우뚝 서기도 했어.

18세기부터 지속적으로 영토를 넓혀온 러시아는 19세기 들어 사상 최대의 영토를 확보하게 됐어. 그러나 정치 체제는 다른 유럽과 달리 모든 권력을 황제가 틀어쥔, 절대왕정 시대의 것을 그대로 고수하고 있었어. 이 점에서는 프로이센도 러시아를 따라가지 못했지. 절대왕정 체제에서는 귀족들이 꼼짝할 수 없지? 이런 상황인데, 하물며 자유주의자가 활동할 여지는 있을 수 없어.

그러나 아무리 통제한다고 해도 프랑스 혁명 때부터 19세기 중반까지 유럽 전체를 들썩이게 한 자유주의 이념이 흘러들어오는 것을 막을 수는 없어. 1825년 12월, 러시아의 차르 알렉산드르 1세가 세상을 떠났어. 황제가 교체되는 어수선한 틈을 타 귀족 장교들이 반란을 일으켰지. 이 귀족 장교들을 12월 당원데카브리스트이라고 불렀어. 그래서 이 반란을 데카브리스트 반란이라고 부른단다. 데카브리스트들은 영국처럼 입헌군주제를 도입할 것을 요구했어.

이 무렵 알렉산드르 1세의 동생인 니콜라이 1세가 황제에 올랐어. 니콜라이 1세는 러시아 역사상 가장 잔혹한 황제 가운데 한 명으로 알려져 있어. 이런 성격이라면 니콜라이 1세가 데카브리스트들을 어떻게 대했는지 말하지 않아도 짐작할 수 있을 거야. 그래, 아주 무자비하게 진압해버렸단다. 그것도 모자라 니콜라이 1세는 이 반란을 구실로 비밀경찰까지 만들었어. 이제 그 누구도 차르에 대해 비판적인 말을 할 수 없게 됐단다. 가뜩이나 추운 러시아가 더욱더 추운 나라로 변해버렸어.

이 무렵 프랑스에는 또 다른 황제인 나폴레옹 3세가 있었어. 그는 과거의 나폴레옹처럼 대제국을 건설하겠다는 야망이 있었지. 니콜라이 1세도 나폴레옹 3세와 똑같은 야망을 갖고 있었단다. 니콜라이 1세는 팽창정책을 적극 추진했어. 이때 내세운 이념이 앞에서 살펴본 바 있는 범슬라브주의란다.

1853년 니콜라이 1세는 오스만 제국을 침략했어. 이렇게 해서 터진 전쟁이 제5차 러시아-투르크 전쟁이야. 제1차 동방 전쟁이라고 부르기도 한다고 했지? 또 이 전쟁을 계기로 영국과 프랑스 열강이 곧 뛰어들면서 국제전인 크림 전쟁으로 발전해버렸다는 것도 앞에서 살펴봤어.

크림 전쟁은 러시아의 패배로 끝

알렉산드르 2세  러시아의 황제로 농노 해방 등의 개혁 정책을 추진했으나 급진 개혁주의자에게 암살되었다.

났어. 니콜라이 1세는 화병을 얻었던 것일까? 그만 세상을 떠나고 말았단다. 자살이라고 보는 학자들도 있는데 확실하지는 않아. 1855년, 그의 뒤를 이어 알렉산드르 2세가 황제에 올랐어. 니콜라이 1세만큼은 아니지만 알렉산드르 2세도 범슬라브주의를 따랐어. 1878년 러시아-투르크 전쟁을 모두 끝내면서 발칸 반도의 많은 슬라브족 국가들이 독립을 쟁취했다는 것 기억하고 있지? 이 전쟁을 지휘한 차르가 바로 알렉산드르 2세였단다.

알렉산드르 2세는 개혁주의자였어. 러시아를 강대국으로 만들려면 근본부터 싹 뜯어고쳐야 한다고 생각했지. 알렉산드르가 개혁의 첫 타깃으로 삼은 지역은 농촌이었단다. 유럽에서 산업혁명이 태동할 수 있었던 원인을 떠올려봐. 그 가운데 하나가 "농업 생산량이 크게 늘어났다"였었지? 맞아, 자본주의가 발전하려면 그전에 낙후된 농촌부터 되살려야 안정된 기반에서 산업 발전에 전념할 수 있는 거야.

19세기 중반까지만 해도 러시아 전체 산업에서 가장 큰 부분을 차지한 게 농업이었단다. 알렉산드르 2세는 본격적인 농촌 계몽운동을 시작했어. 농노 제도를 폐지했고, 전국적으로 "농민 속으로 들어가 사회를 개혁하자"라는 브나로드와 나로드니키 운동을 벌였지.

그러나 알렉산드르 2세는 개혁의 결과를 보지 못했어. 1881년 급진 개혁주의자들에 의해 암살되고 말았거든. 그래도 그의 노력 덕분에 러시아의 경제와 산업은 살아나기 시작했어. 그 덕분에 러시아도 열강의 반열에 올라설 수 있었지. 동아시아로 진출하기 위해 '동쪽의 지배자'란 뜻의 블라디보스토크가 건설된 것도 이 무렵이었어.


## 이탈리아 통일국가 건설

독일이 통일제국을 건설하기 1년 전, 이탈리아도 통일국가를 건설했어. 그 과정을 살펴볼까?

이탈리아는 빈 회의의 피해자로 볼 수 있어. 이 회의 결과 북부 지역은 합스부르크 왕조가 차지했어. 중부에는 교황청이 있었으며, 시칠리아가 있는 남부 지역은 프랑스의 부르봉 왕조의 지배를 받고 있었지. 정통 이탈리아 왕조는 없었냐고? 물론 있기는 했어. 지중해의 작은 섬나라였던 사르데냐 왕국이 바로 그 나라였단다.

1848년의 혁명 열기는 이탈리아를 비껴가지 않았어. 사르데냐 왕국의 왕 비토리오 에마누엘레 2세가 이탈리아 통일을 추진한 거야. 비토리오 에마누엘레 2세는 자신과 뜻을 같이하는 자유주의자들을 끌어 모았어. 어? 왕이 자유주의자를 억압했던 다른 나라와 조금 풍경이 다르지 않니? 그래, 아마도 사르데냐가 작은 나라였기 때문에 왕과 자유주의자들의 협력이 가능했던 것 같아.

왕은 자유주의자 귀족 카보우르를 총리로 임명했어. 카보우르는 오스트리아로부터 이탈리아를 되찾기 위해서는 다른 열강의 지원이 필요하다고 판단했어. 마침 그럴 기회가 왔지. 크림 전쟁이 터진 거야. 카보우르는 프랑스의 환심을 사기 위해 크림 전쟁에서 연합군의 편에서 러시아와 싸웠어. 크림 전쟁은

**카보우르** 사르데냐의 총리로 이탈리아 통일에 기여했다.

연합군의 승리로 끝났지? 카보우르는 이 공로를 인정받아 프랑스의 나폴레옹 3세와 비밀 협약을 맺었어. 오스트리아와 전쟁이 터지면 프랑스가 지원하겠다는 약속을 얻어낸 거야!

자신감을 얻은 카보우르는 오스트리아를 공격했어. 갑작스런 공격에 오스트리아는 당황했고, 사르데냐 군대는 롬바르디아와 베네치아와 교황령을 합병하는 데 성공했지. 그런데 뜻밖의 사건이 생겼어. 오스트리아가 강력히 반발하는 바람에 프랑스의 나폴레옹 3세가 슬쩍 발을 뺀 거야. 그래, 보기 좋게 배신을 당한 거지.

사실 나폴레옹 3세는 사르데냐를 지원할까 말까 고민을 많이 했어. 물론 처음에는 사르데냐를 지원하겠다고 약속했지만, 사르데냐가 교황청을 공격하자 프랑스의 가톨릭 신도들이 분노하기 시작했어. 국민들의 반발을 무시하면서 사르데냐를 도울 필요까지는 없었어. 결국 배신을 당한 사르데냐는 눈물을 머금고 후퇴할 수

밖에 없었지.

몇 년 후 무장 혁명가 가리발디가 등장했어. 이탈리아의 통일 운동은 다시 활활 불타기 시작했지. 가리발디는 1천 명의 전사로 붉은셔츠단이라는 무장단체를 만들었어. 붉은셔츠단은 이탈리아 전역을 돌며 조금씩 조금씩 영토를 넓혔단다. 1860년 붉은색 셔츠는 마침내 시칠리아와 나폴리를 점령했어.

가리발디는 권력 욕심이 없었나봐. 그 자신이 충분히 왕에 오를 수 있는 상황이었는데도, 정복한 땅을 사르데냐 왕국에 넘겨줬단다. 정통 이탈리아 혈통인 사르데냐의 왕이 이탈리아의 중심이 돼야 한다고 생각했던 거야. 1861년 3월, 사르데냐 왕 비토리오 에마누엘레 2세는 자신이 이탈리아의 국왕이 됐다고 선포했어. 그 후 이탈리아는 1866년 프로이센과 오스트리아의 전쟁을 틈타 오스트리아로부터 베네치아를 회복했고, 1870년에는 프랑스와 프로이센의 전쟁을 틈타 로마를 확보해 오늘날의 영토를 만들었단다.

남부 유럽의 에스파냐는 이 무렵 어떤 상황이

**이탈리아의 통일** 이탈리아 혈통의 사르데냐 군대와 가리발디 장군의 협공으로 1860년 이탈리아의 대부분을 회복했다. 이탈리아는 이어 베네치아와 로마까지 회복해 오늘날의 지도를 만들었다.

었을까? 다른 나라와 크게 사정은 다르지 않았단다. 자유주의 혁명이 에스파냐에서도 일어났어. 에스파냐의 여왕 이사벨 2세 또한 독일과 오스트리아가 그랬던 것처럼 혁명을 무력으로 진압했지.

그러나 에스파냐에서는 일시적으로 혁명에 성공하기도 했어. 1868년 자유주의자들에 의해 이사벨 2세가 쫓겨난 거야! 이 과정에

**가리발디의 동상** 그는 시칠리아와 나폴리를 정복함으로써 이탈리아 통일에 이바지했다.

서 프로이센 호엔촐레른 왕조의 인물을 왕에 앉히는 것을 두고 프랑스와 독일이 갈등을 벌였고, 그 결과 전쟁이 터졌지? 그 전쟁이 바로 프로이센-프랑스 전쟁이란다.

어쨌든 이사벨 2세를 쫓아낸 자유주의자들은 공화국을 건설했어. 그러나 에스파냐 정치는 다른 어느 나라보다 불안했단다. 가톨릭 세력이 유난히 강했고, 보수주의자들도 어느 나라보다 많았던 탓이야. 결국 채 10년을 넘기지 못하고 쿠데타가 일어나 에스파냐는 다시 왕정 국가로 복귀했어. 그 후 에스파냐는 반란과 혁명을 되풀이하면서 20세기를 맞았단다.

## 북유럽의 변화

나폴레옹 전쟁이 터지자 스웨덴은 즉각 나폴레옹 진영에 붙었단다. 왜 그랬을까? 북방 전쟁을 떠올리면 이유를 알 수 있을 거야. 그래, 북방 전쟁 때 러시아에 빼앗긴 영토들을 되찾기 위해서였어. 그러나 이미 알고 있듯이 나폴레옹 군대는 러시아 군대에게 대패했지? 이렇게 되면 스웨덴은 더욱 궁지에 몰리겠지? 아닌 게 아니라 러시아는 1809년 스웨덴으로부터 핀란드 전체를 빼앗아버렸어. 이때부터 핀란드는 러시아의 공국이 됐단다.

유틀란트 반도의 덴마크도 나폴레옹 전쟁 때 프랑스의 편에 섰어. 전쟁이 끝난 후 덴마크의 세력도 그전보다 크게 약해졌겠지? 스웨덴은 이 틈을 타 1814년 덴마크를 침략했어. 군사력을 비교하자면 덴마크보다는 스웨덴이 다소 우세했나봐. 두 나라는 킬에서 강화 조약을 체결했고, 이 조약에 따라 스웨덴은 덴마크로부터 노르웨이를 받기로 했어.

노르웨이는 이 조약을 받아들일 수 없다며 독립을 선포했어. 그러자 스웨

카를 14세 덴마크와의 전쟁에서 승리함으로써 노르웨이를 획득했다.

덴의 왕 카를 14세는 아예 딴소리를 하지 못하도록 노르웨이를 침략했어. 결국 노르웨이는 무릎을 꿇었고, 스웨덴과 연합정부를 구성했어. 말이 연합정부지, 사실상 스웨덴에 정복된 거야. 스웨덴은 핀란드를 러시아에 빼앗긴 대신 노르웨이를 얻었고, 노르웨이는 덴마크로부터 벗어나는 대신 스웨덴의 손아귀로 들어간 거야.

스웨덴에서 러시아로 넘어간 핀란드도 독립운동을 펼쳤어. 스웨덴은 핀란드를 지배할 때 아주 가혹하게 굴지는 않았어. 그러나 러시아는 잔혹할 정도로 포악한 통치를 했나봐. 심지어 핀란드 의회가 자신의 법을 만들지도 못하게 할 정도였지. 핀란드 민족주의자들은 더욱 거세게 투쟁을 벌였어.

1848년 혁명의 열기는 유럽을 뒤흔들었어. 그 열기는 유틀란트 반도와 스칸디나비아 반도로도 퍼졌단다. 이 지역의 자유주의자들은 입헌군주제를 요구하는 투쟁을 벌였어. 그 결과 1849년 덴마크와 스웨덴에 입헌군주제가 시작됐단다. 독일, 오스트리아 등 메이저 국가들보다 더 일찍 정치가 안정된 셈이지?

19세기 중반 이후 독일, 오스트리아, 프랑스 등 여러 국가 사이에 전쟁이 많이 터졌어. 덴마크가 이 소용돌이에 휩싸이고 말았어. 아무래도 유럽 대륙과 붙어 있는 데다 강대국들과 국경을 맞대고 있었기 때문이겠지? 강대국들은 무엇보다 자원이 풍부한 덴마크 남부 도시들을 노렸어. 프로이센과 오스트리아가 대표적이었지. 덴마크는 1864년 이 두 나라와 전쟁을 벌였고, 패함으로써 남부의 슐레스비히와 홀스타인 공국을 두 나라에 넘겨줘야 했단다.

### 동유럽의 변화

프랑스 2월 혁명이 일어났던 해, 폴란드에서도 민족주의자들이 독립투쟁을 벌이기 시작했어. 이 무렵 폴란드가 어떤 상황이었지? 18세기 후반에는 프로이센,

오스트리아, 러시아에 의해 국토가 삼등분됐다가 빈 체제 이후에는 오스트리아와 러시아가 절반씩 나눠 가진 상태였어.

프랑스 2월 혁명은 폴란드 독립운동가의 투쟁 의지에 불을 지폈어. 이 투쟁은 해를 넘겨 1831년까지 이어졌어. 그러나 아직까지는 역부족이었나봐. 혁명은 실패했고, 많은 혁명가들이 조국 폴란드를 떠났어. 위대한 음악가 쇼팽도 이때 폴란드를 등졌단다.

1848년 유럽 전역에 혁명이 일어났지? 동유럽에도 그 열풍은 어김없이 불었단다. 17세기 말에 헝가리 영토 전체를 합스부르크 왕조가 차지했지? 헝가리에서도 오스트리아에 반대하는 독립투쟁이 거세게 일어났어. 이 독립투쟁은 그러나 실패로 끝나고 말았고, 헝가리는 오스트리아로부터 벗어날 수 없었단다.

이 무렵 루마니아는 오늘날처럼 한 나라가 아니었고, 몰다비아와 왈라키아 공국으로 나뉘어 있었어. 이 두 나라는 오스만 제국의 지배를 받고 있었지만 자치권을 인정받은 상태였지. 그런데 이때 두 나라의 적은 오스만 제국이라기보다 러시아에 가까웠어. 사사건건 러시아가 간섭하려고 했었거든. 그러다가 1856년 크림 전쟁이 끝났고 두 나라는 루마니아 공국으로 독립했어. 크림 전쟁은 러시아의 패배로 끝났지? 당연히 루마니아도 러시아의 간섭에서 벗어날 수 있었단다.

1866년 독일 호엔촐레른 왕조의 카를 1세가 루마니아 공국의 왕 카롤 1세가 됐어. 루마니아는 1881년 왕국으로 승격했지. 이 왕조는 1947년 루마니아에서 왕정이 폐지될 때까지 계속됐어. 루마니아는 제6차 러시아-투르크 전쟁 이후 독립을 인정받았단다.

1877년 터진 제6차 러시아-투르크 전쟁은 보스니아-헤르체고비나가 오스만 제국에 반란을 일으킨 게 원인이었어. 러시아는 이때 슬라브족 국가를 지원한다며 오스만 제국을 공격했지. 1년 후 이 전쟁은 끝났어. 결과는 이미 알고 있지? 그래, 러시아의 승리였어.

이듬해 러시아와 오스만 제국은 산스테파노 조약을 체결했어. 그 결과는 이미 말한 대로야. 러시아의 편에서 오스만 제국과 싸웠던 세르비아, 몬테네그로, 불가리아가 독립을 얻었어. 이후 불가리아는 러시아의 자치 공국이 됐단다. 마케도니아는 불가리아로 넘어갔지. 왜 그랬겠니? 불가리아는 지리적으로 러시아에 가까운 나라야. 러시아는 불가리아를 발칸 반도에 진출하기 위한 교두보로 삼으려는 작정이었단다. 마케도니아가 불가리아에게 넘어가면 러시아는 불가리아만 공략해도 자동적으로 마케도니아를 얻게 되겠지?

영국, 독일 등 유럽의 강대국이 이 조약에 크게 반발했어. 생각해봐. 이 조약대로라면 러시아는 언제든지 유럽 중심부로 진격할 수 있게 돼. 특히 독일이 강력히 반발했지. 범게르만주의와 범슬라브주의가 충돌한 거야. 결과는? 러시아가 밀렸어. 베를린에서 다시 회의가 열려 산스테파노 조약의 일부를 수정한 거야. 루마니아, 세르비아, 몬테네그로의 독립과 불가리아의 자치는 승인됐지만, 마케도니아는 오스만 제국에 돌려주기로 했어. 마케도니아는 다시 오스만 제국의 영토가 됐어. 보스니아-헤르체고비나는 어떻게 됐을까? 이 나라 또한 강대국의 장난에 놀아났어. 베를린 협약에 따라 이 나라의 행정권을 오스트리아가 가져가기로 한 거야. 이 조치에 발끈한 나라가 바로 세르비아였지. 세르비아와 보스니아-헤르체고비나는 같은 남슬라브족이었거든. 이때부터 이들 나라는 힘을 합쳐 독립투쟁을 벌였어.

## 7장

# 세계대전과 유럽 통합

## 20세기 이후

20세기 벽두부터 제국주의 전쟁인 러일 전쟁이 터졌어. 그로부터 10여 년이 지난 후에는 제국주의 전쟁의 절정이라 할 수 있는 제1차 세계대전이 터졌지. 제1차 세계대전의 전투는 대체로 유럽 영토 안에서 치러졌어. 그러나 20여 년 후 다시 터진 제2차 세계대전 때는 유럽뿐만 아니라 전 세계를 무대로 전투가 벌어졌지. 이 두 번의 세계대전은 모든 인간성을 말살해버렸어. 두 번의 세계대전이 끝나고 나서 유럽은 통합의 길을 걷기 시작했어. 물론 쉽지 않았지. 동서이념의 냉전이 통합을 막았고, 영국과 프랑스의 미묘한 갈등이 통합 속도를 더디게 하기도 했어. 유럽 통합은 아직 현재진행형이야. 유럽이 미국과 같은 단일국가처럼 움직일 날이 올지는 장담할 수 없어. 그러나 확실한 것은, 어떤 방식으로든 유럽 통합은 앞으로도 계속 추진된다는 거야. 21세기 이후의 유럽 역사는 어느 방향으로 흘러갈까? 이 질문에 대한 답은 스스로 찾아봐.

# 제1차 세계대전의 시작

1902년 1월, 영국은 러시아의 세력이 커지는 걸 막기 위해 아시아의 열강 일본과 영일 동맹을 체결했어. 일본은 이 동맹을 믿고 러시아와 한판 대결을 벌였지. 1904년 2월에 터진 러일 전쟁이 그거야. 놀랍게도 이 전쟁은 일본의 승리로 끝났단다. 그런데, 왜 영국은 같은 유럽 국가인 러시아가 아니라 일본을 지원했을까?

바로 이 대목에서 20세기 초반의 정세를 읽을 수 있어. 영국은 중국에서 주도권을 쥐고 있었지? 그런데 러시아가 자꾸 중국을 기웃거려. 영국은 러시아가 얄미웠지만 대놓고 전쟁을 벌일 수는 없는 노릇이야. 그렇다면? 그래, 일본의 힘을 빌리면 되는 거야. 러일 전쟁 하나만 보더라도 유럽 열강들 사이에 얼마나 갈등이 심했는지 알 수 있겠지? 유럽 대륙에서는 독일이 팽창정책을 펼치면서 이 갈등이 더 컸단다. 이 갈등은 민족 분쟁까지 겹치면서 치명적인 결과로 이어졌어. 바로 제1차 세계대전이 터진 거야.

제1차 세계대전을 이해하려면 발칸 반도의 상황부터 알아두는 게 좋아. 이 지역의 민족 갈등이 제1차 세계대전의 직접적인 도화선이 됐거든.

## 발칸 전쟁

여섯 번에 걸쳐 치러진 러시아-투르크 전쟁의 결과 동유럽과 발칸 반도의 많은 슬라브족 국가들이 오스만 제국으로부터 독립하거나 자치권을 얻었어. 세르비아,

루마니아, 몬테네그로, 불가리아가 그 나라들이지? 그런데 이들 국가에 문제가 생겼어. 오스만 제국을 몰아냈더니 이번에는 오스트리아가 이 나라들을 노리기 시작한 거야.

관점을 바꿔 오스트리아 입장에서 생각해볼까? 오스트리아는 프로이센이 주도해 건설한 독일 제국에 끼지도 못했어. 게다가 영국이나 프랑스처럼 식민지를 많이 개척해놓은 상태도 아니야. 뒤늦게 뭔가 해보려고 했는데, 사방을 둘러보니 온통 육지로 둘러싸여 바다로 나갈 수도 없었어.

답답한 노릇이야. 그렇다고 해서 오스트리아가 강대국인 독일과 프랑스를 정복한 뒤에 대서양으로 영토를 넓혀나갈 만큼 힘이 강한 것도 아니었지. 그렇다면 오스트리아의 선택은 이미 정해져 있었어. 그래, 발칸 반도의 나라들을 정복하고 지중해로 나가면 되겠지?

1908년 오스트리아는 무력으로 보스니아와 헤르체고비나를 합병해버렸어. 합병당한 두 나라도 불만이 컸겠지만 두 나라와 나란히 붙어 있는 세르비아도 강하게 반발했어. 왜 그랬을까? 이 무렵 세르비아는 자신이 중심이 돼 남슬라브족의 제국을 만들 꿈을 꾸고 있었기 때문이야. 당연히 세르비아도 보스니아와 헤르체고비나에 욕심을 갖고 있었지. 이를 대*세르비아주의라고 불렀단다. 그러나 세르비아가 힘으로 오스트리아를 이길 수는 없었어. 세르비아는 기회만 노리고 있었지.

오스트리아가 발칸 반도로 진출하는 것에 대해 열강 중에서는 러시아가 가장 긴장했어. 생각해봐. 오스만 제국을 물리치고 이제 겨우 유럽으로 통하는 바다를 얻었는데, 오스트리아가 발칸 반도를 장악하면 러시아의 팽창정책에 차질이 빚어지지 않겠어? 러시아도 꼼수가 필요한 상황이 됐어.

러시아는 발칸 반도의 슬라브족 국가들을 꼬드겼어. "야, 오스트리아는 게르만족이야. 우리 슬라브족에게는 적이지. 너희 발칸 국가들이 힘을 합치면 오스트리아를 물리칠 수 있어!” 이 꼬임에 넘어간 것일까? 1912년 세르비아가 주창해 불가리아, 몬테네그로 등 발칸의 슬라브족 나라들이 발칸 동맹을 만들었어.

러시아의 의도대로 잘 돌아가는 것일까? 아니야. 러시아의 작전대로라면 발칸 동맹은 오스트리아와 한판 붙었어야 옳겠지. 그러나 발칸 동맹은 가장 먼저 오스만 제국을 타깃으로 삼았어. 오스만 제국의 흔적을 발칸 반도에서 완전히 지우려는 거야. 러시아로서는 불필요한 전쟁이었겠지? 러시아는 발칸 동맹의 전쟁을 말렸어. 그러나 이미 때는 늦었지.

1912년 10월, 발칸 동맹은 오스만 제국을 공격했어. 이 전쟁이 바로 제1차 발칸 전쟁이야. 그래도 한때 유럽 전역에 명성을 떨친 오스만 제국이니 썩어도 준치였을까? 아니야. 늙고 병든 오스만 제국은 불과 2개월 만에 발칸 동맹에게 항복하고 말았단다. 그 결과 발칸 동맹은 그때까지 오스만 제국이 겨우 유지하고 있던, 얼마 남지 않은 발칸 반도의 땅과 그리스 남부 크레타 섬을 빼앗았어. 제6차 러시아-투르크 전쟁 이후 불가리아에 넘겨졌다가 유럽 열강들의 반대로 오스만 제국에 돌려줬던 마케도니아도 이때 오스만 제국에서 벗어났지.

부모로부터 많은 유산을 물려받은 형제들이 있었어. 그런데 어느 한 명이 “내가 받은 유산이 가장 적다”며 반발했어. 유산을 둘러싸고 형제들의 싸움은 심해졌고, 결국에는 “다시는 보지 말자”며 갈라섰어. 뜬금없이 웬 유산 상속 이야기냐고? 이때의 발칸 동맹이 바로 그런 꼴이었단다. 마케도니아를 포함해 오스만 제국으로부터 빼앗은 땅을 더 많이 차지하려고 발칸 동맹의 내분이 일어나고 만 거야. 이 가운데 불가리아와 세르비아의 갈등이 특히 컸지. 한 번 치른 전쟁, 두 번 못 치르겠어? 또다시 발칸 반도에서 전쟁이 터졌어.

1913년 6월, 불가리아가 세르비아를 공격했어. 세르비아도 가만히 있지 않았어. 세르비아는 몬테네그로와 그리스를 자기편으로 끌어들였고, 여기에 제1차 발칸 전쟁의 피해자인 오스만 제국까지 합류했어. 세르비아가 주축이 된 연합군을 불가리아는 이길 수 없었어. 불가리아는 항복했고, 제1차 발칸 전쟁에서 얻은 땅을 모두 내줘야 했단다.

그 후 발칸 반도의 갈등 구조를 정리해볼까? 불가리아는 당연히 세르비아와 철천지원수가 됐어. 세르비아를 견제하려면 어느 나라를 끌어들여야 할까? 바로 오스트리아야. 오스트리아와 사이가 좋지 않은 열강은? 러시아야. 결국 불가리아는 오스트리아와 가까워졌고, 같은 슬라브족인 세르비아나 러시아와는 멀어지게 됐어. 불가리아는 이때의 인연 때문에 제1차 세계대전에서 오스트리아와 독일 편에서 싸웠단다.

## 3C정책 VS 3B정책

제1차 세계대전의 시한폭탄은 유럽 한복판에서도 째깍째깍 돌아가고 있었어. 어느 나라일까? 바로 독일이야. 왜 그런지 이해하려면 19세기 후반으로 잠시 돌아가야 해.

통일의 위업을 완성한 후 비스마르크는 더 이상 팽창정책을 추진하지 않았어. 다른 열강들과 불필요한 충돌을 하지 않으려는 이유에서였지. 비스마르크는 혹시 다른 열강의 침략이 있을 것에 대비해 오스트리아와 러시아에 동맹을 제의했어. 동맹의 이유는? "프랑스를 함께 견제하자"였어. 독일로서는 국경선을 맞대고 있는 프랑스가 힘을 다시 키우면 큰 위험에 빠질 수 있기 때문에 든든한 보험이 필요했던 거야. 나폴레옹 전쟁의 악몽이 떠올랐나보지?

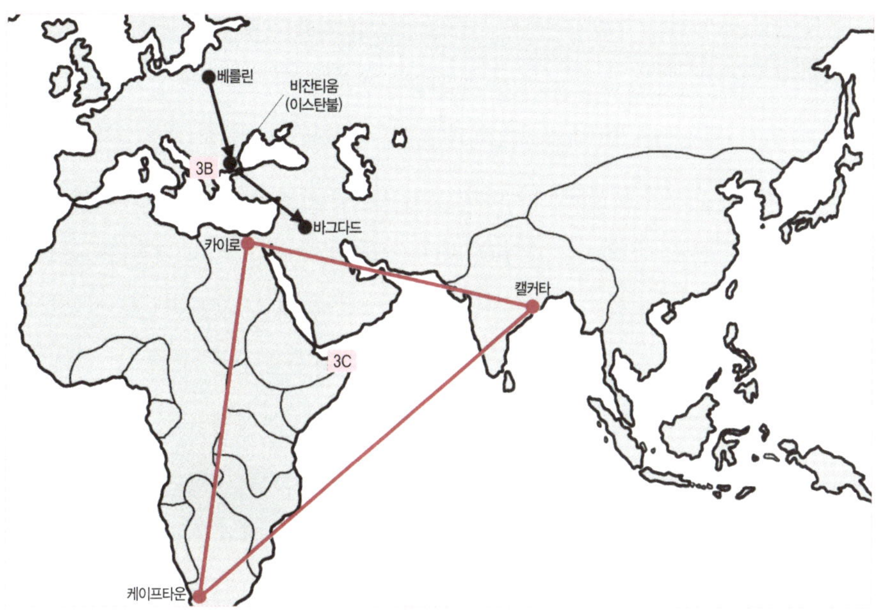


영국의 3C정책과 독일의 3B정책 영국은 카이로, 케이프타운, 캘커타를 잇는 지역을 장악하려는 제국주의 전략을 세웠다. 독일도 이에 맞서 베를린, 바그다드, 비잔티움을 잇는 전략을 세웠다.

독일 통일에서 배제된 오스트리아는 맘에 들지 않았겠지만 "독일에 밉보여봐야 좋을 것도 없고, 같은 게르만족인데 해코지는 하지 않겠지"라고 생각했을 거야. 동맹을 맺는 데 찬성했어. 그러나 러시아는 발칸 지역을 노리는 오스트리아와 동맹을 맺고 싶지 않았어. 당연히 거절했지.

비스마르크는 어쩔 수 없이 러시아 대신 이탈리아를 끌어들였어. 이때 이탈리아는 아프리카를 공략하고 있었는데, 프랑스의 기세에 잔뜩 눌려 있었지. 이를 동병상련同病相憐이라고 해야 할까? 이탈리아는 동맹 제의가 오자 즉각 환영했어. 1882년 독일, 오스트리아, 이탈리아는 "어느 나라든지 전쟁에 휘말리면 서로 돕는다"라는 내용의 삼국동맹을 맺었어. 비스마르크는 다시 러시아를 끌어들여 "동맹은 맺지 않았지만 서로 침략하지는 말자"며 불가침 조약을 체결했지.

1888년 독일의 새 황제가 된 빌헬름 2세는 팽창정책을 추진했고, 이에 반대하는 비스마르크를 해임해버렸어. 뒤늦게 식민지 경쟁에 뛰어든 빌헬름 2세는 프랑스를 견제하고 영국의 모델을 따르기로 했어. 이 무렵 영국은 3C정책이라는 세계 정복 전략을 착실히 이행하고 있었어. 3C는 이집트의 카이로, 남아프리카공화국의 케이프타운, 인도의 캘커타 앞 글자를 딴 거야. 이 세 도시를 이으면 삼각형이 되는데, 이 지역을 모두 정복하겠다는 뜻이 들어 있어.

바로 이 3C정책에 대응해 빌헬름 2세가 추진한 게 3B정책이야. 3B는 독일의 베를린, 동로마 제국의 비잔티움 오스만 제국의 이스탄불, 이라크의 바그다드 앞 글자를 따 만든 거지. 독일은 이 삼각형 지역을 정복하기 위해 우선 이스탄불과 바그다드를 연결하는 철도를 세울 수 있는 권리를 오스만 제국으로부터 따냈어.

3B정책과 3C정책은 모두 팽창정책이지? 그렇다면 충돌할 수밖에 없어. 게다가 독일, 오스트리아, 이탈리아가 동맹을 맺었다는 사실이 알려지면서 프랑스와 러시아는 긴장하기 시작했어. 1894년 러시아와 프랑스는 공동으로 독일의 팽창정책에 대응하기로 비밀 협상을 맺었단다. 아직까지는 3 대 2로 삼국동맹이 유리하지? 그러나 영국이 곧 협상국에 참여하면서 전세는 팽팽하게 변한단다.

영국과 프랑스가 1898년 아프리카 파쇼다에서 충돌했을 때 타협으로 끝냈던 것 기억해? 그때 두 나라가 싸움을 중단한 이유가 뭐였지? 그래, 독일을 견제하기 위해서였어. 영국과 프랑스는 1904년 다시 협상을 맺었어. 프랑스는 영국의 이집트 지배권을 인정했고, 영국은 프랑스의 모로코 지배를 인정했지. 이 모로코는 독일이 노리고 있던 곳이란다. 독일을 물 먹이려는 속셈이었던 거지.

프랑스와 러시아, 프랑스와 영국이 각각 협상을 맺었어. 이제 영국과 러시아만

협상을 맺으면 삼국동맹에 견줄 수 있겠지? 실제로 그렇게 됐단다. 1907년 영국이 러시아와 협상을 체결하면서 삼국동맹에 대응하기 위한 영국, 프랑스, 러시아의 삼국협상이 최종 완성된 거야.

독일의 팽창주의로 시작된 갈등은 마침내 삼국동맹과 삼국협상이 대립하는 지경으로 악화됐어. 발칸 반도에서 발생한 총격 사건을 계기로 이 나라들은 일제히 전쟁을 치르게 돼. 그게 바로 제1차 세계대전이란다.

## 통박사의 역사 읽기

### ✦ 로디지아를 아시나요?

아프리카의 남쪽에 짐바브웨라는 나라가 있어. 이 나라는 1980년 탄생했어. 물론 그전에도 나라는 있었지만 유럽 백인들의 지배를 받았고, 나라 이름도 로디지아라고 불렸지. 그랬던 나라가 1980년에 국제적으로 독립을 인정받아 공화국이 된 거야. 로디지아라는 명칭은 뼛속까지 제국주의자였던 세실 로즈에서 따왔단다. 로즈가 그 땅을 점령하고 나서 로디지아라고 지은 거야. 그는 남아프리카에서 다이아몬드 광산과 금광을 경영했어. 원주민을 착취해 큰돈을 벌었

세실 로즈

지. 1890년에는 케이프 식민지의 총독이 되기도 했어. 그는 3C정책을 주장한 인물이야. 그가 이집트 카이로와 남아프리카 케이프타운에 각각 한 발씩 올려놓은 우스꽝스런 풍자 만화가 유행하기도 했어.

## 사라예보의 총성

1914년 6월 28일, 보스니아의 수도 사라예보에서 총성이 울렸어. 이 사고가 제 1차 세계대전으로 이어졌단다.

이날 오스트리아-헝가리 제국의 페르디난트 황태자 부부가 보스니아 사라예보를 방문했어. 황태자 부부가 이곳을 방문한 이유는 군대를 시찰하려는 것이었어. 다른 목적은 없었지. 오늘날 사라예보는 보스니아-헤르체고비나의 땅이지만 이때에는 오스트리아의 영토였단다. 1908년 오스트리아가 보스니아를 합병했다는 사실, 기억하고 있지?

페르디난트 황태자 부부를 실은 차가 사라예보를 달리고 있을 때였어. 갑자기 총성이 울렸어. 황태자 부부가 그 총에 맞고 쓰러졌지. 황태자 부부는 즉각 병원으로 후송됐지만 목숨을 잃고 말았어. 암살범은 현장에서 붙잡혔어. 곧 암살범에 대한 취조가 시작됐어. 반反오스트리아 비밀조직원이라는 사실이 밝혀졌어. 그들은 세르비아 민족주의자였어!

왜 세르비아인들이 오스트리아를 반대했고, 황태자를 저격한 걸까? 잠시 발칸 전쟁 무렵으로 돌아가보면 그 이유를 알 수 있어. 오스트리아는 민족 구성이 매우 복잡해. 그 가운데는 세르비아 민족인 슬라브족도 있었어. 오스트리아의 지배를 받는 보스니아도 세르비아 민족과 똑같은 남

페르디난트 황태자 부부 오스트리아-헝가리의 차기 후계자로, 보스니아를 시찰하고 있다.

슬라브족이었지.

사실 러시아-투르크 전쟁 이후 오스트리아에게 보스니아를 넘겨준 것은 전적인 지배권이 아니었단다. 행정적인 통치를 할 수 있는 권한이었지. 그렇지만 보스니아인들은 이 조

사라예보 사건 세르비아 청년에 의한 오스트리아 황태자 부부 암살은 제1차 세계대전의 도화선이 되었다.

치가 사실상 오스트리아의 식민지가 된다는 뜻이라고 받아들였어. 당연히 반발이 심했지. 보스니아인들은 같은 민족으로, 이미 독립국가를 세운 세르비아와 합쳐 더 큰 통일국가를 건설하고 싶었어. 세르비아 또한 같은 생각이었지. 오스트리아는 이런 요구를 묵살했고, 나아가 1908년에는 보스니아를 오스트리아의 영토로 흡수해버렸어. 세르비아는 자신의 영토를 빼앗긴 것처럼 분노했지.

게다가 오스트리아의 지배 민족은 게르만족이야. 그들은 슬라브족을 무시했어. 열등한 민족으로 여긴 거야. 마침 범슬라브주의 운동을 이끌던 러시아는 세르비아를 지원했어. 왜 그런지는 알지? 오스트리아가 발칸 나라들에게 영향력을 강화하면 러시아로서는 이 지역의 영향력을 빼앗길 수밖에 없잖아?

이런 상황에서 페르디난트 황태자 부부가 암살됐던 거야. 남슬라브족의 민족주의자들이 "보스니아로부터 오스트리아는 철수하라. 우리는 독립을 원한다"라는 자신의 주장을 알리려고 암살을 저질렀던 거지.

세르비아 정부는 속으로 고소하다고 생각했을지도 몰라. 그러나 공식적으로는 즉각 "우발적인 사고다"라고 발표했어. 민족주의 테러리스트들이 한 일이니 정부

와는 무관하다는 거지. 그러나 이 말을 오스트리아 정부가 믿겠니? 솔직히 오스트리아 입장에서는 다음 황제가 될 황태자가 암살됐는데, 사과만 받고 끝내고 싶지는 않았을 거야. 세르비아로부터 확실한 보상을 받아내야 한다고 생각했겠지.

오스트리아에게는 큰 사건이었겠지만, 황태자 부부의 피살이 세계대전으로 번질 만한 사건은 아니었어. 실제로 처음에는 오스트리아와 세르비아가 외교적으로 해결하려는 제스처를 보이기도 했지. 그러나 협상은 실패했어. 오스트리아는 무력으로 세르비아를 응징하겠다고 생각했어. 그런데 이것도 쉬운 일은 아니었어. 세르비아의 뒤에 러시아가 있었거든. 오스트리아는 삼국동맹을 떠올렸어. "그래, 세르비아에게 러시아가 있다면 우리에겐 독일이 있어. 해볼 만한 게임이야."

7월 28일, 오스트리아-헝가리 제국은 황태자 암살사건을 명백한 반란으로 규정하고, 세르비아에 선전포고를 했어. 오스트리아가 세르비아를 합병하고 발칸 반도로 진출한다면 가장 긴장할 나라는? 러시아지? 러시아는 예상대로 발칸 반도 쪽으로 군대를 보냈고, 오스트리아에 선전포고를 했어. 그다음은 일사천리야. 독일이 러시아에 선전포고를 했고, 이에 맞서 프랑스와 영국이 독일에 선전포고를 했지. 이탈리아를 뺀, 삼국동맹과 삼국협상 6개 나라가 모두 전쟁에 뛰어든 거야. 바로 제1차 세계대전이 터졌어!


## 세계의 총력전, 제1차 세계대전

최초로 전쟁을 선언한 나라는 오스트리아-헝가리 제국이었어. 그러나 실제 제1차 세계대전을 일으킨 나라는 독일이었지. 제1차 세계대전은 1914년 8월 3일 독일이 벨기에를 전격 침략하면서 시작됐거든. 영국이 독일에 선전포고를 한 날도 바로 이날이야. 영국은 삼국협상에 속해 있었지만, 처음에는 "대륙의 문제일 뿐이

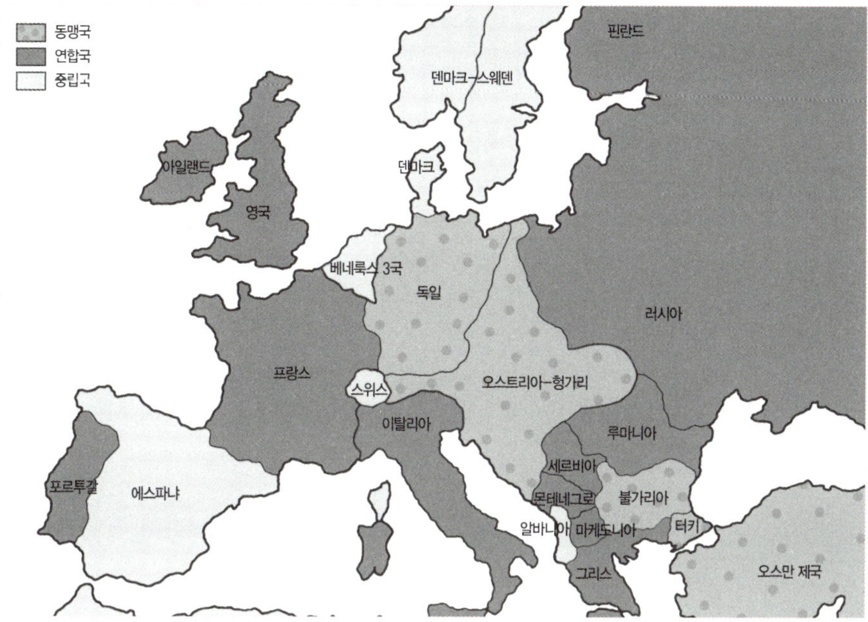


**제1차 세계대전 연합국과 동맹국**  독일이 벨기에를 침략하면서 제1차 세계대전이 터졌다. 독일, 오스트리아–헝가리, 불가리아, 오스만 제국이 동맹국을 이뤘고 영국, 프랑스, 러시아, 포르투갈, 그리스, 루마니아, 세르비아, 몬테네그로가 연합국으로 참전했다. 이탈리아는 동맹국에서 연합국으로 노선을 바꿨다.

야"라며 참전을 망설였어. 그러나 막상 독일 군대가 벨기에를 침략하는 걸 보자 "이거 장난 아닌데…"라는 생각이 들었던 거지.

삼국협상과 삼국동맹, 6개 나라만 치고받았다면 이 전쟁을 '세계대전'이라 부르지 못할 거야. 그러나 처음만 그랬지, 곧이어 여러 나라들이 이 전쟁에 개입했어. 우선 유럽 국가들부터 볼까? 발칸 전쟁 때 세르비아와 철천지원수가 된 불가리아는 오스트리아가 있는 동맹국으로 참전했어. 늙고 병들어버린 오스만 제국도 과거의 영화를 되찾기 위해 동맹국 편에 섰지.

전쟁이 터진 다음 해, 이탈리아는 삼국동맹을 배신하고 삼국협상, 즉 연합국 편에 섰어. 어차피 이탈리아 군대는 큰 도움이 되지 않았으니까 독일로서는 별 상관이 없었겠지. 영국은 아시아의 국가들도 끌어들였어. 일본과는 1902년 영일 동맹을 맺은 적이 있지? 그 인연으로 일본도 연합국 편에 섰어. 영국은 전쟁이 한창 진행되고 있을 때는 인도까지 끌어들였어.

무엇보다 이 전쟁을 세계대전으로 만든 사건은 미국의 참전이야. 그전까지만 해도 미국은 영국보다 더 심한 불간섭주의를 외교정책으로 삼고 있었거든. 다시 말해, 다른 대륙의 사건에 절대 간섭하지 않던 미국이 연합국으로 참전함으로써 이 전쟁은 명실상부한 세계대전이 된 거야. 자, 이제 제1차 세계대전이 어떻게 진행됐는지 살펴볼까?

독일의 공격을 받은 벨기에는 제대로 저항하지도 못하고 무너졌어. 독일은 전쟁을 개시하기 전에 미리 짜놓은 슐리펜 작전Schlieffen Plan에 따라 놀라운 스피드로 서쪽을 공략했어. 그래, 슐리펜 작전은 한마디로 속전속결 작전이었어. 그전까지만 해도 으레 전쟁이라 하면 양쪽의 군대가 한데서 만나 전면전을 치르는 방식이었어. 독일이 새로운 군사전략을 선보인 셈이야. 군사 전문가들은 이 슐리펜 작전을 최초의 현대적 속도전으로 보고 있단다.

독일은 슐리펜 작전에 따라 전선을 서부전선과 동부전선으로 나눴어. 우선 서부전선을 짧은 시간에 공략하고, 그다음에는 군대를 동쪽으로 배치해 동부전선을 공략하기로 했지. 쉽게 말하면 벨기에, 프랑스를 잽싸게 함락한 뒤 동부의 러시아를 공격하자는 작전이야. 벨기에를 정복한 독일은 이어 프랑스로 진격했어. 슐리펜 작전이 성공하는 듯했어.

그러나 그다음부터 쉽지 않았어. 프랑스의 저항이 거센 데다 영국까지 프랑스에 합세해 독일 군대와 맞서자 더 이상의 진격이 힘들어진 거야. 독일의 속도전 전략은 깨지고 말았어. 독일은 서부전선에서 지루한 싸움을 해야 했어. 슐리펜 작전은 동부전선에서도 어긋났단다. 러시아가 너무 일찍 동부전선으로 진격해온 거야. 독일은 어쩔 수 없이 서부전선에 배치된 군대의 일부를 동쪽으로 이동시켰어. 타넨베르크에서 러시아와 독일 군대가 충돌했어.

이제 속전속결로 전쟁을 끝내기는 불가능해졌어. 서부전선은 이미 장기전으로 바뀌었지? 동부전선에서 독일군은 타넨베르크 전투에서 러시아 군을 물리치고 러시아 안쪽으로 진격했어. 그러나 러시아를 정복할 수는 없었지. 동부전선 또한 장기전이 돼버렸어.

독일이 의도했던 속전속결은 아니었지만, 독일이 전쟁에서 밀리고 있던 것도 아냐. 대체로 독일은 연합국 전체를 상대하면서도 전세에서 밀리지는 않았단다. 이게 가능했던 이유는 독일이 유럽의 강자 영국을 철저히 차단하고 있었기 때문이야. 독일은 바다를 잘만 차단하면 영국이 대륙의 연합국 군대를 지원하지 못할 거라고 생각했어. 바로 이 역할을 한 게 독일의 잠수함 U-보트였어.

U-보트의 위력은 대단했어. U-보트는 보이는 영국 군함마다 모두 침몰시켜버렸단다. 영국 해군이 주춤할 수밖에 없겠지? 그러나 영국 군함만 침몰시킨다고 해서 연합국 군대에 대한 지원을 모두 차단할 수 있는 것은 아냐. 군수물자를 실어나르는 수송선을 막지 못하면 말짱 도루묵인 셈이지.

그런데 이런 수송선 가운데는 민간 상선도 꽤 많았어. 민간 상선과 군 수송선을 구분해내기란 쉬운 일이 아니지. 어쩌면 U-보트로 바다를 통제하겠다는 발상부터가 무모했던 건지도 몰라.

그러나 독일은 밀어붙이기로 했어. 어차피 전쟁판이라서 막가기로 한 걸까? 독일은 U-보트를 바다의 깡패가 되도록 내버려뒀어. 닥치는 대로 침몰시키라는 명

**U-보트** U-보트에 의한 독일의 무제한 잠수함 작전은 미국의 참전을 불러왔다.

령을 내린 거지. U-보트는 독일 국적의 배가 아니면 모두 침몰시켜버렸어.

독일은 U-보트의 활약을 높이 평가했을 거야. 그러나 이 조치로 마음이 크게 상한 나라가 있었어. 바로 미국이야. 미국의 외교 노선은 기본적으로 고립주의와 불간섭주의였지. 이 노선에 따라 미국은 이 전쟁에 크게 개입하지 않고 있었어. 다만 군수 물자를 팔아 돈을 벌고 있을 뿐이었지. 사실 독일 입장에서 봐도 미국이 참전하지 않은 것은 다행스러운 일이었어. 이 무렵 미국은 영국을 능가하는 산업 강국이었거든.

그런데 U-보트가 강 건너 전쟁을 구경하는 미국을 전쟁에 끌어들이고 말았어. U-보트가 닥치는 대로 파괴한 상선 가운데 군수 물자를 나르던 미국 상선이 꽤 많았던 거야. 미국은 자국의 상선을 보호하기 위해서라도 독일을 제압해야 한다고 생각했지. 1917년 4월, 미국의 윌슨 대통령은 참전을 선언했어. 결국 U-보트의 무모한 파괴 행위가 독일의 몰락을 자초한 셈이지. 미국의 참전으로 독일은 크게 당황한 반면, 연합군의 사기는 크게 올라갔단다.

연합군의 사기를 떨어뜨리는 사건도 발생했어. 1917년 10월, 레닌이 러시아에서 사회주의 혁명을 일으켜 소비에트 정권을 세웠는데, 그는 새로운 나라의 틀을 정비할 시간이 필요했어. 전쟁을 치르면서 그 큰일을 하기는 쉽지 않겠지? 레닌은 전쟁에서 손을 떼려고 했어. 독일은 당연히 환영했어. 러시아는 독일과 브레스트-

리토프스크 조약을 맺고, 군대를 철수시켰단다.

연합국의 입장에서 보면, 한 나라가 빠지고 한 나라가 들어온 셈이야. 그러나 들어온 나라의 힘이 훨씬 강했기 때문에 결과적으로는 이득이었지. 실제 미국의 참전 이후 독일은 빠른 속도로 무너지기 시작했어.

1917년 10월부터는 미국의 육군까지 연합군에 가세했어. 그전까지 독일 군대에게 밀리던 연합군은 1918년 6월부터 전세를 역전시켜 거의 모든 전투에서 승리하기 시작했단다. 동맹국의 우두머리 독일이 밀리자 나머지 '떨거지' 나라들도 버티지 못했어. 9월에는 불가리아가, 10월에는 오스만 제국이 연합군에게 항복했고, 11월로 들어설 즈음에는 오스트리아도 두 손을 들고 말았어. 이제 독일만 남았지?

모든 동맹국이 항복하고 패배가 서서히 다가오자 독일 내부는 급격하게 어수선해졌어. 공화파 자유주의자들은 지금이야말로 공화국을 세울 좋은 기회라고 판단했어. 혁명이 일어났어. 독일 황제 빌헬름 2세는 옷을 벗을 수밖에 없었지. 공화국을 만들기 위한 임시정부가 들어섰고, 임시정부는 의미 없는 전쟁을 끝내야 한다고 판단했어. 독일은 1918년 11월 11일, 마침내 연합군에 항복했어.

이로써 제1차 세계대전이 끝났단다. 전투기와 잠수함 같은 첨단 군장비가 선보였고, 독가스도 등장한 전쟁이었어. 적을 죽이고 도시를 파괴하기 위해 이런 치명적인 무기들이 한꺼번에 쏟아진 전쟁은 처음이었지. 물론 그전까지의 전쟁도 비인간적이었지만, 이 전쟁이야말로 그전의 어떤 전쟁보다 훨씬 비인간적이었어. 게다가 모든 국가들이 전시 체제를 갖추고 전 국민을 동원했어. 그야말로 유례없는 총력전이었던 거야.

당연히 결과도 비참했어. 5년간 최소한 1,200만 명의 군인이 사망했어. 일반 민간인도 수천만 명이나 목숨을 잃었지. 지금까지 이런 전쟁은 없었어. 이때 인류는 현대적 전쟁이 얼마나 참혹한 결과로 이어지는지를 배웠어. 그러나 이 교훈을 오래 기억하지는 못했어. 곧 더 참혹한 전쟁이 터지잖아?

## 통박사의 역사 읽기

### ✚ 베르됭 전투의 비극

1916년 2월, 독일이 프랑스의 작은 도시 베르됭을 기습했어. 독일은 공격 당일에만 무려 10만 개의 포탄을 베르됭에 퍼부었어. 이 공격으로 프랑스 병사 10만 명이 죽었지. 이때 독일 참모총장은 "마지막 남은 프랑스 병사까지 모두 피

폐허가 된 베르됭

흘려 죽게 해야 한다"라고 말했대. 전쟁이 인간성을 얼마나 망가뜨리는지 알겠지? 몇 달간은 독일의 파죽지세였어. 그러나 그 후 영국과 프랑스 연합군이 반격에 나서 10월에는 베르됭을 탈환하는 데 성공했단다. 하지만 이 기간 동안 프랑스 병사는 30만 2천 명, 독일 병사는 33만 6천 명이나 죽었어. 이 때문에 베르됭 전투는 제1차 세계대전 때 가장 처참했던 전쟁으로 기록돼 있단다.

## 베르사유 조약과 유럽 영토의 확정

1919년 1월, 연합군으로 참전했던 32개 국가의 대표단이 프랑스 파리 베르사유 궁전에 모였어. 제1차 세계대전의 뒷수습을 하기 위해서였지. 독일, 오스트리아, 불가리아, 오스만 제국 등 전쟁을 일으킨 전범국을 어떻게 처벌해야 할지, 다시 섞여버린 영토는 어떻게 조정할지, 앞으로 또다시 터질지 모르는 국제전쟁을 막을 방법은 어떻게 마련할지…. 해결해야 할 문제는 너무 많았어. 나라마다 이해관계가 달랐기에 회의는 마라톤을 달리듯이 더디게 진행됐어.

베르사유 궁전에서 무려 5개월간이나 계속된 이 회의를 파리강화회의라고 불러. 많은 나라가 전쟁에 관련돼 있었지만 아무래도 영국, 프랑스, 미국 등 강대국

파리강화회의에서 영국, 이탈리아, 프랑스, 미국의 정상들  이 회의를 통해 제1차 세계대전 전후의 국제 질서를 결정했다.

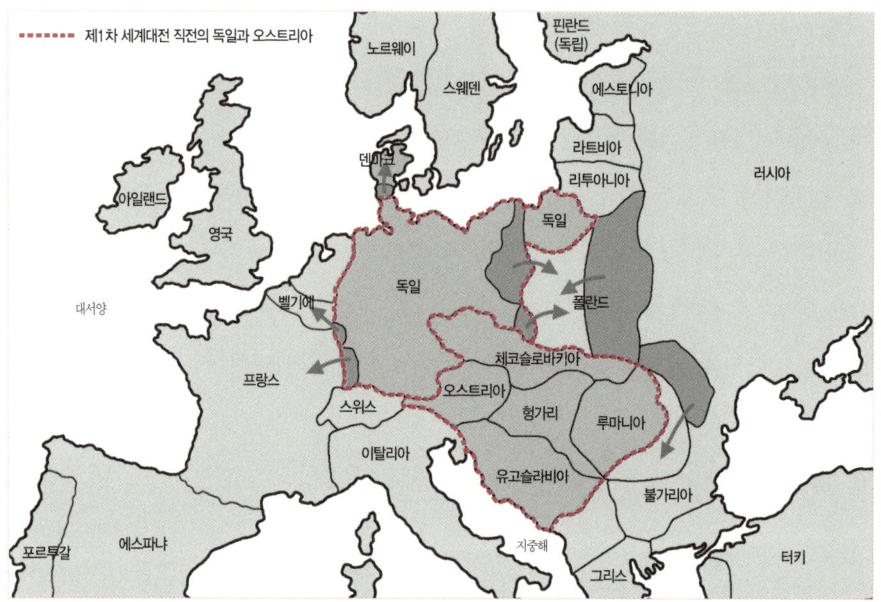



제1차 세계대전 후의 유럽  독일은 프랑스, 폴란드, 벨기에, 덴마크, 체코슬로바키아에 영토의 일부를 떼어줬다. 오스트리아의 지배를 받던 헝가리와 발칸 반도 국가들은 독립했고, 발트 3국과 핀란드도 러시아로부터 독립했다.

의 주장이 먹혀들어갔겠지? 6월 28일, 마침내 파리강화회의가 끝나고 베르사유 조약이 발표됐어. 중요한 내용을 차례대로 살펴볼까?

첫째, 독일에 대해 가혹한 처분을 내렸어. 독일은 19세기부터 확보한 해외의 모든 식민지를 내놓아야 했어. 식민지뿐만 아니라 독일의 영토도 조금씩 떼어 다른 나라에게 줘야 했어. 1870년 프로이센-프랑스 전쟁 때 빼앗았던 알자스와 로렌 지방은 다시 프랑스로 반환했어. 북쪽의 땅 일부는 덴마크에게, 서쪽의 땅 일부는 벨기에에에게, 동부의 땅 일부는 폴란드와 체코슬로바키아와 리투아니아에게 떼어 줘야 했지. 이렇게 해서 독일은 종전의 영토에서 10% 이상을 잃고 말았단다.

독일은 군대도 맘대로 둘 수 없게 됐어. 육군 병사는 10만 명을 넘으면 안 됐고,

전투기나 잠수함, 전차와 같은 첨단무기는 생산할 수도 없었으며 다른 나라로부터 살 수도 없게 됐어. 그러나 강대국들은 이만큼 가혹한 조치로도 독일에 대한 분노가 사라지지 않았나봐. 독일에게 1,320억 마르크의 막대한 전쟁 배상금을 물게 한 거야. 아마 이 돈을 다 갚으려면 독일인들은 몇십 년간 허리가 휘어지도록 일만 해야 할걸.

둘째, 독일과 한편이었던 나머지 전범국에 대해서도 정리를 했어. 오스트리아-헝가리 제국은 오스트리아와 헝가리로 분리됐어. 오스트리아의 영토였던 체코슬로바키아가 독립했고, 보스니아-헤르체고비나는 세르비아로 넘어갔어. 세르비아는 여기에 크로아티아까지 얻었어. 세르비아는 연합국의 일원으로 세계대전에 참전한 이득을 제대로 챙긴 셈이지? 세르비아는 이 모든 영토를 합쳐 유고슬라비아를 탄생시켰단다.

오스만 제국은 역사 속으로 사라졌어. 투르크족이 아닌 다른 민족은 모두 오스만 제국으로부터 독립해 영국과 프랑스가 위임통치를 하기로 했지. 그 결과 팔레스타인, 요르단, 이라크는 영국의 지배를 받았고, 레바논과 시리아는 프랑스의 지배를 받았어. 이 나라들은 제2차 세계대전이 끝나면 독립국가가 돼. 그러면 오스만 제국은 어떻게 됐을까? 1922년, 케말 파샤가 이끄는 공화파 자유주의자들이 정권을 잡고 술탄 제도를 폐지했어. 이듬해 케말 파샤는 새로이 공화국을 선포했지. 이 나라가 바로 오늘날 터키란다.

셋째, 민족자결주의가 제창됐어. 미국 월슨 대통령이 주창한 민족자결주의는 "모든 민족은 다른 민족의 간섭을 받지 않고 스스로의 운명을 결정할 권리가 있다"라는 이념이야. 오스트리아에서 헝가리가 분리 독립한 것도, 오스만 제국의 지배를 받던 여러 민족이 독립한 것도 다 이 민족자결주의에 따른 조치였단다. 그러나 이 이념은 패전국에만 적용됐어. 미국, 영국, 프랑스의 식민지에는 적용이 되지 않았지. 일본도 영국 편에 선 승전국이었어. 그 때문에 한국도 독립을 쟁취하지 못한 거야. 제국주의의 이중성을 볼 수 있는 대목이지?

어쨌든 이 이념에 따라 유고슬라비아와 체코슬로바키아가 탄생했어. 라트비아, 에스토니아, 리투아니아의 발트 3국도 러시아로부터 독립했지. 어? 러시아는 삼국협상 가운데 한 나라였잖아. 그런데 왜 땅을 빼앗겼을까? 그야 중간에 배신을 했으니까 그렇지. 게다가 러시아는 이 무렵까지도 사회주의 정권에 반대하는 세력과 싸우느라 정신이 없었어. 러시아의 지배를 받고 있었던 핀란드도 이때 독립했어. 폴란드도 독립했지. 제1차 세계대전 후 동유럽의 변화는 조금 있다가 다시 살펴볼게.

이에 따라 유럽은 오늘날의 지도를 갖추게 됐어. 다만 동유럽은 그 후에도 여러 번 민족분쟁이 터져 어떤 나라들은 여러 나라로 쪼개지는 운명을 맞게 돼. 그러나 전체적으로 이때의 유럽 지도가 오늘날 유럽 지도와 대체로 일치한단다.

넷째, 더 이상의 세계대전이 터지지 않도록 전 세계가 함께 논의하는 국제기구인 국제연맹이 만들어졌어. 그러나 국제연맹은 거의 제 구실을 하지 못했단다.

우선 국제연맹을 만들자고 제안한 미국이 가입하지 못했어. 윌슨 대통령이 미국 의회에 이 안건을 내놓았을 때 의회는 보기 좋게 거절해버렸단다. 의회는 "미국 혼자 잘살면 된다. 왜 유럽의 일에 개입하려 하느냐?"며 국제연맹 가입안건을 부결시켜버렸어. 정작 제안한 미국이 빠졌는데, 국제연맹이 제대로 돌아갈 리 없겠지? 영국과 프랑스는 또 다른 강대국인 러시아에 대해서는 사회주의 국가라는 이유로 국제연맹에 가입할 자격조차 주지 않았어. 독일은 제1차 세계대전의 전범국이었으니 당연히 가입이 불가능했지. 결국 영국과 프랑스가 국제연맹의 주도권을 쥐고 맘대로 흔들었어. 이런 국제기구를 국제기구라 할 수 있겠니? 국제연맹은 곧 있으나 마나 한 국제기구로 전락했단다.

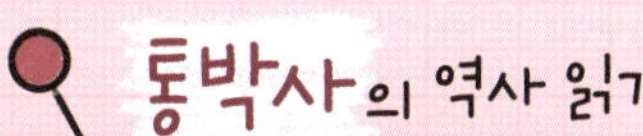



### ✚ 독일만 없애면 된다?

베르사유 조약의 내용을 보고 있으면, 독일에 대한 강대국들의 적개심을 잘 읽을 수 있어. 영국과 프랑스는 독일의 손발을 묶는 것으로도 모자라 국민 전체의 고통을 강요했어. 마치 독일의 고통을 즐기려는 것처럼 보여. 그러나 제1차 세계대전이 꼭 독일만의 책임일까? 오스트리아-헝가리 제국의 황태자를 암살한 세르비아, 그 세르비아를 지원한 러시아에는 책임이 없는 것일까? 독일의 선전포고를 기다렸다는 듯이 바로 전쟁에 뛰어든 영국과 프랑스도 전쟁에 대한 책임을 져야 하지 않을까? 베르사유 조약에는 이처럼 강대국의 입장만 지나치게 작용했다는 비판이 많아. 이때 독일에만 책임을 강요하지 않았다면 훗날 제2차 세계대전은 일어나지 않았을지도 몰라.

## 발칸 반도와 동유럽의 변화

제1차 세계대전이 끝난 후에도 동유럽과 발칸 반도는 매우 혼란스러웠어. 이때 생겨난 많은 연방국들은 두고두고 골칫거리가 됐단다. 원래부터 종교와 민족 갈등이 많았던 지역인데도, 서로 가까이 붙어 있다는 이유만으로 국가들을 묶어 연방국으로 만들었으니, 분열과 혼란은 어쩌면 당연한 건지도 몰라.

오늘날 체코와 슬로바키아는 이 무렵 체코슬로바키아 연방국으로 탄생했어. 체코는 중세 때 보헤미아로 불렸고, 한때 신성로마 제국의 황제를 배출하기도 했지? 개신교도들이 많아 30년 종교 전쟁의 발원지가 되기도 했어. 나중에는 오스트리아 합스부르크 왕조의 지배를 받았지. 슬로바키아는 10세기 초반 헝가리에 정복되고 나서 줄곧 헝가리의 지배를 받아왔어. 오스트리아와 헝가리가 1868년 오스트리아-헝가리 제국이 됐으니, 결국 체코와 슬로바키아는 패전국의 식민지를 독립시킨다는 민족자결주의에 따라 연방국이 된 셈이야. 체코슬로바키아는 1918년 11월, 독립국가가 됐단다.

사실 헝가리도 오스트리아와 대등한 관계는 아니었지? 체코슬로바키아가 독립하던 달, 헝가리에도 임시정부가 들어섰어. 헝가리는 오스트리아로부터 분리 독립을 선언했고, 연합국은 헝가리의 분리를 인정했지.

민족자결주의는 폴란드에도 적용됐어. 같은 해 11월, 폴란드가 독립국이 된 거야. 폴란드 국민은 결코 그날의 영광을 잊지 못할 거야. 그도 그럴 게 무려 123년 만의 독립이었단다. 앞에서

**동유럽의 탄생** 오늘날 우리가 동유럽이라고 부르는 국가들이 제1차 세계대전 이후 모습을 드러냈다. 그러나 이 국가들 가운데 유고슬라비아와 체코슬로바키아는 훗날 여러 나라로 분열된다.

살펴본 적이 있는데, 프로이센의 프리드리히 대제, 러시아의 예카테리나 대제, 오스트리아의 여왕 마리아 테레지아가 18세기 후반 폴란드 땅을 나눠 가진 사건 기억나니? 그것도 모자라 프로이센과 러시아는 폴란드의 모든 영토를 완전히 둘로 분할해 나눠 가졌지? 1795년 제3차 폴란드 분할로 폴란드는 지구상에 존재하지 않는 나라가 됐었어.

다시 나라를 되찾은 폴란드는 힘을 키우기 시작했어. 한때는 사회주의 러시아와 전쟁을 치러 빼앗겼던 영토의 일부를 되찾기도 했단다. 그러나 폴란드의 영광은 반짝 빛났다가 사라지고 말았어. 1930년대 폴란드에도 독일, 이탈리아와 마찬가지로 파시스트 정권이 들어섰기 때문이란다. 이 파시스트 정권은 히틀러의 독일과 협력 관계를 유지했어. 그래도 맘이 놓이지 않았는지 파시스트 정권은 1932년에 소련과, 1934년에 독일과 불가침 조약을 체결했어. 동쪽과 서쪽의 두 강대국과 "서로 침략하지 말자"라고 합의했으니 이제 걱정이 한시름 줄어들었겠지?

그러나 폴란드는 또다시 분열되고 말았단다. 두 나라 모두에게 배신을 당한 거야. 곧 살펴보겠지만 제2차 세계대전은 1939년 9월 독일이 폴란드를 공격하면서 시작됐단다. 그래, 독일은 폴란드와의 불가침 조약을 헌신짝 내버리듯 깨버렸어. 옳지! 소련도 무릎을 치며 즉각 폴란드를 공격했어. 독일의 침략에 대응하려면 어쩔 수 없다는 핑계를 대며 폴란드와의 불가침 조약을 뭉개버린 거지. 결국 폴란드 서부를 독일이, 동부를 소련이 또다시 쪼개 가져갔어. 폴란드는 독립의 기쁨을 채 20년도 맛보지 못하고, 다시 식민지 신세로 전락한 셈이지.

20세기 후반, 발칸 반도에서 큰 내전이 발생했어. 그때 세르비아는 '인종 청소'라는 작전을 통해 야만적으로 다른 민족을 집단 학살했지. 바로 그 내전의 무대가 된 나라가 이때 생겨났어. 유고슬라비아 연방이 바로 그 나라지. 이 연방을 주도한 나라는 세르비아였어. 이미 살펴본 대로 세르비아는 승전국의 권리를 주장하며 남슬라브족의 연방국을 세우려고 했지.

폴란드가 독립한 다음 달, 세르비아는 남슬라브족의 국가인 크로아티아와 슬로베니아를 합쳐 베오그라드 왕국을 건설했어. 마케도니아는 제2차 발칸 전쟁 후 세르비아와 그리스에 영토가 분할됐는데, 이 가운데 세르비아에 속해 있던 지역은 베오그라드 왕국에 포함됐지. 오스트리아로부터 빼앗은 보스니아-헤르체고비나, 몬테네그로도 왕국에 합류시켰어.

베오그라드 왕국은 몇 년 후 유고슬라비아 왕국으로 이름을 바꿨어. 오늘날 존재하는 국가를 기준으로 한다면 유고슬라비아 왕국은 세르비아, 몬테네그로, 보스니아-헤르체고비나, 크로아티아, 슬로베니아, 마케도니아 등 6개 나라의 연방인 셈이지.

유고슬라비아 연방은 남슬라브족이라는 공통점이 있었지만, 세부적으로 들어가면 모두 민족이 달랐어. 게다가 종교도 동방정교, 가톨릭, 이슬람교가 섞여 있었지. 제1차 세계대전이 발칸 반도의 민족 분쟁 때문에 생겨났다는 사실 기억하지? 이런 상황에서 과연 이 연방이 오래갈 수 있을까?

# 사회주의와 파시즘

　제1차 세계대전이 끝나기 한 해 전, 러시아에 사회주의 정권이 들어섰어. 제정, 왕정, 공화정에 이어 또 하나의 정치 체제가 나타난 거지. 이쯤에서 사회주의에 대해 간략하게 짚어보고 갈까?

　사회주의는 노동자를 포함한 무산계급이 모든 권력을 갖는 정치 체제야. 공산주의는 국가의 통제하에 모두가 생산을 함께하고, 결과물도 함께 나눠 갖는 경제 체제를 말하지. 대부분 사회주의와 공산주의를 구분하지 않고 사용하지만, 엄밀하게 따지자면 이렇게 다르단다.

　오늘날 중국 같은 일부 나라에만 사회주의가 남아 있어. 나머지 사회주의 국가들은 민주주의 체제로 전환했지. 경제 체제도 자본주의로 바뀌었어. 중국마저 자본주의와 거의 다를 바 없기 때문에 사회주의와 공산주의는 결국 실패한 모델이라고 할 수 있겠지.

　이 무렵 이탈리아와 독일에서 또 하나의 정치 이념이 등장했단다. 바로 파시즘이야. 사회주의와 달리 파시즘은 민족을 최우선의 가치로 뒀어. 두 이념이 비록 다르긴 하지만 일인 독재에, 민중을 억압했다는 점에서는 크게 다르지 않아. 두 이념을 한꺼번에 다루는 것도 괜찮을 것 같아.

## 레닌과 볼셰비키 혁명

1894년 니콜라이 2세가 러시아의 차르가 됐어. 니콜라이 2세는 예전의 차르들이 그랬던 것처럼, 아니 그보다 더 가혹하게 독재정치를 했단다. 이때까지만 해도 니콜라이 2세는 앞으로 다가올 운명을 전혀 눈치 채지 못했을 거야.

니콜라이 2세의 독재가 심해지고 반정부 세력에 대한 탄압이 커졌지만, 오히려 저항은 더 강해졌어. 밟으면 밟을수록 생명력이 강해지는 잡초처럼 반정부주의자들은 더욱 왕성하게 활동했어. 특히 마르크스의 사회주의 사상으로 무장한 반정부주의자들이 크게 늘어났지. 앞에서 살짝 살펴본 적이 있었는데, 기억하고 있니? 마르크스의 사회주의 이념이 처음 나왔을 때 어느 나라에서 큰 호응을 얻었다고 했지? 러시아와 독일 등 경제적 후진국이었지? 삶이 개선될 가능성이 없어 보이니, 혁명에 몸을 맡기는 사람들이 많았기 때문이야.

러시아의 사회주의자들은 1898년 최초로 정당을 만들기도 했어. 이 정당이 사회민주노동당이야. 물론 니콜라이 2세가 그냥 두고 볼 리 없지. 니콜라이 2세는 즉각 사회민주노동당을 불법 정당으로 규정하고 당원들을 모두 잡아들이라고 명령했어. 더 이상 활동이 불가능해지자 사회주의자들은 지하로 숨어들어가 활동을 다시 시작했어. 외국으

트로츠키 레닌과 함께 러시아 혁명을 성공시켰으나 권력 투쟁의 과정에서 스탈린에 의해 희생되었다.

로 망명한 사회주의자들도 꽤 많았지.

20세기 벽두인 1904년, 러시아는 일본과 전쟁을 벌였어. 니콜라이 2세는 조무래기 일본이 강해봤자 얼마나 강하겠냐며 무시했지. 러시아가 쉽게 일본을 이길 거라고 생각했지만 일본은 의외로 강했어. 러시아 군대가 거의 모든 전투에서 일본군에게 패한 거야. 전쟁은 해를 넘기고도 계속됐지. 니콜라이 2세는 일본을 이기려면 전력을 다해야 한다는 걸 깨달았어.

바로 이 무렵 뜻하지 않은 사고가 러시아 수도 페테르부르크<sup>페트로그라드</sup>에서 발생했단다. 1905년 1월, 러시아의 개혁주의자들은 유럽 국가들과 같은 입헌군주제의 도입을 요구하며 시위를 벌였어. 시위대는 점점 불어나 급기야 150만 명을 넘어섰지. 만약 니콜라이 2세가 현명한 군주라면 이쯤에서 민중의 뜻을 헤아렸겠지? 그러나 니콜라이 2세는 영락없는 독재자였어. 그는 군대에게 시위를 진압하라는 명령을 내렸어. 정부군은 시위대를 향해 발포했고, 수백 명의 시민이 목숨을 잃었어. 이 사건을 '피의 일요일'이라고 부른단다.

시민과 군대가 유혈충돌을 했다면 그다음 상황은 충분히 짐작하겠지? 이미 여러 혁명에서 비슷한 풍경을 봤잖아? 러시아에서도 비슷한 상황이 벌어졌어. 러시아 전역에서 이 소식을 들은 민중이 들고 일어난 거야. 일본과의 전쟁 상황도 좋지 않은데, 국내 사정마저 이렇게 돌아가니 니콜라이 2세는 죽을 맛이었겠지. 니콜라이 2세는 양쪽 모두에게 패했단다. 일본에게는 만주를 내줘야 했고, 러시아 민중에게는 의회를 만들겠다는 약속을 해야 했어.

그러나 니콜라이 2세는 민중에게 한 약속을 지키지 않았어. 물론 형식적으로 의회를 만들기는 했지. 그러나 의회가 제대로 돌아가지 못했단다. 개혁주의자들에 대해 과거보다 더 심하게 탄압했던 거야. 빈곤에 허덕이는 노동자와 빈민은 늘어

피의 일요일 니콜라이 2세는 민중의 개혁 요구를 유혈 진압으로 응수했다.

나고 있었지만, 니콜라이 2세는 민중의 고통에는 관심이 없었어. 개혁주의자들은 차르를 타도하기로 하고, 공동 투쟁을 시작했어. 자유주의자와 사회주의자가 이념을 넘어 공동 전선을 구축한 거야.

1912년 사회민주노동당 대회가 열렸어. 이 대회에서 급진파인 볼셰비키가 온건파인 멘셰비키를 누르고 사회주의 운동 세력의 주도권을 잡았지. 이 볼셰비키의 리더가 누구인지 아니? 그가 바로 레닌블라디미르 일리치 울리아노프이야.

레닌은 타고난 전략가였으며 또한 뛰어난 선동가였어. 그가 등장하기만 하면 민중들은 환호를 보냈어. 니콜라이 2세에게는 반드시 제거해야 할 인물인 셈이었지. 마침 제1차 세계대전이 터졌어. 러시아는 국가 전체를 전쟁을 치르기 위한 전시 체제로 만들었어. 국가 비상상황이 되면 가장 먼저 제거 대상이 되는 게 반정부주의자들이야. 니콜라이 2세는 국가에 위협이 되는 모든 저항세력을 제거하라는 지시를 내렸어. 레닌은 어쩔 수 없이 러시아를 떠나 기나긴 망명 생활을 시작해야 했단다.

러시아는 제1차 세계대전을 치르면서 뭘 얻었을까? 강대국이란 지위? 그런 지위만 있으면 뭐 해? 국내 사정은 전혀 개선될 기미도 보이지 않는데…. 물가는 천정부지로 치솟고, 식량 부족으로 굶어죽는 사람이 속출했어. 대도시에는 전쟁 중

218

부상당해 고국으로 돌아온 퇴역 병사들이 넘쳐났어. 러시아의 도시들은 그야말로 빈민굴 소굴과 다를 바 없어졌지. 민중은 더 이상 참을 수 없었어.

1917년 2월, 페테르부르크에서 식량 배급을 하던 중 폭동이 터졌어. 정부군은 다시 시위대를 향해 발포했어. 그러나 이번에는 시민에게 발포하면 안 된다고 반대하는 군인들이 나타났어. 이런 군인들은 니콜라이 2세의 명령을 거부하고, 총을 들고 시위대의 편에 섰어. 시위를 진압해야 할 군인들마저 폭동에 가담한 거야. 이 시위는 이윽고 "차르를 타도하자"며 반정부혁명으로 발전했어. 혁명군의 기세가 너무 강했기에 니콜라이 2세는 결국 무릎을 꿇을 수밖에 없었어. 마침내 차르 체제가 무너졌어. 러시아 제정을 끝낸 이 혁명을 2월 혁명이라고 부른단다.

무늬만 의회였던 러시아 의회가 비로소 역할을 하기 시작했어. 의회는 공화국을 건설하기 위한 전 단계로 임시정부를 세웠지. 그런데 러시아 민중은 여기에 동의하지 않았어. 그들은 목숨을 걸고 투쟁한 대가를 자유주의자들이 다 가져가는 걸 원치 않았어. 그럼 민중들이 원하는 정치 체제는 뭐였을까? 그래, 이 부분이 다른 유럽 국가들과 달라. 이미 사회주의자들이 민중 속으로 들어가 그들의 의식을 흔들어놓았던 거야. 그 때문에 러시아에서는 사회주의 혁명의 조짐이 강하게 나타나기 시작했단다.

원래 차르 타도 운동을 할 때 자

레닌 10월 혁명을 통해 최초의 사회주의 국가를 건설했다.

유주의자와 사회주의자가 협력을 했다고 했지? 그 때문에 레닌이 러시아에서 마음 놓고 활동할 수 있는 여건이 만들어졌어. 레닌은 4월 망명지에서 돌아왔어. 레닌은 귀국하자마자 민중을 상대로 연설에 나섰어. 레닌은 "모든 권력을 소비에트로 집결시켜야 한다!"라고 말했어. 소비에트는 평의회란 뜻으로, 이 무렵 사회주의자들이 노동자와 농민, 군인들을 참여시켜 만든 정치조직이란다. 레닌은 소비에트를 중심으로 사회주의 혁명을 일으킬 생각이었던 거야. 실제 전국의 평의회는 대부분 레닌이 이끄는 볼셰비키 세력이 장악했어.

레닌은 제1차 세계대전을 제국주의 전쟁으로 여겼어. 굳이 러시아가 이 전쟁에 끼어들 이유가 없다고 생각했지. 레닌은 민중에게 "러시아는 전쟁에서 손을 떼야 한다!"라고 연설했어. 전쟁 때문에 큰 고통을 당하고 있던 민중들은 환호했지. 그러나 자유주의 임시정부는 국제적 약속 때문에 전쟁을 계속해야 한다는 입장을 고수했어. 임시정부에 대한 민중의 불만은 더욱 커졌지.

때가 왔다! 레닌은 자유주의 정부를 무너뜨리기 위한 사회주의 혁명을 시작할 시기라고 판단했어. 1917년 10월, 레닌은 마침내 혁명을 일으켜 자유주의 정부를 몰아내고 소비에트 정부를 세웠어. 이게 10월 혁명이야. 레닌은 세계 역사상 처음으로 사회주의 정권을 탄생시켰어. 레닌은 곧바로 독일과 브레스트-리토프스크 조약을 체결하고 제1차 세계대전에서 손을 뗐지. 아참, 러시아에서 사회주의 혁명이 성공할 무렵 핀란드가 혼란을 틈타 러시아로부터 독립하는 데 성공했단다.

### ✚ 마르크스의 실패?

마르크스는 사회주의 혁명의 주역으로 노동자를 지목했어. 왜 그런지는 이미 살펴봤지? 마르크스는 힘없고 가난한 사람들을 무산계급이라고 불렀어. 무산계급의 대표주자가 바로 노동자였던 거지. 그런데 러시아 사회주의 혁명을 보면 마르크스의 이론대로 진행되지 않았어. 노동자가 아니라 농민과 군인이 혁명의 주역이었던 거야. 레닌은 자본주의가 덜 발달한 러시아의 특수상황 때문에 농민을 혁명의 주역으로 삼았다고 해. 물론 농민도 무산계급에 포함되니까 러시아 혁명을 무산계급이 이뤄냈다고는 말할 수 있겠지. 그러나 엄밀히 말하면 자본주의의 폐해를 극복하기 위한 사회주의는 아니었던 거야. 그렇다면 마르크스의 예언은 틀린 게 되겠지? 훗날 러시아가 사회주의를 포기한 걸 보면 마르크스의 이론이 어쩌면 처음부터 틀렸기 때문인지도 몰라.

### 스탈린과 사회주의 독재

레닌의 사회주의 혁명으로 가장 큰 타격을 받은 사람들은 누구였을까? 모든 기득권을 잃은 황제와 귀족들일 거야. 임시정부를 구성했던 자유주의자들도 사회주의를 원한 것은 아니었으니 당연히 레닌의 볼셰비키에 저항했지. 과거에는 서로 적이었던 귀족들과 자유주의자들이 이번에는 힘을 합쳤어. 이들은 군대를 만들어 레닌의 소비에트 군대와 싸웠어. 소비에트 군대를 적군, 자유주의자와 귀족의 군대를 백군이라고 불렀지.

그러자 소비에트 정부는 구체제의 상징인 니콜라이 2세 황제와 황실 가족을 모두 처형해버렸어. 프랑스 혁명 때 공화파가 내부 분란을 잠재우기 위해 루이 16

세 왕을 처형했던 일이 떠오르지 않니? 그래, 비슷해. 소비에트 정부는 황제를 처형함으로써 "우리는 절대로 과거로 돌아가지 않겠다!"라는 뜻을 만천하에 선포한 거야.

마침 제1차 세계대전도 끝난 다음이었어. 이제 독일 군대와 싸울 필요가 없지? 그제야 영국, 프랑스, 미국 등 강대국은 비로소 소비에트 러시아를 견제하기 시작했어. 그전까지야 전쟁을 치르느라 정신이 없었다고 쳐. 그렇지만 지금은 가장 큰 적이 소비에트 러시아라는 사실을 모두 알고 있잖아?

만약 유럽 한복판에 사회주의 국가가 들어선다면? 서구 강대국들은 이런 상상만으로도 몸서리를 쳤어. 이 때문에 강대국들은 소비에트 정부에 저항하는 백군을 전적으로 지원했단다. 소비에트 적군과 서구 국가들의 지원을 받는 백군 사이에 치열한 접전이 오갔어. 그러나 소비에트 적군이 더 강했어. 1920년 11월, 백군은 크림 반도의 전투에서 패함으로써 마침내 적군에 항복하고 말았지.

더 이상 소비에트 정권에 저항할 내부 세력은 없었어. 1922년 12월, 레닌은 소비에트 러시아의 수도 모스크바에

**최초의 소련** 1922년 12월 사회주의 러시아는 벨로루시, 우크라이나, 카프카스(아제르바이잔, 아르메니아, 그루지야)와 함께 소비에트 사회주의 연방공화국을 세웠다. 이것이 소련의 시작이다.

서 제1차 소비에트 대회를 가졌지. 이 대회에서 러시아 말고도 우크라이나, 벨로루시, 카프카스<sup>아제르바이잔, 아르메니아, 그루지야</sup> 세 지역의 소비에트가 연방국 건설에 합의했어. 이렇게 해서 소비에트연방공화국, 즉 소련<sup>USSR</sup>이 출범했단다.

레닌은 평생의 꿈을 이뤘어. 사회주의 이념에 따라 소련 중앙정부는 지주로부터 모든 토지를 빼앗아 농민들에게 골고루 배분했어. 집 없는 사람에게는 집을 줬고, 돈 없는 아이들에게는 교육을 무상으로 제공했지. 먹을 것과 입을 것, 생활필수품도 정부가 배급했어. 너무나 궁핍하게 살아왔던 노동자와 농민은 레닌의 사회주의 정권을 지지했단다. 그러나 과연 이론대로 현실이 돌아갈까? 아니야. 현실은 이론과 달라도 너무 달랐어. 얼마 지나지 않아 정권에 대한 지지도가 크게 떨어졌지.

그런데, 왜 이론이 현실에 적용이 되지 않았을까? 이유는 아주 단순해. 일을 열심히 하는 사람이나 적당히 하는 사람이나 배급량이 모두 같았기 때문이야. 그렇다면 누가 열심히 일을 하겠니? 아무리 열심히 일해도 배급량이 같으니 열심히 일하는 사람이 없었어. 모두가 대충대충 일하다 보니 생산성은 곤두박질쳤지.

레닌은 어쩔 수 없이 자본주의 방식을 부분적으로 도입하기로 했어. 1921년 소규모의 상업 활동을 허용하고, 여러 경제 규제를 푸는 신경제정책<sup>NEP</sup>을 시작한 거야. 이게 무슨 뜻인지 아니? 그렇게도 자본주의를 비난하던 소련이 자본주의를 수용했다는 얘기야. 다시 말하면, 정통 사회주의를 위반한 거지. 당연히 공산당 내부에서 치열한 논쟁이 오갔어.

이때 레닌이 주장한 새로운 이론이 바로 일국 사회주의 이론이야. 사회주의 운동의 캐치프레이즈는 "만국의 노동자여. 단결하라!"였어. 마르크스주의에 따르면 사회주의는 한 나라에서 성공한다 해도 다른 나라들이 사회주의 국가가 되지 않

는 한 완전한 사회주의는 아니었어. 어렵다고? 쉽게 말하자면, 사회주의는 요즘 말로 글로벌을 지향했다고 이해하면 돼. 바로 이 글로벌 사회주의를 레닌은 거부한 거야. 레닌도 나름대로 명분이 있었어. 세계 처음으로 만들어진 소비에트 러시아가 실패하면 안 된다는 거였지.

공산당 내부에서 권력 투쟁이 본격적으로 시작됐어. 1922년 스탈린이 공산당 총서기로 임명됐어. 그래. 러시아, 우크라이나, 벨로루시, 아제르바이잔, 아르메니아, 그루지야 등이 소비에트사회주의연방공화국, 즉 소련을 세운 바로 그해야.

1924년 레닌이 세상을 떠났어. 그나마 레닌은 혁명의 순수성을 믿었던 사람이야. 그러나 그의 후계자인 스탈린은 레닌과 차원이 달랐어. 차르에 비유하자면 니콜라이 2세와 비슷했다고나 할까? 그래, 스탈린은 독재자였단다.

스탈린은 자신에게 반대하는 사람을 모두 노동수용소로 보내거나 죽여버렸어. 자신과 함께 레닌의 후계자 후보로 거론됐던 트로츠키도 숙청해버렸지. 레닌 시절에도 공산당에 반대하는 정당의 활동은 금지됐지만, 스탈린은 그것으로도 모자라 비밀경찰을 동원해 공산주의 반대자를 일일이 찾아냈어. 우스갯소리로, 또는 술을 마시다 홧김에 정부를 비판했던 사람이 다음 날 실종되는 사건이 전국에서 발생했어. 그들은 모두 강제 노동수용소로 끌려갔단다.

신경제정책을 도입한 뒤 소련 경제는 크게 발달하는 것처럼 보였어. 금세 자본주의의 큰형님인 미국과 어깨를 나란히 할 수 있을 만큼 성장했지. 그러나 시쳇말로 무늬만 그랬어. 안을 들여다보면 일반 민중의 생활은 여전히 궁핍했지. 분명 소련의 경제는 성장하는데, 왜 민중은 그렇지 못했을까?

1928년 스탈린은 중화학공업을 육성하기 위해 제1차 5개년 계획을 시작했어. 그러나 이 계획은 국가의 기간산업을 발전시키기 위한 장기 발전 계획이야. 서민들의 삶을 개선하려면 생활필수품이 많이 공급돼야 해. 이런 제품을 만드는 산업은 중화학공업이 아니라 경공업이야. 소련은 경공업을 거의 육성하지 않았단다. 당연히 국민들은 생필품이 모자라 허덕일 수밖에 없었지.

스탈린은 9년 후 농업 분야에도 손을 댔어. 국민들로부터 모든 농지를 몰수해 집단농장을 만든 거야. 농지를 빼앗긴 농민들은 콜호스라는 집단농장에서 살아야 했단다. 스탈린 자신은 사회주의 개혁을 한다고 생각했겠지? 집단으로 농사를 지으면 농업 생산량이 늘어난다고 판단했을 거야. 그러나 민중들도 그렇게 생각했을까? 천만에!

지주가 아닌 평범한 농민들은 예전부터 이념과는 아무런 상관없이 홀로 자유롭게 농사를 지으면서 살았어. 사회주의자들이 타도하려고 했던 대상도 이런 농민이 아니라 대지주들이었어. 그런데 스탈린은 평범한 농민들까지 모두 잡아 족쳤던 거야. 어느 날 정부가 "네가 가지고 있는 땅을 다 내놔"라며 요구한다고 생각해봐. 그것도 모자라 "이제 너희들은 정해진 농장에 가서 다른 사람들과 함께 살면서 농사를 지어야 해!"라고 강요한다고 생각해봐. 이런 상

콜호스 소련의 집단 농장이다.

황이 소련의 농민들에게 실제 벌어졌는데, 저항하지 않을 농민이 어디 있겠니? 그러나 스탈린은 눈도 깜짝하지 않았어. 이러니 독재자 스탈린이라는 소리를 듣지 않겠어?

## 통박사의 역사 읽기

### + 수용소의 실상 드러나다

1973년 프랑스에서 러시아 작가 알렉산드르 솔제니친의 《수용소 군도》가 출간됐어. 서방 세계는 경악했지. 시베리아의 강제수용소 생활을 생생하게 묘사한 책이었기 때문이야. 소설이었냐고? 아니야. 알렉산드르 솔제니친 자신도 1945년에서 1963년까지 강제수용소에 갇힌 적이 있단다. 지인에게 보내는 편지에서 스탈린을 비판했는데, 검열 과정에서 들켜 강제수용소에 끌려갔던 거야. 솔제니친은 1974년 소련으로부터 추방당해 미국으로 망명을 떠나야 했어. 자신을 추방했지만 조국은 그래도 조국! 1994년 그는 망명 생활 20년 만에 러시아 시민권을 되찾았지. 솔제니친은 《이반 데니소비치의 하루》와 《암 병동》으로 노벨문학상을 타기도 했단다.

### 무솔리니와 히틀러

제1차 세계대전이 끝난 1919년, 이탈리아에 새로운 정치 이념을 표방하는 정당이 나타났어. 바로 파시스트당이야. 이미 말한 대로 파시즘은 국가와 민족의 이익을 최고의 가치로 여기는 정치 이념이지. 개인의 이익과 국가 또는 민족의 이익이 충돌한다면? 당연히 개인이 희생해야 해. 국가와 민족이 잘되기 위해서라면 국민

한두 명의 희생쯤은 아무 문제가 되지 않는다고 생각하는 거지. 자국의 국민이 테러리스트에게 납치되면 어떻게든 구해내려고 정부가 애를 쓰는 오늘날과는 너무 다르지? 이 파시즘은 국가사회주의라고도 부른단다. 파시즘을 옹호하는 사람들은 파시스트라고 부르지.

사회주의와 비슷하다고? 비슷한 측면이 있기는 해. 다만 사회주의는 국가와 민족이 아니라 노동자의 이익을 최고의 가치로 여기지. 파시즘은 개인의 자유를 억압하는 전체주의에서 비롯됐지만, 사회주의는 개인의 자유를 열망하는 자유주의에서 갈라져 나왔다는 것도 다른 점이야. 그러나 결과는 사회주의나 파시즘이나 크게 다르지 않아. 소련의 역사를 보면 알겠지만 사회주의는 일인 독재로 이어졌

무솔리니(좌)와 히틀러  이들은 대외 팽창정책을 위해 제2차 세계대전을 일으켰다.

어. 파시즘? 마찬가지야. 무솔리니나 히틀러를 보면 역시 일인 독재였다는 걸 알 수 있지. 우연이었을까? 파시즘의 상징인 무솔리니와 히틀러는 젊었을 때 아주 잠시지만, 둘 다 사회주의 활동을 했단다. 흥미로운 대목이지?

자, 다시 파시즘으로 돌아가서….

파시즘이 가장 먼저 등장했고, 국민들로부터 전폭적인 인기를 얻은 나라는 이탈리아였어. 러시아에 소비에트 정권이 들어서고, 적군과 백군 사이에 치열한 전투가 벌어지던 1920년, 이탈리아에 무솔리니의 파시스트당이 나타나자 이탈리아 국민들이 열광하기 시작했어. 파시즘을 왜 지지했냐고? 그럴 만한 나름대로의 이유가 있었어.

제1차 세계대전이 터지기 전 이탈리아는 삼국동맹의 한 나라였지? 그러나 막상 전쟁이 터지자 잽싸게 노선을 바꿔 연합국의 편에 섰어. 독일과 오스트리아를 배신한 거야 의리의 문제지만, 어쨌든 이탈리아는 엄연한 승전국이었던 거야. 그러나 영국과 프랑스 같은 강대국들이 버티고 있었기 때문에 이탈리아에까지 '떡고물'이 떨어지지는 않았어. 오히려 이탈리아 경제는 좀처럼 바닥에서 헤어나지 못했지. 실업자는 급증했고, 생활필수품은 너무 부족했어.

이런 상황에서 무솔리니의 파시스트당이 "이탈리아를 강국으로 만들겠다!"라고 선동했으니, 모두 귀가 번쩍 뜨였어. 강력한 지도자가 나타나면 경제위기도 극복할 수 있고, 이탈리아도 강한 나라가 될 거야… 이탈리아 국민들은 이렇게 생각했던 거야. 국민들은 "무능한 왕은 물러가라!"며 시위를 벌였어. 국민들은 이미 무솔리니를 최고 지도자로 여기고 있었던 거야. 왕 비토리오 에마누엘레 3세의 선택은 하나밖에 없었어. 1922년 무솔리니는 쿠데타에 성공했고, 비토리오 에마누엘레 3세는 그를 총리에 임명했어. 무솔리니는 사실상 모든 권력을 장악했지.

　그다음은 충분히 예상할 수 있을 거야. 무솔리니는 파시스트당 외에 모든 당을 없애버렸고, 반대파들을 모두 찾아 제거했어. 무솔리니는 종교적 명분을 쌓기 위해 로마 교황 피우스(비오) 11세와도 타협을 했어. 무솔리니는 바티칸의 독립을 인정해줬고, 교황은 이탈리아 정치에 간섭하지 않기로 합의한 거야. 두 사람은 이 같은 내용의 라테란 협정을 체결했단다. 이탈리아의 파시즘은 절정을 향해 치닫고 있었어.

　이 무렵 이탈리아와 독일은 아주 비슷한 상황에 놓여 있었어. 전쟁 후 경제가 바닥을 기었고, 국민들은 강력한 지도자가 나타나 위기를 구해주기를 기원하고 있었지. 이탈리아에서 무솔리니가 나타나 국민의 욕구를 충족시켜줬다면, 독일 국민의 영웅은 바로 히틀러였어.

　1918년 11월, 독일 임시정부가 연합국에 항복하면서 제1차 세계대전은 끝났어. 다음 해 1월, 독일 역사상 처음으로 공화국이 들어섰지. 이 공화정부는 바이마르 지역에서 시작했기 때문에 바이마르 정부라고 불렀어. 바이마르 정부는 나름대로 전쟁 피해를 복구하려고 열심히 노력했지. 그러나 베르사유 조약은 독일에 너무 가혹했어. 바이마르 정부가 아무리 애를 써도 경제 사정은 나아지지 않았고, 전쟁 피해 배상금을 갚기도 벅찼어. 독일 국민의 삶은 더욱 궁핍해졌어. 사정이 이러니 독일 국민들이 누구를 원망하겠니? 바로 바이마르 정부야. 국민들은 이탈리아처럼 독일에서도 강력한 지도자가 나타나기를 원했지.

　바로 이때 ‘짠’ 하고 나타난 인물이 히틀러였어. 히틀러의 나치당(국가사회주의독일노동자당)은 1932년 선거에서 다른 정당을 누르고 제1당이 됐어. 무솔리니가 이탈리아의 수상에 임명되고 11년이 지난 1933년, 히틀러도 독일의 수상에 올랐어. 수상이 되고 나서 히틀러의 행적은 무솔리니와 비슷해. 나치당을 뺀 나머지 정당을 모두 없애버렸고, 바이마르 정부를 있으나 마나 한 존재로 만들어버린 거야.

1934년 8월, 바이마르 공화국의 대통령 힌덴부르크가 세상을 떠났어. 히틀러는 새로운 대통령을 뽑지 말자고 했어. 그럼 누가 독일을 이끌까? 히틀러는 "바로 나다!"라고 말했어. 히틀러는 곧 독일 총통에 올랐고, 독일을 제3제국이라고 선포했단다. 왜 제3제국이냐고? 중세의 신성로마 제국, 1871년 건국된 통일독일 제국의 뒤를 이어, 세 번째로 진정한 제국이 만들어졌다는 뜻이야. 제국을 통치하는 사람은 누구지? 황제야. 그래, 히틀러는 자신을 황제로 생각하고 있었어.

히틀러는 독일 민족이야말로 순수 게르만족이라고 생각했어. 반면 다른 민족, 특히 유대민족은 이 세상에서 없어져야 할 쓰레기 같은 민족이라고 생각했지. 사실 중세 때부터 유럽 전역에서 유대인은 박해를 받았어. 그러나 히틀러만큼 노골적으로 유대인을 적대하지는 않았지. 이 때문에 히틀러의 나치즘은 무솔리니의 파시즘보다 훨씬 파괴적이고 폭력적이며 야만적인 이념으로 받아들여진단다.

## ✚ 왕위를 버리고 사랑을 택하다

에드워드 8세와 심프슨 부인

파시즘의 이야기만 계속 읽다 보니 좀 우울해지니? 기분 전환도 할 겸 이 무렵 탄생한 세기의 로맨스를 들려줄게. 1937년 6월 3일, 영국 왕 에드워드 8세는 이미 두 차례나 결혼한 미국인이자 평민 출신인 이혼녀 심프슨 부인과 결혼했어. 왕실이 허락했냐고? 당연히 아니지. 둘의 사랑은 결혼하기 2년 전부터 알려졌는데, 에드워드 8세는 결혼을 포기하라는 압력을 받아왔어. 1936년 12월 11일, 에드워드 8세는 라디오 방송에서 "사랑하는 그녀 없이는 살 수 없다"라고 고백하고 왕의 자리에서 물러났어. 평범한 여성을 사랑해 왕의 자리를 박찬 사나이. 멋있지 않니? 아참, 왕의 자리는 동생인 조지 6세에게 넘어갔단다.

## 대공황과 파시즘의 성장

다른 유럽 국가들이 보기에 무솔리니와 히틀러는 미치광이에 가까웠을 거야. 그러나 이들은 이탈리아와 독일에서는 영웅이었어. 영웅은 사회가 혼란스러울 때 등장하는 법이지. 만약 이탈리아와 독일의 경제 사정이 조금만 더 좋았더라면 민중들은 "쟤들이 무슨 소리를 지껄이는 거야?"라며 등을 돌렸을 거야. 그랬다면 미치광이 영웅은 발 디딜 땅조차 없었겠지.

제1차 세계대전이 끝난 후의 경제 사정은 이미 여러 번 말했으니 더 이상 거론하지 않겠어. 너무 좋지 않았다는 것만 알아둬. 독일보다 이탈리아가 전체적으로는 조금 나아 보였어. 그러나 독일 바이마르 정부가 경제를 부흥시키려는 노력을 많이 한 것은 사실이야. 마침 미국에서도 바이마르 정부에 차관을 제공해 경제 부흥에 힘을 실어줬어.

처음에는 바이마르 정부를 믿지 않았던 독일 국민들도 한마음이 됐어. 그들은 나라를 재건하기 위해 모든 힘을 합쳤어. 그 결과 1925년쯤부터 정말로 독일 경제가 서서히 살아나기 시작했어. 사회가 안정되면 선동 세력이 사라지는 법. 1920년

**암흑의 목요일** 미국의 주가 폭락으로 시작된 경제위기는 사상 유례없는 전 세계적인 대공황으로 이어졌다.

대 초반에 인기를 얻었던 나치당의 인기는 금세 시들해졌어. 그러나 바이마르 정부의 모든 노력이 물거품이 돼버리는 사건이 터졌어. 바로 세계대공황이지.

세계대공황의 진원지는 미국이었어. 1929년 10월 24일, 미국 뉴욕의 월스트리트에 대혼란이 시작됐어. 모든 주식이 일제히 폭락했고, 주가가 다시 오를 기미는 보이지 않았어. 이날이 목요일이었기 때문에 이 사건을 '암흑의 목요일'이라고 불러.

금요일에 암흑이 걸혔다면 아마 암흑의 목요일이라고 부르지도 않았을 거야. 오히려 암흑은 더욱 짙어갔어. 주식시장 폭락에 이어 미국 경제가 풍비박산이 난 거야. 하루에 수천 개의 기업이 문을 닫았고, 노동자들은 일자리를 잃었어. 돈이 돌지 않아 전국 5천 개의 은행이 문을 닫았어. 농민들도 땅을 담보로 주고 빌린 돈을 갚지 못해 땅을 빼앗겼어. 미국대공황이 시작된 거야.

미국대공황은 바로 이듬해부터 전 세계로 퍼져나갔어. 앞에서 살펴본 대로, 이미 전 세계 경제는 떼어놓을 수 없을 만큼 긴밀한 관계가 돼 있었기 때문이야. 미국 기업가들은 자신의 기업과 미국 경제를 살리려고 유럽에 투자한 돈을 회수했어. 그렇게 되면 유럽의 나라들은 어떻게 될까? 큰 자본이 한꺼번에 빠져나갔기 때문에 미국에서와 마찬가지로 기업과 은행이 도산할 수밖에 없겠지? 이 무렵 미국은 이미 전 세계 자본주의 국가들의 큰형님이었어. 큰형님이 '에취' 하고 기침을 하니까 유럽 국가들은 몸살에 걸리는 거지. 1930년부터 유럽에도 미국대공황의 여파로 공황이 시작됐어. 이 공황을 세계대공황이라고 부른단다.

파시즘은 바로 이 세계대공황을 거름삼아 다시 성장했어. 바이마르 정부와 국민들이 합심한 덕택에 가까스로 되살아나던 독일 경제가 다시 곤두박질치자 히틀러가 주목을 받게 된 거야. 독일을 강대국으로 만들겠다는 히틀러와 나치당의 인기는 급상승했어. 1928년 선거에서 나치당은 총 80만 표를 얻는 데 그쳤어. 그러나 2년 후인 1930년 선거에서는 무려 8배인 640만 표를 획득했지. 나치당 의석도 12석에서 107석으로 늘었어. 이미 알고 있는 것처럼 다시 2년 후인 1932년에는 나치당이 제1당이 됐고, 다시 1년 후에는 히틀러가 수상이 됐지.

안타까운 점은, 이때 여러 나라들이 어떻게든 독일의 경제를 도왔다면 제2차 세계대전은 일어나지 않았을 수도 있다는 거야. 생각해봐. 나치당이 군소정당에서 제1당이 되기까지는 그리 오랜 시간이 걸리지 않았어. 비정상적인 정당을 지지한 독일 국민들도 사실 정상은 아니었지. 그러나 그들을 욕할 수는 없어. 얼마나 먹고 살기가 힘들었으면 미치광이 영웅을 지지했겠니? 공황이 처음 발생한 미국은 뉴딜정책을 통해 서서히 정상을 되찾아가고 있었지만, 독일은 미래가 보이지 않았어. 결국 미국대공황과, 곧 이어진 세계대공황이 제2차 세계대전을 촉발시킨 이유라고 할 수 있지.

경제위기를 이용해 모든 권력을 장악한 히틀러는 거칠 게 없었어. 1935년 히틀러는 베르사유 조약을 더 이상 지키지 않겠다고 선언했어. 원래 베르사유 조약에는 독일이 군사 무장을 할 수 없도록 하는 여러 규정이 있었어. 히틀러는 그 규정을 모두 무시했고, 군대를 양성하기 시작했어. 국제연맹은 가만히 있었냐고? 국제연맹이 말로만 국제기구였지, 실제로는 있으나 마나 한 기구라고 했지? 히틀러가 아무리 도발을 해도 어찌할 도리가 없었던 거야.

바야흐로 파시즘 국가들의 기세가 등등해졌어. 히틀러에 이어 이탈리아도 도발하기 시작했지. 히틀러가 베르사유 조약 파기를 선언한 해, 무솔리니의 군대는 아프리카의 에티오피아를 공격했어. 앞에서 언급한 적이 있는데, 1896년 이탈리아가 에티오피아를 정복하려다가 실패한 적이 있지? 그때는 성공하지 못했지만 이번에는 무솔리니가 성공했어. 무솔리니는 에티오피아를 정복하고 "로마 제국이 부활했다!"라고 선포했어. 에티오피아 한군데만 정복해놓고 로마가 부활했다는 말은 좀 생뚱맞지 않니?

참고로 아시아의 파시즘 국가 일본에 대해서도 짧게 살펴볼게. 사실 국제연맹을 가장 먼저 무시했던 파시즘 국가가 일본이었단다. 1931년 일본이 만주사변을 일으키자 중국 정부가 국제연맹에 이를 항의했어. 국제연맹은 일본에게 철수할 것을 명령했어. 그러나 일본은 콧방귀를 뀌며 국제연맹을 탈퇴해버렸지. 히틀러와 무솔리니가 혹시 일본의 이런 도발을 보고 배운 것은 아니었을까?

## 프랑코와 에스파냐 내전

독일, 이탈리아, 일본 세 나라가 제2차 세계대전을 일으킨 전범국이란 건 알고 있지? 이 세 파시즘 국가가 가까워질 수 있었던 계기는 에스파냐 내전1936년~1939년 이었어. 결과부터 말하자면, 이 내전에서 히틀러와 무솔리니가 지원한 파시스트가 승리를 거뒀어. 우선 에스파냐에서 내전이 일어나게 된 배경부터 살펴볼까?

에스파냐의 전성기는 16세기 중후반의 왕 펠리페 2세 때야. 그 후 에스파냐는 급격하게 약해졌고, 유럽 변방의 작은 나라로 전락해버렸지. 자유주의자와 보수 지배층은 서로 수백 년간 싸웠어. 공화국이 됐다가 다시 왕정으로 돌아갔나 싶더니 다시 공화국이 되는 식으로 정치 체제도 여러 차례 바뀌었지.

독일과 이탈리아에서 파시스트들이 세력을 키우고 있던 1931년 4월, 에스파냐에 다시 공화국 정부가 들어섰어. 그러나 귀족 출신인 대통령은 급진적 개혁을 추진할 마음이 없었단다. 민중의 폭동이 뒤따랐지만 대통령의 마음을 움직이기에는 역부족이었어. 오히려 시간이 지날수록 정치권력은 파시스트들에게 더 집중됐지.

또다시 노동자들의 반란이 전국에서 일어났어. 보수 지배층은 이들을 무자비하게 진압했지.

개혁주의자들은 힘을 합치지 않으면 우익 정권을 타도할 수 없을 거라고 판단했어. 이렇게 해서 사회주의자와 자유주의자가 이념을 떠나 힘을 합치기로 했어. 러시아 혁명이 일어날 때와 비슷하지? 1936년 2월, 마침내 이 개혁그룹이 정권을 장악하고, 인민전선이라는 좌파 정부를 탄생시켰어. 에스파냐의 제2공화국이 시작된 거야.

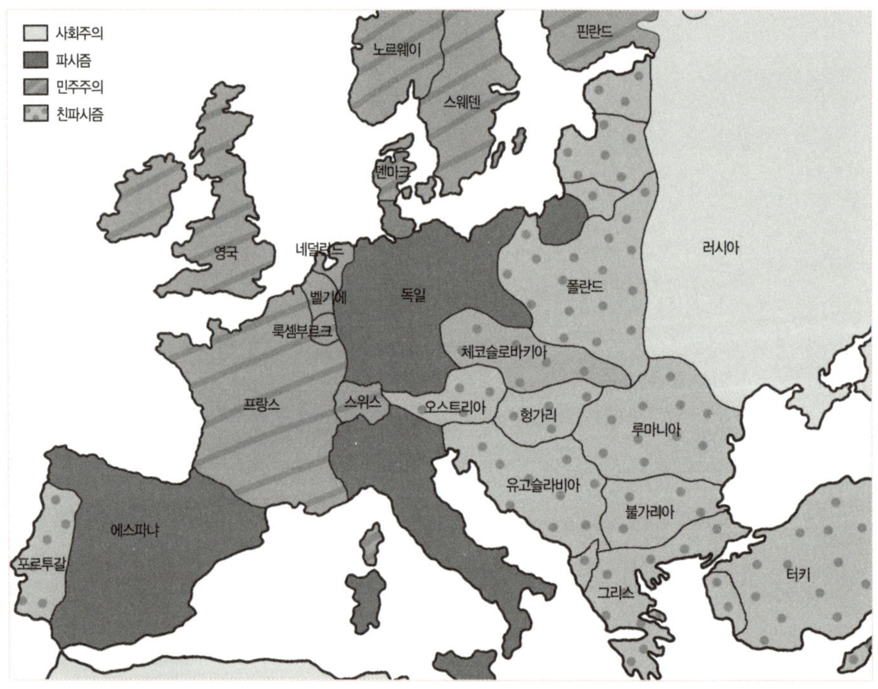


제2차 세계대전 직전의 정치 형태  1930년대 후반 독일, 이탈리아, 에스파냐는 파시즘 독재가 절정에 달했다. 민주주의 체제를 구축한 나라는 영국, 프랑스, 네덜란드, 덴마크, 스칸디나비아 3국 정도다. 나머지도 파시즘에 가까운 정치 형태로, 매우 어수선했다.

인민전선 정부는 대대적인 개혁을 추진하려고 했어. 그러나 이런 개혁은 극우 보수주의사들에게 위험천만한 일이지. 모든 기득권을 빼앗길 수밖에 없잖아? 곳곳에서 극우주의자들의 테러가 발생했어. 에스파냐는 극도로 혼란스러워졌어. 이런 마당에 리베라라는 인물이 파시즘을 추종하는 팔랑헤Falange당을 만들었어. 이 파시스트당은 귀족과 로마 가톨릭 교회 등 보수주의자들의 전폭적인 지지를 받았지.

그해 7월, 군부가 인민전선 정부에 반대하며 반란을 일으켰어. 이 반란을 시작으로 에스파냐는 햇수로 4년간 극심한 내란을 치르게 되지. 이 내란이 바로 에스파냐 내전이야.

반란군을 이끈 인물은 프란시스코 프랑코라는 군인이었어. 프랑코는 나이 서른에 장군이 될 만큼 탁월한 군인이었지. 그러나 1931년 공화국이 세워졌을 때 공화 정부를 반대한 걸 보면 군인 이전에 뼛속까지 보수주의자였던 것 같아. 우익 정부였던 제1공화국 정부도 반대했으니, 좌파 정부인 인민전선 정부를 좋아할 리가 없겠지? 프랑코는 인민전선 정부가 들어서자마자 쿠데타를 꾸미기 시작했어. 인민전선 정부는 프랑코를 위험인물로 판단하고, 카나리아 제도로 보내버렸지.

1936년 7월, 프랑코는 군대와 함께 모로코로 이동한 뒤 쿠데타를 선언했어! 파시스트 프랑코가 쿠데타를 선언했다는 사실이 알려지자 에스파냐 안에 있던 보수주의자들이 일제히 그를 지지했어. 인민전선 정부와 민중은 프랑코와 싸우기 전에 우선 이 국내 반란군들과 치열한 전투를 벌여야 했지. 그래도 이 전투에서는 인민전선의 군대가 승리를 거두고 있었어. 그러나 정작 힘겨운 싸움은 그다음부터야. 독일과 이탈리아의 도움을 받은 프랑코가 8월, 에스파냐 본국에 상륙한 거야.

바로 이 에스파냐 내전에서 파시스트의 국제협력이 처음 이뤄졌단다. 독일과 이탈리아는 프랑코에게 수만 명의 병사뿐만 아니라 전쟁 자금까지 지원했지. 파시

**프랑코** 좌파 정권이었던 인민전선 정부를 무너뜨리고 군부 독재국가를 건설했다.

즘이 국적을 넘어 똘똘 뭉친 반면 인민전선 정부는 다른 나라들로부터 아무런 지원을 받지 못했어.

유럽의 최고 강대국이었던 영국은 "에스파냐 내전에 간섭하지 않겠다!"라고 선언했어. 만약 에스파냐의 인민전선 정부가 좌파가 아니었다면? 틀림없이 영국은 군사 지원을 했을 거야. 어쨌든 영국은 완강하게 에스파냐 지원을 거절했고, 프랑스도 인민전선 정부를 도우려다 영국의 눈치를 보며 슬쩍 발을 뺐어. 소련이 인민전선 정부에 무기를 지원하고, 코민테른이 의용군을 파견한 게 전부였지.

군사력에서 워낙 차이가 나는지라 승부는 이미 결정이 난 거나 다름없었어. 프랑코의 군대는 1939년 1월 바르셀로나를 함락시켰고, 3월에는 수도 마드리드까지 점령했어. 이로써 에스파냐 내전은 파시스트의 승리로 끝나고 프랑코는 8월 국가원수인 통령에 취임했단다. 영국과 프랑스도 프랑코 정권을 공식으로 인정했어. 그래, 파시즘이 승리를 거둔 거야.

에스파냐 내전이 진행되고 있을 때 생긴 사건 하나를 기억해둘 게 있어. 프랑코가 에스파냐에 상륙하고 얼마 지나지 않은 지난 1936년 10월, 이탈리아와 독일은 베를린-로마 추축협정을 맺었단다. 이 협정을 통해 독일은 이탈리아의 에티오피아 정복을 인정했고, 이탈리아는 독일이 오스트리아로 진출하는 것을 묵인하기로 했어. 두 나라의 수도가 같은 경도에 있기 때문에 추축이란 말이 붙었지. 그해 11

월에는 독일과 일본이 소련과 공동 대응하기 위해 방공협정을 체결했고, 이듬해 11월에는 이탈리아가 이 방공협정에 동참했어. 이로써 세 파시즘 국가가 한자리에 모이는 데 성공했지. 세 나라는 에스파냐에서 파시즘이 성공하는 걸 목격했어. 그렇다면 그다음 행동은? 세계를 상대로 전쟁을 하는 거지. 그래, 제2차 세계대전이 터진 거야.



### + 〈게르니카〉의 비극

1937년 4월, 프랑코를 지지하는 독일 공군은 에스파냐 바스크의 게르니카라는 마을에 대대적인 폭격을 했어. 그곳에 군사기지가 있었냐고? 아니야. 새로 개발한 무기의 성능을 테스트하기 위한 폭격이었어. 무려 2천여 명의 주민이 목숨을 잃었단다. 피카소의 작품 〈게르니카〉가 파시즘의 이때 만행을 캔버스에 옮긴 거란다. 에스파냐 내전에는 유럽의 지식인들도 정의감에 불타 의

피카소

용군으로 참전했단다. 프랑스의 문화부 장관까지 지냈고 《정복자》《인간의 조건》 등의 작품을 남긴 앙드레 말로, 《노인과 바다》《무기여 잘 있거라》 등의 작품으로 퓰리처상과 노벨문학상을 탄 미국의 대문호 어니스트 헤밍웨이, 《동물농장》《1984년》 등의 작품을 쓴 영국의 조지 오웰이 대표적인 인물들이지.

# 제2차 세계대전의 발발

제1차 세계대전이 끝나고 채 30년도 지나지 않았는데, 인류는 또다시 세계대전의 회오리에 휩싸이게 됐어. 제1차 세계대전은 본질적으로 제국주의 전쟁이었지? 제2차 세계대전은 좀 달라. 파시즘 국가들과 반파시즘 국가들의 전쟁이었지.

유럽의 관점에서 보면 제2차 세계대전은 1939년 9월 시작됐어. 그러나 세계 전체적으로 본다면 일본의 만주사변이 터진 1931년 9월, 이미 세계대전의 조짐이 보이기 시작됐다고 할 수 있지. 이때 일본이 군대를 철수하라는 국제연맹의 지시를 무시하며 탈퇴해버렸어. 그 후 독일은 베르사유 조약을 휴지조각으로 만들었고, 이탈리아는 에티오피아를 침략했어.

1936년 7월에 터진 에스파냐 내전은 세계대전이 임박했음을 느낄 수 있게 하는 전쟁이었어. 이듬해 7월에는 일본이 중일전쟁을 일으켰어. 아시아 학자들은 중일전쟁이 터진 시점을 제2차 세계대전의 시작 시점으로 본단다. 비슷한 시기에 히틀러는 세계 침략 계획을 세우기 시작했어. 바로 여기서부터 시작할 거야.

## 제2차 세계대전과 파렴치한 소련

히틀러는 세 파시즘 국가가 연합전선을 구축한 1937년 11월, 오스트리아와 체코슬로바키아를 합병하기로 결심했어. 드디어 독일이 전쟁을 일으키려는 거야. 사태가 긴박하게 돌아가는 것 같지? 그러나 영국과 프랑스는 아무런 조치도 취하지 않았단다. 아직까지도 히틀러가 얼마나 위험한 인물인지 모르는 것일까?

이듬해 3월, 히틀러는 자신의 계획에 따라 오스트리아를 합병해버렸어. 오스트리아를 삼켰으니, 그다음 목표는 체코슬로바키아가 되겠지? 히틀러는 체코슬로바키아 보헤미아 지방의 수데텐란트를 내놓으라고 요구했어. 그 지역에는 독일인들이 살고 있기 때문에 독일의 영토가 돼야 한다는 거야.

영국과 프랑스는 이 요구를 들어줘서는 안 됐어. 하지만 이 강대국들은 칭얼대는 어린아이에게 떡을 주듯 히틀러를 달래면 더 이상 침략을 하지 않을 거라고 생각했지. 잘못 판단한 거야. 영국의 총리 체임벌린을 중심으로 강대국들은 9월 뮌헨회담을 갖고, 히틀러에게 이 지역을 넘겨줬단다.

어린아이에게 떡을 하나 주니 두 개 더 달라고 떼를 부릴 때가 있지? 히틀러가 그랬어. 1939년 3월, 체코슬로바키아를 해체해버린 히틀러는 이윽고 폴란드의 일부 영토와 단치히를 내놓으라고 했어. 그제야 영국과 프랑스는 히틀러의 요구를 무한정 들어줘서는 안 된다는 걸 깨닫고, 폴란드를 돕기로 했지.

폴란드에 영국, 프랑스, 독일이 모두 개입하자 팽팽한 긴장감이 흘렀어. 이 상황에 긴장한 또 하나의 나라가 있었어. 바로 소련이야. 소련은 폴란드에서 전쟁이 터지면 불똥이 자기 나라로 튈까봐 걱정했어. 히틀러는 바로 이 점을 이용했어. 1939년 8월, 히틀러는 소련과 서로 침략하지 않기로 합의하고 불가침 조약을 체결했어.

독일과 소련 사이에 불가침 조약이 체결됐다는 소식은 전 세계를 놀라게 했어. 두 나라 사이에 싸우지 않기로 했다는 것은 곧 독일이 전면전을 치를 모든 준비를 끝냈다는 뜻이야. 영국과 프랑스가 그렇게도 히틀러를 달랬건만, 지금까지의 노력은 모두 무용지물이 됐다는 얘기가 되지. 독일과 연합전선을 맺기로 한 일본은 독일과의 관계를 청산하겠다며 강력하게 반발했어. 일본은 소련을 침략할 계획이었는데, 두 나라가 불가침 조약을 체결했다면 일본이 소련을 침략해도 독일의 도움을 받을 수가 없잖아?

그러나 누구보다 이 사건에 충격을 받은 사람들은 바로 사회주의자들이었어. 그들은 파시즘과 사회주의 이념이 한편이 될 수 있을 거라고는 상상도 못했어. 그렇기 때문에 소련이 사회주의 이념을 배신하고 파시즘과 타협했다는 사실을 믿을 수 없었지. 결국 그 어떤 이념도 국익 앞에서는 어쩔 수가 없나봐.

자, 히틀러는 세계대전을 치르기 위한 모든 준비를 끝냈어. 그가 노린 타깃은 폴란드였지. 1939년 9월 1일 새벽 5시, 독일은 폴란드에 선전포고를 하고 군대를 진격시켰어. 영국과 프랑스도 맞받아쳤어. 독일이 폴란드를 침공한 이틀 후인 9월 3일, 두 나라는 독일에게 선전포고를 했어. 이로써 제2차 세계대전1939년~1945년이 시작됐단다.

히틀러의 군대는 강했어. 기갑부대의 공격에 폴

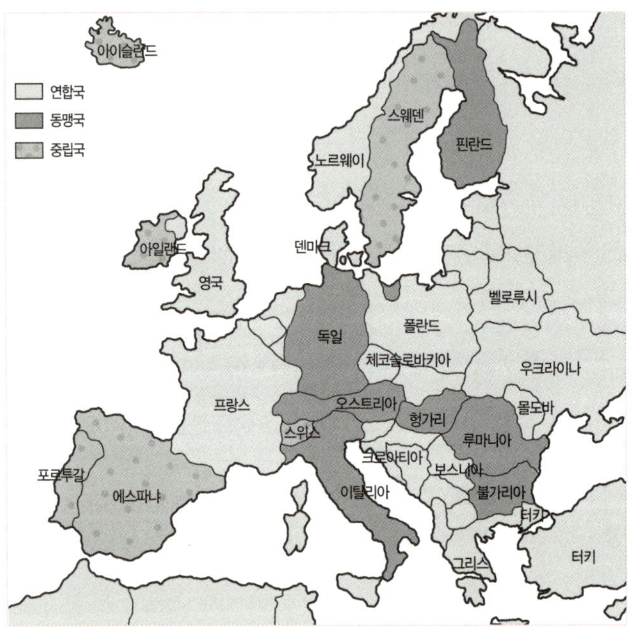


제2차 세계대전 연합국과 동맹국  독일의 편에서 이탈리아, 핀란드 등 5개국이 싸웠다. 히틀러와 같은 파시즘 국가인 에스파냐를 비롯해 포르투갈, 스위스, 스웨덴, 아일랜드는 중립을 지켰다. 나머지 나라는 모두 연합국으로 참전했다.

란드는 순식간에 무너지고 말았지. 전투가 시작된 지 고작 2주일밖에 안 됐는데 폴란드는 독일 군대에게 항복했단다. 이제 폴란드 전체가 독일의 수중에 떨어질 위기를 맞았어. 그런데 뜻밖의 상황이 터졌어. 독일과 불가침 조약을 체결한 소련이 움직인 거야. 폴란드를 도왔냐고? 천만에. 9월 17일, 소련도 폴란드를 공격했어! 소련은 독일과의 불가침 조약을 어긴 게 아니었어. 9월 28

**페탱** 제1차 세계대전의 영웅이었으나 제2차 세계대전에서 독일과 협력한 비시 정부의 수반이 되었다.

일, 두 나라는 폴란드를 사이좋게 나눠 가졌어. 제1차 세계대전 후에 폴란드는 겨우 독립을 얻어냈었지? 채 30년도 안 돼 다시 나라가 분리되는 비극을 맞은 거야.

이때의 소련은 말 그대로 철면피였어. 폴란드 땅을 독일과 나눠가진 것만으로는 부족했는지, 발트 해로 진격해 라트비아, 에스토니아, 리투아니아의 발트 3국을 점령해버린 거야. 물론 이 세 나라가 러시아의 속국으로 전락하지는 않았어. 그러나 이 세 나라는 소련과 상호원조 조약을 체결함으로써 소련의 군사기지 역할을 해야 했단다. 이쯤 되면 사실상 소련에 정복된 셈이지.

소련은 핀란드에도 집적거렸어. 1939년 11월, 두 나라는 세계대전 외중에 따로 전쟁을 벌였지. 소련이 "독일이 침략할 염려가 있으니 사전에 위험을 차단해야 한다!"며 핀란드를 공격한 거야. 이 전쟁을 소련-핀란드 전쟁이라고 부르는데, 전력이 강한 소련이 당연히 승리했어. 소련은 핀란드의 남부 지역과 카렐리야 지협을 빼앗아갔단다.

소련의 파렴치한 행동은 이것으로 끝나지 않았어. 1940년 6월에는 루마니아로부터 영토의 일부를 빼앗았단다. 이 때문이었을까? 루마니아는 독일, 이탈리아와 가깝게 지냈어. 소련은 이어 7월에는 발트 3국을 소련 연방에 편입시켜버렸어.

이처럼 소련이 북유럽과 동유럽을 휩쓸고 있을 때 독일은 의외로 큰 전투를 벌이지 않았어. 폴란드를 점령한 1939년 9월부터 이듬해 4월 무렵까지는 연합군과 독일 군대가 크게 충돌하지 않았어. 이 때문에 이 시기를 '기묘한 전쟁'이라고도 부른단다.

 ## 통박사의 역사 읽기

### ✚ 마지노선을 사수하라!

오늘날 도저히 물러설 수 없는 상황을 말할 때 "여기까지가 마지노선이다!"라고 말하지? 이 마지노선은 원래 벨기에에서 스위스에 이르는 총 750킬로미터의 방어 요새 이름이야. 프랑스가 독일의 침략에 대비해 10년에 걸쳐 지은 난공불락難攻不落의 요새였지.

마지노선의 알자스 요새

1936년에 완공된 마지노선은 첨단 전차의 공격도 견딜 수 있는 방어 시설은 물론이고, 만약의 사태를 대비해 완벽한 대피 시설까지 갖춰져 있었대. 영국과 프랑스는 독일 군대가 이 마지노선을 결코 뚫을 수 없을 거라고 생각했어. 그 때문에 독일 군대에 대해 별 대응을 하지 않았던 거야. 어쩌면 독일도 이 마지노선을 공략할 방법을 찾느라 반 년 넘게 침묵했던 건지도 모를 일이지. 이 침묵은 1940년 4월 와장창 깨져버렸어.

## 히틀러의 전성시대

이 무렵 유럽 지도를 잠시 살펴볼까? 어떤 나라가 독일과 이탈리아 편에 섰는지 알아야겠지?

핀란드는 소련에게 빼앗긴 영토를 되찾기 위해 독일 편에 섰어. 히틀러 군대가 소련을 침략할 때 핀란드 군대도 동참했던 거야. 좀 있다가 살펴보겠지만, 이 전투에서 독일이 패했어. 핀란드가 소련과 싸웠던 소련-핀란드 전쟁은 핀란드의 패배로 끝났지? 핀란드는 발트 해 주변의 섬과 카렐리야 지방을 소련에 넘기고 1952년까지 배상금을 갚아야 했단다. 핀란드와 달리 덴마크, 노르웨이, 스웨덴 등 북유럽 국가들은 중립을 선언했어. 그러나 스웨덴 빼고는 모두 히틀러의 독일군에 점령당하고 말았지.

헝가리는 제1차 세계대전 때 오스트리아의 편에 서 있었기 때문에 영토의 절반 이상을 잃었어. 이 땅을 찾기 위해 헝가리는 독일과 가까이 지냈지. 루마니아도 소련에게 빼앗긴 땅을 되찾기 위해 독일과 가까이 지냈어. 이 나라의 지배층이 파시스트였기 때문에 독일과 이탈리아를 추종했던 거야. 불가리아는 전쟁이 터진 후 독일의 압력을 이기지 못하고 독일 편에 선 경우야. 자, 이제 제2차 세계대전 추축국의 윤곽이 섰지? 독일, 이탈리아, 루마니아, 헝가리, 불가리아, 핀란드가 그 나라들이야.

자, 다시 1940년 4월로 돌아왔어. 드디어 독일 군대가 오랜 침묵을 깨고 유럽의 북서부로 돌격했어. 바로 이달에 독일군은 벨기에, 덴마크, 노르웨이를 점령했단다. 비로소 영국과 프랑스 연합군이 적극적으로 독일 군대에 맞서면서 치열한 전투가 벌어졌어. 그전까지만 해도 적극적이지 않았던 영국과 프랑스가 갑자기 태도를 180도 바꾼 이유는 뭘까? 히틀러의 나치즘이 얼마나 위험한지를 뒤늦게 알아서? 그건 아니야. 1940년 5월 영국의 수상이 바뀌었어. 어린 아이에게 떡을 주듯 히틀러를 달랬던 체임벌린 내각이 물러가고 새로이 윈스턴 처칠의 내각이 들어선 거지. 처칠은 히틀러에게 강경하게 맞서야 한다고 주장했던 인물이란다. 그런 사람이 수상이 됐으니 독일과의 충돌이 본격화된 거지.

독일의 기갑부대가 침묵을 깨고 벨기에를 기습 공격한 데 이어 덴마크와 노르웨이까지 점령한 게 처칠이 영국 수상에 오를 무렵이었어. 독일 군대는 곧바로 프랑스로 진격했지. 프랑스는 무척 당황했어. 철석같이 믿었던 마지노선이 뚫리다니…. 그러나 사실은 독일 군대가 마지노선을 돌파한 게 아니었어. 독일 군대는 마지노선을 빙 둘러 벨기에를 거쳐 프랑스로 들어왔던 거야. 프랑스가 160억 프랑이나 들여 건설한 마지노선은 결국 아무짝에도 쓸모없게 된 거지.

6월 14일, 독일군은 마침내 프랑스의 수도 파리를 함락시켰어. 독일군은 이어 프랑스의 북부 지역을 모두 장악했어. 남부가 남아 있기는 하지만 그곳에는 독일의 앞잡이, 즉 괴뢰 정부인 비시 정부가 들어섰어. 사실상 프랑스 전체가 독일에게 점령당했다고 볼 수 있는 거지. 그나마 프랑스 남부 지역도 1942년 독일이 점령해 버렸단다.

비시 정부의 초대 총리는 페탱이란 인물이었어. 페탱은 제1차 세계대전에서 혁혁한 공을 세운, 프랑스의 영웅이었단다. 그 공로를 인정받아 1934년에는 프랑스 국방장관까지 지낸 인물이었지. 그랬던 사람이 프랑스가 독일에 점령당하자 180도 태도를 바꿔 독일에 협력한 거야. 천 길 물속은 알아도 한 길 사람 속은 모른다는 옛말이 하나도 틀리지 않지?

매국노 페탱이 있었다면, 투사 샤를 드골도 있었어. 드골은 제2차 세계대전이 끝난 후 프랑스의 대통령이 된 인물이지. 페탱이 비시 정부를 이끌며 반역 행위를

하고 있을 때, 드골은 영국 런던으
로 피신한 뒤 자유프랑스위원회를
조직해 독립투쟁을 벌였단다. 너무
나 대비되는 대목이지? 영국 수상
처칠은 당연히 드골의 편에 섰고,
비시 정부를 인정하지 않았어. 그러
나 미국은 비시 정부를 인정했단다.
유럽과 멀리 떨어져 있어 별 상관
이 없다고 생각했던 것일까? 어쨌
든 이 점 때문에 영국과 미국이 한
때 갈등을 벌이기도 했단다.

드골 제2차 세계대전에서 자유프랑스위원회를 이끌고 독일
에 항전했다.

　자, 이제 유럽 지도가 얼마나 달
라졌는지 확인해볼까? 독일은 동과 남으로 오스트리아, 폴란드, 체코슬로바키아
를 점령했어. 북쪽으로는 덴마크, 노르웨이를 점령했고 서쪽으로는 벨기에, 네덜
란드, 프랑스를 점령했어. 지중해의 이탈리아와는 동지였고, 이베리아 반도의 에
스파냐도 중립을 표방하기는 했지만 사실상 파시즘 동지였지? 그러니까 이 두 나
라는 어차피 정복의 대상이 아니었어. 그렇다면, 영국을 빼고 유럽의 서쪽, 북쪽을
모두 차지했고, 동쪽의 일부를 차지한 셈이야. 그래, 사실상 유럽을 거의 정복한
거나 마찬가지였어!

　그러나 히틀러는 영국이 맘에 걸렸어. 히틀러는 제2차 세계대전을 일으키기 전,
소련과 불가침 조약을 체결했지? 히틀러는 그때 이미 영국과도 싸우지 않기 위해
불가침 조약을 맺자고 제안했었단다. 영국이 동의하지 않아 뜻을 이루지 못했던

거야. 그때도 이루지 못한 일을, 철저한 반히틀러주의자인 처칠이 수상으로 있는 상황에서 이룰 수 있겠니? 당연히 영국과의 협력은 꿈도 꾸지 못했어.

협력관계가 안 되면 무력으로! 1940년 7월, 독일 공군이 영국의 공군기지를 폭격하기 시작했어. 그러나 영국의 공군은 좀처럼 제압당하지 않았고, 여전히 독일에 큰 위협이 됐지. 히틀러는 영국 공군을 제압하는 게 쉽지 않다는 걸 깨닫고는 전략을 수정했어. 공군기지가 아니라 영국의 중심지를 공격하자! 9월, 독일 공군은 런던 시내를 폭격했어. 이쯤 되면 영국의 기가 죽을 만도 하지? 그러나 처칠은 꿋꿋했어. 오히려 독일에 대한 영국 사람들의 적개심만 키웠지.

영국 시내 폭격이 한창이던 9월 독일은 이탈리아, 일본과 방공협정에 이어 삼국동맹을 체결했어. 어느 한 나라가 공격을 받으면 나머지 두 나라가 함께 싸워주기로 한 거지. 이로써 베를린-로마-도쿄로 이어지는 삼국추축이 최종 완성됐단다.

이 와중에 독일은 또 하나의 야망을 키우고 있었어. 소련을 정복해 세계 최대의 동방 제국을 만든다는 거였지. 불가침 조약을 맺지 않았냐고? 히틀러는 애초에 조약 따위는 지킬 마음도 없었어. 서유럽을 장악할 시간을 벌기 위해 소련과 불가침 조약을 체결했을 뿐이야. 독일 공군이 영국 본토를 마구 폭격하던 8월, 독일은 발칸 반도로도 진격했어. 소련 침략을 슬슬 준비하기 시작한 거야. 독일은 루마니아, 헝가리, 불가리아를 모두 제압하고 나서 동맹국에 포함시켜버렸어.

자, 다시 영국으로 돌아가서…. 독일은 영국을 제압하는 데 성공했을까? 아니야. 끝내 히틀러는 처칠을 이기지 못했어. 히틀러는 어쩔 수 없이 영국 공습 작전을 중단했지. 대신 소련 침공 계획을 세우기 시작했어.

이 무렵 이탈리아도 본격적으로 전쟁에 뛰어들었어. 10월, 무솔리니는 그리스를 전격 침략했어. 그러나 이탈리아 군사력은 별로 신통치 않았나봐. 그리스의 반격에 이탈리아 군대가 오히려 패배했단다. 만약 이때 히틀러가 돕지 않았더라면, 이탈리아는 제대로 기도 펴보지 못하고 무너졌을 거야. 히틀러는 삼국동맹의 정신에 따라 즉각 군대를 보내 사태를 수습했어. 그리스의 모든 영토는 1941년 5월, 독일의 수중에 들어갔단다.

### 파시즘의 몰락

제1차 세계대전의 판도를 확 바꾼 나라는 미국이었어. 그러나 제2차 세계대전 때는 미국의 참전이 전세를 역전시키지는 못했어. 미국이 처음부터 직접 전투에 참여한 것도 아냐. 1941년 3월, 유럽 국가들에게 무기를 빌려주는 법안을 통과시킨 게 전부였지. 그래도 이 법안에 따라 미국은 전쟁이 끝날 때까지 5백억 달러의 군수 물자를 빌려줬기 때문에 연합군에게는 든든한 힘이 됐단다.

미국이 아니라면 독일의 힘을 꺾은 나라는 어디였을까? 바로 소련이었어. 아니, 엄밀하게 말하면 무모한 공격을 개시한 히틀러 자신이 독일의 세계 정복을 막았다고 할 수 있지. 역시 소련은 난공불락의 요새였어.

1941년 6월, 독일은 사상 최대의 병력을 동원해 소련을 침공했어. 병사 수만 3백만 명이었고, 보병사단이 118개, 기계화사단이 15개, 전차사단이 19개였어. 소련 침공에 동원된 전차만 3,600대였고 2,700대의 항공기가 하늘을 맡았어. 히틀러는 나폴레옹 전쟁의 역사를 충분히 알고 있었을 거야. 그렇기 때문에 만반의 준비를 했고, 자신은 나폴레옹과 달리 충분히 소련을 정복할 수 있을 거라고 믿었지. 과연 그랬을까?

소련과의 전쟁 초기 모습은 나폴레옹 전쟁과 아주 흡사했어. 독일군은 거칠 것 없이 소련 깊숙이 진격했지. 독일군은 10월 모스크바 부근까지 당도했어. 모스크

바는 이미 겨울이었어. 나폴레옹 전쟁의 악몽이 떠오르지? 정말 그랬어. 그때의 역사가 되풀이된 거야! 소련군은 날씨가 더 추워질 때까지 후퇴만 했어. 독일군은 더욱 깊숙이 진격했지. 마침내 12월이 됐어. 살을 에는 추위에 독일군은 지치기 시작했어. 이때다! 소련군의 반격이 시작됐어. 그 결과는 나폴레옹 전쟁 때와 똑같았어. 독일은 많은 병사를 잃고 소련에서 겨우 빠져나왔단다.

이쯤에서 다른 전선을 잠시 살펴볼까? 이탈리아는 있으나 마나 한 군대였고, 일본을 봐야 해. 소련에서 독일 군대가 고전하고 있던 12월, 일본은 하와이 진주만을 기습 폭격했어. 이 사건은 군수 물자만 빌려주던 미국을 본격적으로 제2차 세계대전으로 끌어들이는 계기가 되고 말았지. 이때의 폭격으로 미국의 태평양 함대가 치명적인 타격을 입은 거야. 미국은 더 이상 전쟁을 두고 볼 수만은 없었지. 미국과 일본의 태평양 전쟁이 시작된 거야!

그 후 몇 개월간 일본은 태평양 일대의 나라들을 차례차례 정복했어. 독일도 소련에서 패하기는 했지만 나머지 지역에서는 여전히 잘 싸우고 있었지. 그러나 추축국들의 전성기는 이걸로 끝이었어. 미국이 가세한 연합군의 반격이 곧 시작됐단다.

1942년 5월, 일본은 남태평양 오스트레일리아 북동부의 산호해에서 치러진 미국과의 코랄 해전에서 패했어. 6월에는 미국이

**미드웨이 해전** 진주만 기습 후 승승장구하던 일본은 이 해전을 계기로 주도권을 상실했다.

하와이 북서쪽 미드웨이 섬 앞바다에서 치러진 미드웨이 해전에서 또다시 일본을 대파했지. 일본은 두 차례의 패배로 큰 타격을 입고 비틀거리기 시작했어.

독일은 10월부터 주춤거리기 시작했어. 이때까지만 해도 독일은 유럽의 16개 나라를 정복한 상태였어. 전세의 역전은 유럽이 아니라 아프리카에서 시작됐어. 그전까지 아프리카 북부는 독일 기갑사단이 완전히 장악하고 있었지. 이 부대의 기갑사단장 로멜은 얼마나 작전을 잘 짰는지 '사막의 여우'라는 별명으로 더 많이 불렸단다. 이 천하의 로멜 장군이 몽고메리 장군이 이끄는 영국군에 패한 거야. 이어 11월에는 미국의 아이젠하워 장군이 이끄는 지원군이 아프리카 북부에 상륙했어. 연합군은 마침내 아프리카 북부를 탈환하는 데 성공했지.

그다음부터는 연합군의 연전연승連戰連勝이었어. 1943년으로 접어들어 1월에는 소련 군대가 독일 군대를 격파했고, 9월에는 영

❶ 노르망디 해안에 상륙한 연합군 ❷ 연합군의 파리 해방 1944년 6월 노르망디 상륙 작전 이후 11개월이 지난 1945년 5월, 독일이 항복했다.

미 연합군이 독일 군대를 아프리카와 지중해 유역에서 완전히 몰아냈어. 독일군은 점차 의욕을 잃어버리고 있었어. 게다가 무솔리니 정권도 연합군에게 항복하고 말았단다. 이미 전세는 연합군으로 기울고 있던 거야.

2차 세계대전 종전  종전을 축하하는 인파가 도시를 가득 메웠다.

1944년 6월, 미국의 아이젠하워 장군이 이끄는 영미 연합군이 프랑스 노르망디 상륙작전에 성공했어. 연합군은 독일의 군대를 격파하면서 유럽의 중심부로 진격했지. 프랑스 독립투사들이 여기에 가세했어. 8월, 연합군은 프랑스 파리를 되찾았어.

1945년 3월, 연합군은 독일 땅을 밟았어. 4월에는 소련군이 연합군에 가세했지. 무솔리니는 스위스로 도망치다 이탈리아 유격대에 붙잡혀 죽음을 당했어. 존경하던 파시스트가 죽자 히틀러도 희망을 잃었어. 히틀러는 연합군이 베를린으로 들어왔다는 소식을 듣고 자살로 생을 마감했단다. 이윽고 5월 7일, 독일은 연합군에게 무조건 항복을 선언했어.

이제 일본이 남았지? 일본은 미국이 맡았어. 미국 공군은 8월 6일 히로시마, 9일 나가사키에 원자폭탄을 투하했어. 일본도 결국 두 손을 들고 말았어. 일본의 전면 항복으로 6년에 걸친 제2차 세계대전은 끝났단다.

전쟁의 결과는 너무 비참했어. 수천만 명의 병사와 민간인이 목숨을 잃었고, 나치 독일에 의해 수백만 명의 유대인이 죽었어. 셀 수 없을 정도로 많은 사람들이 부상을 당했고, 전쟁 후유증에 시달려야 했지. 원자폭탄이 투하된 일본은 아수라장, 그 자체였어. 방사선에 노출된 많은 사람들이 고통을 겪었지. 제2차 세계대전은 인류 역사상 가장 큰 재앙이었단다.

## 통박사의 역사 읽기

### ✚ 히틀러를 암살하라!

2009년 개봉한 영화 〈발키리〉는 독일 육군 대령 슈타우펜베르크의 이야기를 담고 있어. 우리에게는 낯선 인물일지 모르지만, 오늘날 독일에서는 그를 모르는 사람이 거의 없다고 해도 과언이 아니야. 독일에서는 오래전부터 그를 소재로 한 드라마나 영화가 많이 만들어졌거든. 그는 독일에 충성스런 군인이었어. 북아프리카 전투에서는 한쪽 눈과 오른손을 잃기도 했지. 그러나 제2차 세계대전 막바지 히틀러의 광기를 보고는 히틀러를 없애야 독일과 유럽이 평화를 찾을 수 있다는 사실을 깨달았어. 1944년 7월 20일, 그는 히틀러를 제거하기 위해 폭탄을 장치했지만 안타깝게도 암살에는 실패했어. 결국 슈타우펜베르크는 총살당하고 말았단다.

## 국제연합의 탄생

제2차 세계대전을 일으킨 전범국은 독일, 이탈리아, 일본을 비롯해 불가리아, 헝가리, 루마니아, 핀란드, 타이 등 어쩔 수 없이 끌려간 나라까지 합해 총 8개국이야. 스위스, 스웨덴, 아일랜드, 포르투갈, 아프가니스탄, 에스파냐 등 6개국은 중립을 지켰지. 이런 나라들을 뺀 나머지 국가 대부분이 연합군으로 참전했어. 연합국은 무려 49개였어. 전쟁이 끝났으니 전후 질서를 새로이 확립해야겠지?

제1차 세계대전이 끝나고 나서 참전국들은 프랑스 베르사유 궁전에 모여 파리 강화회의를 가졌어. 그 결과 만들어진 게 베르사유 조약이었지? 그러나 제2차 세계대전은 단 한 차례의 회의만으로 교통정리를 끝낼 사안이 아니었단다. 미국, 영국, 소련, 중국 등 강대국의 대표들은 수시로 모여 제2차 세계대전 이후의 국제질서를 논의했어. 일일이 셀 수 없을 정도로 많은 국제회의가 열렸지. 지금부터 대표적인 국제회의에 대해서 간략하게 살펴볼게.

1942년 1월, 미국 대통령 루스벨트의 제안으로 연합국의 26개 대표가 워싱턴에 모였어. 아직 전쟁이 끝나기 전이었지? 연합국들은 전범국에 대해 모든 힘을 합쳐 싸우자며 연합국 선언을 발표했어. 이때 루스벨트는 국제연맹을 대신할 국제기구로, 국제연합<sup>UN</sup>을 만들자고 제안했지.

1943년 11월에는 미국, 영국, 중국의 세 정상<sup>루스벨트, 처칠, 장제스</sup>이 이집트 카이로에 모였어. 이 카이로 회담에서는 일본에 대한 대응방안을 논의했지. 세 정상은 일본에 대해서도 적극 전쟁을 벌이기로 합의했어. 일본의 속국이 된 한국의 자유와 독립을 보장하기로 약속한 것도 카이로 회담이란다.

카이로 회담 직후, 이란 테헤란에서도 회담이 열렸어. 이 회담에는 미국, 영국, 소련이 참석했어. 중국의 장제스 대신 소련의 스탈린이 참석한 셈이지. 이 회담에서 세 정상은 독일 군대를 확실히 응징할 수 있는 방법을 논의했어. 그 결과 나온 게 프랑스 노르망디 상륙작전이었지. 세 정상은 총사령관에 미국의 아이젠하워 장군을 임명했어. 이 회담은 12월에 끝났지.

1945년 2월, 테헤란 회담의 세 정상이 이번에는 크림 반도의 얄타에 다시 모였

어. 이 얄타회담에서 연합
국은 전쟁이 끝나면 미국,
영국, 프랑스, 소련 등 4개
국이 독일을 분할 통치하
기로 합의했어. 카이로 회
담에서 일본의 처리 방식
을 합의했다면 얄타 회담
에서는 독일의 처리 방식
을 합의한 셈이지.

**얄타 회담** 영국, 미국, 소련의 세 정상이 모여 전후 처리 방식을 논의했다.

같은 해 7월 미국, 영국, 소련의 세 정상이 독일 포츠담에서 또 모였어. 소련은
스탈린이 나왔지만 미국과 영국은 그새 정상이 바뀌어 각각 트루먼과 애틀리가
회담장에 나왔단다. 이 포츠담 회담에서 전범국의 처리 방법에 대한 논의가 진행
됐어. 일단 독일의 무장을 해제하고, 전쟁 배상금을 내도록 하며 독일이 또 다른
위협을 주지 못하도록 중앙정부를 만들지 말자는 합의안이 나왔지. 그러나 세부적
인 내용은 자유주의 진영의 미국 영국과 사회주의 진영의 소련의 입장이 달랐어.

12월에는 미국, 영국, 소련의 외상외교부 장관들이 소련 모스크바에 모였어. 이 회
담은 세 명의 외상이 참가했기 때문에 모스크바 3상회의라고 불러. 이 회담에서는
한국의 신탁통치가 결정됐단다.

전쟁이 끝나려면 서류상으로 평화 조약을 체결해야 하는데, 이런 조약을 강화
조약이라고 불러. 1947년 2월 독일을 뺀 유럽의 전범국 5개국은 파리에서, 1951
년 9월 일본은 미국 샌프란시스코에서 연합국들과 강화 조약을 체결했어. 이제
공식적으로 모든 전쟁이 끝난 거야. 독일은 어떻게 됐냐고? 이게 아주 복잡해. 독

일은 다른 나라들과 달리 분단으로 연결됐단다. 이에 대해서는 나중에 다시 살펴볼게.

1945년 6월 26일, 미국 샌프란시스코에 모인 연합국 대표들이 국제연합 헌장에 서명했어. 이어 10월 24일 국제연합이 공식 출범했지. 현재 국제연합본부는 미국 뉴욕에 있단다. 국제연합은 주요기구, 전문기구, 보조기구 등 크게 세 분야로 나뉘어져 있어. 주요기구로는 총회, 안전보장이사회, 경제사회이사회, 신탁통치이사회, 국제사법재판소, 사무국이 있지.

외형적으로는 모든 회원국이 모여 의사결정을 하는 총회가 가장 큰 권한을 가진 기구처럼 보이지? 그러나 실질적으로는 안전보장이사회의 권력이 더 컸어. 안전보장이사회는 국제전이 발생하면 무력 사용을 결정할 권한이 있었거든. 이를 뒷받침하기 위해 만들어진 군대가 바로 UN군이야. 안전보장이사회의 5개 영구 상임이사국, 즉 미국, 영국, 프랑스, 소련, 중국이 실제 권력을 가지고 있는 셈이야.

전문기구로는 세계무역기구<sup>WTO</sup>, 세계보건기구<sup>WHO</sup>, 국제노동기구<sup>ILO</sup>, 국제통화기금<sup>IMF</sup>, 국제부흥개발은행<sup>IBRD</sup>, 국제연합식량농업기구<sup>FAO</sup>, 국제연합교육과학문화기구<sup>UNESCO</sup>, 국제원자력기구<sup>IAEA</sup> 등 수십여 개가 있어.

마지막으로 전쟁이 끝나고 세계 지도가 어떻게 바뀌었는지 살펴볼게. 우선

**국제연합본부** 국제연맹의 뒤를 이은 국제기구로, 1945년 10월 출범했으며 본부는 미국 뉴욕에 있다.

독일이 점령한 영토는 모두 원래대로 복원됐어. 독일과 소련이 나눠 가진 폴란드도 독립을 얻었고, 영국과 프랑스의 식민지도 대부분 독립을 얻었어. 일본의 식민지도 모두 독립했지. 다만 소련이 점령한 발트 3국은 독립을 얻지 못했어.

## ✚ 아우슈비츠의 비극

오늘날 폴란드 남부 지역 아우슈비츠에는 허름한 건물이 있어. 제2차 세계대전 때 히틀러가 유대인을 감금해 대량 학살한, 바로 그 아우슈비츠 수용소지. 1942년부터 시작된 대학살로 유대인 4백만 명이 목숨을 잃었단다. 히틀러는

아우슈비츠 수용소

《나의 투쟁》에서 "유대인은 기생충이다. 유대인이 나타나면 모두 유대인의 숙주가 된다"라고 썼어. 기생충에 비유할 정도로 유대인이 싫었던 거지. 히틀러는 전쟁이 끝날 무렵, 유대인 학살의 증거를 없애려고 아우슈비츠 수용소를 불태웠어. 그러나 소련군이 일찍 도착했기에 건물을 구할 수 있었지. 1979년 유네스코는 이곳을 세계문화유산으로 지정했단다. 끔찍한 기억을 잊지 말자는 거지.

# 동서냉전 시대

제2차 세계대전이 끝난 후의 유럽은 어수선했어. 특히 경제와 정치 모두 낙후돼 있던 동유럽 국가들이 그랬지. 바로 이 점 때문에 전쟁이 끝나고 난 후에도 동유럽 국가들은 재기하기가 쉽지 않았어. 지배층은 과거로 돌아가려고 했고, 개혁주의자들은 새로운 사회를 건설하려고 했어.

만약 이때 유럽 자유주의 진영의 큰형님인 영국이 동유럽 국가를 지원했다면 그 후 동유럽 전체가 사회주의권이 되지는 않았을 거야. 그러나 영국도 내 코가 석 자였어. 서유럽에서 지원을 받을 수 없었으니, 지원을 요청할 곳은 소련밖에 없었겠지? 그렇잖아도 동유럽 국가에는 사회주의자가 많았잖아? 자연스럽게 동유럽 국가들은 소련의 위성국가가 됐지. 제2차 세계대전이 끝난 후부터 동유럽 국가들에 차례대로 소련의 도움을 받은 좌익 정권이 들어섰단다. 이때 공산화된 나라가 불가리아를 포함해 알바니아, 폴란드, 유고슬라비아 연방, 체코슬로바키아 연방, 루마니아, 헝가리 등이야.

자유주의 진영의 큰형님인 미국이 뒤늦게 나섰어. 그러나 이 조치는 오히려 자유주의와 사회주의의 이념 대립을 더욱 부추기고 말았어. 이렇게 해서 새로운 전쟁이 시작됐어. 바로 동서냉전이야.

## 동서냉전과 독일의 분단

1947년 3월, 미국의 트루먼 대통령은 유럽 국가들이 전쟁 피해를 복구할 수 있도록 경제 원조를 하겠다고 발표했어. 이를 트루먼 독트린이라고 하지. 그로부터 3개월 후에는 미국의 국무장관 조지 마셜이 총 130억 달러를 유럽 국가들에게 투자하겠다는 마셜 플랜을 발표했지. 이듬해 4월 미국 의회는 마셜 플랜을 승인했어.

자유 진영의 유럽 국가들은 이 조치를 반겼어. 동유럽 국가들도 그랬을까? 특히 동유럽 국가들이 전쟁 피해를 복구하려면 많은 돈이 필요했거든. 그런데 소련이 이를 반가워할 리가 없겠지? 이미 동유럽 국가들의 대부분이 소련의 위성국가가 된 상황이었잖아? 소련은 나아가 그리스까지 공산화하려고 했어. 어쩌면 미국이 마셜 플랜을 발표한 것도 그리스가 공산화되는 걸 막기 위해서였는지도 몰라. 그

리스가 공산화되면 중부와 남부 유럽으로 사회주의가 확산될 수 있거든. 이런 미국의 의도를 알고 있는 소련은 동유럽 국가들이 경제 원조를 받지 못하도록 했어.

소련은 마셜 플랜에 대해 즉각 대응에 나섰어. 1947년 9월 동유럽의 위성국가와, 프랑스와 이탈리아의 공산당을 한데 묶어 국제공산당 정보기관 코민포름을 만든 거야. 이와 이름이 비슷한 코민테른 제3인터내셔널이란 게 있어. 레닌이 만들었다가

트루먼 미국의 대통령으로 마셜 플랜을 통해 소련 중심의 사회주의 국가에 대항하여 서유럽을 재건하고자 했다.

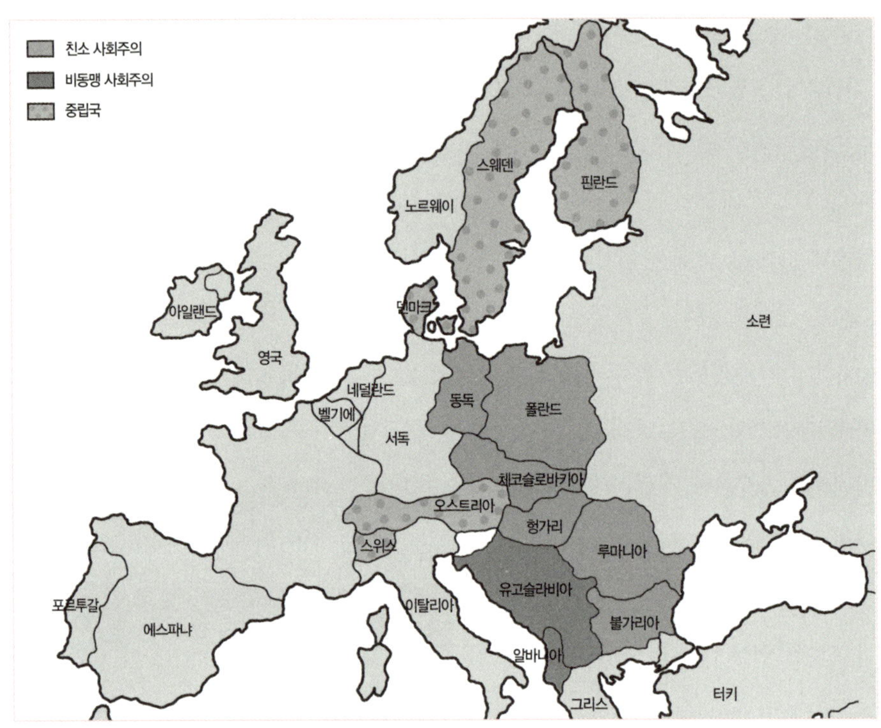



**제2차 세계대전 이후 냉전 체제** 독일이 동독과 서독으로 나뉜 것을 비롯해 그리스를 뺀 동유럽 국가 모두가 사회주의 국가가 됐다. 다만 유고슬라비아와 알바니아는 소련으로부터 벗어나 독자적 사회주의를 추진했다.

1943년 스탈린이 해체한 기구인 코민테른은 국제공산혁명을 도모하기 위한 거였지. 그러나 코민포름은 공산당이나 사회주의 국가들 사이에 정보를 교류하기 위한 목적이 더 컸어. 솔직히 말하면, 소련이 여러 위성국가를 감시하기 위한 기구라고 할 수 있지.

마셜 플랜과 코민포름은 동서냉전의 계기가 됐지만, 이런 갈등만으로 동서냉전이 시작된 것은 아니야. 독일 처리 문제를 둘러싼 소련과 자유주의 진영의 대립이 동서냉전을 가속화하는 역할을 했단다.

제2차 세계대전이 끝난 후 독일은 미국, 영국, 프랑스 등 서방국가들이 서독 지역을, 소련이 동독 지역을 점령했어. 동독 영토 안에 있던 수도 베를린도 4개국이 분할했지. 포츠담 회담에 따라 중앙정부를 두지 않고, 4개 지역별로 따로 위임통치를 한 거야. 그런데 1946년 12월, 자유 진영이 점령 지역을 하나로 합쳤어. 이제 독일은 자유주의 진영의 서독과 사회주의 진영의 동독으로 나뉜 셈이지.

1948년 3월, 서방국가들은 서독을 하나의 경제권으로 묶기로 했어. 경제 통합을 위해 화폐를 단일화했지. 자유 진영은 동독 내 영토인 서베를린에서도 새로운 화폐를 쓰기로 했어. 소련은 이 조치를 동독에 대한 위협으로 봤어. 서독의 화폐가 동독에 유통되면 동독 국민이 흔들리지 않겠어?

그해 7월 소련은 서베를린에서 서독으로 연결되는 모든 통로를 막고는 "서방국가들은 서베를린에 대해 모든 권리를 포기하라" 하고 선언했어. 그러자 서베를린은 동독 안에 갇힌 섬이 되고 말았지. 이 사건을 베를린 봉쇄라고 불러. 서방국가들은 서베를린에 사는 서독 사람들을 위해 생활필수품을 비행기로 날라야 했지. 동시에 동유럽 국가들로부터의 수입을 모두 금지해버렸어. 이 조치로 소련도 타격을 받았지. 결국 1949년 5월 4일, 소련은 베를린 봉쇄를 해제할 수밖에 없었단다. 다행히 전쟁으로 번지지는 않았지만 일촉즉발의 위기였어.

이 사건 이후 서독은 단독 정부를 구성했고, 10월에는 동독이 독일민주공화국을 세웠어. 동독과 서독이 확실하게 다른 나라가 된 거야. 서방국가들은 1952년 5월 서독과 강화 조약을 체결했고, 2년쯤 뒤에는 서독이 독립국가임을 인정했어. 이에 맞서 소련도 1955년 동독을 독립국가로 인정했지. 이제 독일은 분단국가로 결정됐고, 유럽의 대표적인 동서냉전의 상징이 돼버렸단다.

유럽뿐만 아니라 전 세계적으로 동서냉전은 확산됐어. 아시아의 경우 한반도가 남북으로 분단된 게 대표적인 사례지. 각 진영별로 연합군사 조직까지 생겨났어. 미국, 영국, 프랑스, 캐나다 등 자유 진영의 12개 국가는 1949년 4월 미국 워싱턴에서 북대서양조약기구NATO를 결성했고, 공산 진영은 1955년 5월 폴란드 바르샤바에서 바르샤바조약기구WTO를 만든 거야.

## 통박사의 역사 읽기

### ✦ 소련판 마셜 플랜

"미국이 하면 우리도 한다!" 자본주의 진영의 큰형님 미국이 유럽 국가들에 대해 경제 원조를 하겠다고 했지? 그렇다면 사회주의 진영의 큰형님인 소련도 가만히 있을 수 없겠지? 1949년 1월 소련은 경제상호원조회의, 즉 코메콘이란 기구를 만들었단다. 코메콘은 유럽 국가들이 마셜 플랜을 효율적으로 활용하기 위해 1948년 4월 만든 유럽경제협력기구 OEEC를 벤치마킹한 기구였어. 소련, 폴란드, 불가리아, 헝가리, 루마니아, 체코슬로바키아가 첫 회원국이었고, 나중에 동독과 알바니아가 합류했단다. 코메콘의 중심은 소련이었어. 사실 소련이 경제적으로 뭘 지원해줄 처지도 아니었지만, 어쨌든 소련판 마셜 플랜이라고 할 수 있겠지?

### 냉전의 확대

이미 알고 있겠지만, 냉전 체제가 만들어지는 데 큰 역할을 한 나라는 미국이야. 그러나 동서냉전의 폭탄은 미국이나 유럽 한복판에서 터지지 않았어. 냉전의 갈등이 가장 먼저 폭발한 곳은 한반도였지.

한국 전쟁 북한의 남침으로 시작된 전쟁으로, 동서 진영이 최초로 충돌한 전면전이었다.

1950년 6월 25일, 북한은 선전포고도 하지 않고 38선을 넘어 남침했어. 7월 9일, 남한 정부는 대구까지 밀려갔지. 즉각 UN 안전보장이사회가 남한을 돕기로 결의했고, 16개 나라에서 군대를 파견했어. 9월 15일 UN군과 한국군은 인천상륙작전에 성공했고, 9월 28일에는 서울을 되찾았지. 이어 11월에는 두만강까지 진격했어.

중국은 1949년 10월, 사회주의 국가로 탈바꿈했어. 그 중국이 바로 이때 전쟁에 뛰어들었어. 원래 북한은 소련의 지원을 받고 있었는데, 중국까지 가세하면서 한국 전쟁은 자유 진영과 공산 진영이 총력전을 벌인 전쟁이 돼버렸지. 이 전쟁은 1953년 7월 27일 끝났지만 한반도는 폐허가 돼버렸어.

유럽에서는 독일이 대표적인 냉전 지대였어. 1950년대 중반부터 많은 동독인들이 서독으로 망명을 떠났어. 그런데 이 사람들의 망명 경로가 비슷해. 절반 정도가 서베를린을 통해 서독으로 들어간 거야. 서베를린은 비록 동독 안에 있었지만 엄연히 서독의 영토였지? 소련과 동독은 잔뜩 열받았지만 해결 방도를 찾을 수 없었어. 1960년대로 접어든 후에도 이런 상황은 바뀌지 않았어. 오히려 더 많은 동독인들이 서베를린을 통해 서독으로 망명했어. 소련과 동독은 더 이상 참을 수 없었어.

1961년 8월, 동독 정부는 동베를린과 서베를린 사이에 두꺼운 콘크리트로 담장을 쌓기 시작했어. 길이만 40킬로미터에 이르는 이 담장이 바로 베를린 장벽이란다. 이제 동독 사람들은 서베를린을 통해 서독으로 갈 수 없었어. 서베를린과 동베를린을 오갈 수 있는 통로는 브란덴부르크 문, 딱 한군데로 제한됐어. 이제 독일인들은 정부의 허가증을 가지고 이곳을 통과해야 왕래할 수 있게 된 거야. 베를린 장벽 또한 냉전의 대표적인 상징으로 여겨지고 있어.

냉전이 자칫 핵전쟁으로 비화될 뻔한 적도 있어. 쿠바에 사회주의 정권을 세운 카스트로는 1961년 미국과 국교를 단절하고 소

베를린 장벽 동독 정부가 동독인의 서독 망명을 막기 위해 설치했다.

264

련과 더 가깝게 지냈어. 1962년 9월에는 소련으로부터 무기를 원조받기로 하고, 미사일 기지를 건설하기 시작했지. 10월, 미국이 미사일 기지를 공중에서 촬영했어. 존 케네디 대통령은 소련이 쿠바에 핵미사일 기지를 만들고 있다고 발표한 뒤, 소련 미사일이 쿠바에 수입되지 못하도록 쿠바 해상을 봉쇄했어. 이 사건은 다행히 미국과 소련이 타협해 해결됐단다. 그러나 이 사건이 진행되는 3개월간 전 세계

베트남 전쟁 북베트남 주도의 통일을 막기 위해 미국이 개입했으나 실패했다.

는 제3차 세계대전, 그것도 핵전쟁이 일어날까봐 두려움에 떨어야 했어.

한국 전쟁이 끝난 다음 해인 1954년 5월, 제네바 협정에 의해 베트남은 북위 17도를 경계로 위쪽은 공산국가인 북베트남이, 남쪽은 비공산정권인 남베트남이 장악했어. 한반도와 같은 모양새지? 그렇다면 베트남에서도 냉전이 폭발할 거라는 예상이 가능하겠지?

1961년 미국의 케네디 대통령은 남베트남에 군대를 보냈어. 그대로 두면 남베

트남이 공산화될 거라고 판단했던 거야. 그러나 혼란은 더 커졌어. 1968년 새해가 밝자마자 사이공 시내의 미국 대사관이 공격을 받았고, 수많은 사상자가 나왔지. 미국은 베트남 전쟁에서 발을 빼지도 못하고 계속 당하기만 했지. 전쟁은 아주 오랫동안 계속됐어. 그리고 1975년 4월, 마침내 북베트남이 사이공을 점령했어. 북베트남이 승리한 거야.



### 동유럽의 민주화운동

1955년 4월, 아시아와 아프리카의 29개 신생 독립국들이 인도네시아 반둥에 모였어. 이 반둥 회의에 참가한 나라들은 강대국들의 냉전을 반대하며 중립주의와 평화주의를 선언했어. 좌우 이념 어디에도 속하지 않는 이런 나라들을 제3세계라고 불렀지. 제3세계가 활발하게 움직이면서 냉전 체제에도 금이 가기 시작했어.

자유 진영 내에서는 프랑스가 1963년 미국이 주도하는 핵정책을 따를 수 없다며 나토를 탈퇴하는 사건이 발생했어. 게다가 서독과 일본은 어느새 경제대국으로 성장하고 있었지. 당연히 국제무대에서 이 나라들의 발언권도 커졌어. 공산주의 진영 내에서도 중국과 소련이 1969년 아무르 강 유역과 신장 자치구 일대에서 싸우는 사건이 발생했어. 이 중소국경분쟁은 그 후로도 수십 년간이나 계속됐는데, 이 갈등은 공산 진영이 분열하는 한 원인이 됐지.

베트남 전쟁 막바지인 1969년 7월, 미국 닉슨 대통령은 앞으로 아시아에서 발생하는 전쟁에 미국이 개입하지 않겠다는 닉슨 독트린을 발표했어. 닉슨은 이어 소련과 중국의 수도를 차례대로 방문했어. 1972년 12월에는 동독과 서독이 서로 침략하지 않기로 하고 동·서독 기본 조약에 서명했어. 1년 후 두 나라는 동시에 UN에 가입했지.

뭔가 달라지는 것 같지 않니? 그래, 냉전 체제가 무너지고 있었어.

**동유럽의 민주화 운동** 동유럽 국가의 민중들은 소련과 좌익 정권의 비민주적인 통치에 강력하게 저항했다. 이런 노력의 결과로 1988년 이후 공산당이 무너지고 민주 정부가 들어서게 됐다.

**젊은 시절의 티토** 유고슬라비아의 초대 대통령으로, 독자적 사회주의를 추구해 소련과 대립했다.

1960년대 후반부터 자유 진영과 공산 진영이 화해하는 분위기가 조성되고 있었는데, 이 화해 무드를 데탕트라고 불러. 1979년 소련이 아프가니스탄을 침공했을 때 잠시 긴장감이 감돌기도 했지만, 1980년대부터 다시 데탕트 분위기가 조성됐어. 이때를 신新데탕트라고 부르지.

사실 소련과 미국 두 나라가 화해를 한다고 해서 데탕트 시대가 온 건 아니야. 소련의 위성국가로 전락한 동유럽 나라들이 수십 년간 벌여온 민주화 투쟁이 기여한 공이 컸지. 이들의 민주화 투쟁이 1980년대부터 서서히 결실을 맺기 시작한 거야.

가장 먼저 소련에 저항한 나라는 유고슬라비아였어. 소련은 1948년 코민포름에서 유고슬라비아를 제명해버렸어. 유고슬라비아가 소련의 지시를 따르지 않았기 때문이야. 유고슬라비아의 초대 대통령 티토는 소련에 의존하지 않는 독자적인 사회주의를 표방했어. 소련은 괘씸한 생각에 유고슬라비아를 고립시키기로 했어. 첫 조치가 코민포름에서 제명한 것이고, 두 번째 조치가 다른 동유럽 국가들로 하여금 유고슬라비아와 교류하지 못하도록 한 거지.

소련의 이런 조치는 유고슬라비아를 힘들게 했어. 그렇잖아도 경제가 바닥을 기고 있는 상황이었는데, 이제 생존조차 힘든 상황이 됐지. 유고슬라비아는 어쩔 수 없이 서방국가들과 교류하기 시작했단다. 이 때문에 유고슬라비아의 사회주의는 더욱 중립적이고 독자적으로 변해갔어.

이때의 유고슬라비아는 연방국이었어. 오늘날 존재하는 나라가 아냐. 1991년부터 내전이 벌어져 슬로베니아, 크로아티아, 보스니아-헤르체고비나, 마케도니아, 신유고 연방 등 6개로 분리됐지. 그 후 신유고 연방도 세르비아와 몬테네그로로 분리되지. 이 역사는 나중에 다시 살펴볼 거야.

유고슬라비아에 이어 1956년 10월 23일, 헝가리 수도 부다페스트에서 10만여 명의 시민이 소련을 반대하는 대규모 시위를 벌였어. 그러나 이 시위는 곧 소련군에 의해 무자비하게 진압되고 말았어. 소련이 세운 꼭두각시 정권은 그 후 무려 33년간이나 헝가리를 통치했지. 이 정권은 소련군이 체코슬로바키아를 침공할 때도 충직한 부하답게 열심히 도왔단다.

알바니아는 1961년부터 소련을 등지고 중국과 가까이 지냈어. 알바니아는 소련이 동유럽 국가들과 경제 협력을 하기 위해 만든 경제상호원조회의<sub>코메콘</sub>에도 가입하지 않았단다. 심지어 1969년 바르샤바조약기구도 탈퇴해버렸어.

체코슬로바키아에서도 1968년 8월 대대적인 민주주의 투쟁이 일어났어. 그러나 이 운동 또한 소련 군에 의해 진압되고 말았지. 이 시위

하벨 체코슬로바키아의 작가로 민주화운동을 이끌었고 민주화 이후 대통령에 당선됐다.

는 문학과 영화의 소재로도 많이 쓰였지. 바로 〈프라하의 봄〉이 이 사건을 배경으로 한 거란다. 대규모 시위가 좌절되고 9년이 지난 1977년 1월, 체코슬로바키아에서 또다시 민주화운동이 시작됐어. 이 시위를 지휘한 인물은 바츨라프 하벨이란 극작가였지. 하벨은 민주주의 정부의 수립을 요구하는 '77헌장'을 발표했단다.

폴란드에서도 1950년대부터 노동자들의 투쟁이 시작됐어. 이 투쟁은 1980년에 빛을 보게 됐어. 이해 8월 노동자 파업은 전국적으로 확산됐고, 이를 수습하기 위해 공산 정부는 9월 자유노조를 인정하기로 합의했지. 사회주의 국가에서 자유노조가 만들어지는 건 폴란드가 처음이었단다.

8월 레흐 바웬사란 서른여덟 살의 젊은 인물이 자유노조를 이끌었어. 그는 3년 뒤 동유럽 민주화를 이끌어낸 공을 인정받아 노벨 평화상을 받았단다. 자유노조가 합법화되고 3개월이 지난 12월, 공산 정부는 계엄령을 선포하고 바웬사를 가둬버렸어. 그러나 이미 민주화 열망은 하늘을 찌르고 있었어. 지도자 한 명을 가둔다고 사태가 해결되겠니?

1982년 들어 자유노조를 중심으로 한 반정부 투쟁이 더 심해졌어. 그 결과 1989년 4월에는 자유노조가 합법화됐고, 같은 해 6월 총선에서 자유노조는 제1당으로 부상했단다. 이제 공산당이 아닌 다른 정

바엔사 폴란드의 자유노조를 이끌었으며 민주화 이후 대통령에 당선됐다.

베를린 장벽의 붕괴 동서 냉전의 상징이 무너지고 독일은 통일되었다.

당이 중심이 돼 연립정부를 구성하게 됐어. 그래, 사실상 공산주의 일당 독재가 무너진 거야. 연립정부는 12월 헌법을 개정해 사회주의 조항을 없앴어. 자유노조를 이끈 폴란드의 영웅 바웬사는 1990년 12월 9일, 대통령에 선출됐단다.

폴란드는 이 무렵 동유럽 국가들이 민주화되는 과정을 보여준 모범 사례로 볼 수 있어. 폴란드처럼 대부분의 동유럽 사회주의 국가들이 1988년 이후 하나둘씩 무너졌단다. 체코슬로바키아의 경우 1988년 12월 공산정권이 퇴진했고, 이듬해 하벨이 대통령에 당선됐지. 헝가리 또한 1989년 10월에 헌법을 개정해 의원내각제와 대통령제를 혼합한 형태의 정치 체제를 도입했어. 동독에서도 18년간 정권을 잡았던 호네커가 물러났어. 게다가 동서냉전의 상징이었던 베를린 장벽이 무너진 것도 1989년이야. 이제 동서냉전은 끝났다고 해도 과언이 아니야.

## 자유민주국가에도 민주혁명이?

민주화운동이 동유럽에서만 일어난 건 아니야. 프랑스의 5월 혁명이 대표적이지. 1968년 5월, 드골 대통령의 실정을 비판하는 파리의 대학생 시위가 시작됐어. 드골은 이 시위를 강경 진압해버렸단다. 그러자 파리 노동자와 전국 대학생들이 시위에 동참했어. 이로써 시위는 혁명으로 커버렸지. 드골은 경찰에 이어 군대까지 동원해 혁명을 진압했고, 의회도 해산시켰단다. 드골이 한때 독일 비행기지로 피신을 해야 했다니 혁명세력이 꽤 위협적이었다는 걸 알 수 있겠지? 오늘날 프랑스를 진보적인 나라로 생각하는 사람들이 많아. 그 문화가 바로 이 혁명 이후 만들어진 거야. 그전까지만 해도 국가에 대한 의무를 많이 강조했었는데, 이 혁명 이후에는 정치인들도 인권과 평등주의 같은 진보사상에 무게를 둔 정치를 해야 했거든.


### 고르바초프와 옐친, 소련의 해체

동유럽 국가들이 민주화에 성공할 수 있었던 이유는 여러 가지가 있을 거야. 무엇보다 자유에 대한 민중의 열망이 가장 큰 이유겠지. 또 하나의 이유가 있어. 소련이 민주화를 제지하지 않았다는 거야. 소련 또한 스스로 사회주의의 옷을 벗어버렸지. 쉽게 말해, 소련이 먼저 사회주의의 실패를 인정하고 개혁을 추진했기에 위성국가인 동유럽 나라들도 민주주의를 얻어낼 수 있었다는 얘기야.

소련이 변하기 시작한 것은 1980년대 중반 이후부터란다. 그전의 소련은 큰 변화가 없었어. 1953년 스탈린이 세상을 떠난 후 흐루시초프, 브레즈네프, 안드로포프, 체르넨코가 차례로 권력을 잡았어. 이 네 명의 공산당 총서기는 뚜렷한 특징이

272

없었어.

1985년 3월, 미하일 고르바초프가 소련 공산당 서기장에 선출됐어. 고르바초프는 곧바로 사회를 뜯어고치기 시작했지. 대외적으로는 글라스노스트<sup>개방</sup>를, 대내적으로는 페레스트로이카<sup>개혁</sup>를 표방했어. 어라? 이 사람이 일을 내겠네? 핵심 공산당 간부들은 이런 생각을 하며 고르바초프를 반대했어. 그러나 고르바초프는 흔들리지 않고 개혁과 개방정책을 밀고 나갔지. 1989년 12월에는 지중해의 몰타에서 미국의 대통령 부시와 만나 서로 군비를 축소하자는 몰타선언에 합의하기도 했지.

고르바초프는 1990년 3월 다당제 선거를 실시했고, 그 결과 소련 최초의 대통령에 선출됐단다. 그의 개혁은 더 강도 높게 진행됐어. 1991년 7월, 고르바초프는 마침내 마르크스 레닌주의를 포기한다는 새 강령을 만들었어. 공산당이 마르크스와 레닌을 포기하다니! 이 말은 사회주의를 포기한다는 것과 같은 얘기야. 당연히 핵심 공산주의자들은 반발했어. 8월, 공산주의 보수 강경파가 쿠데타를 일으켰어. 고르바초프는 그들에게 밀려 정권을 잠시 잃고 말았단다.

이때 등장한 또 한 명의 영웅이 있어. 바로 보리스 옐친이야. 그는 고르바초프가 발탁한 인물로, 1987년부터 공산당 중앙위원회에서 활

고르바초프 개혁·개방 정책으로 소련과 동유럽을 민주화시켰다.

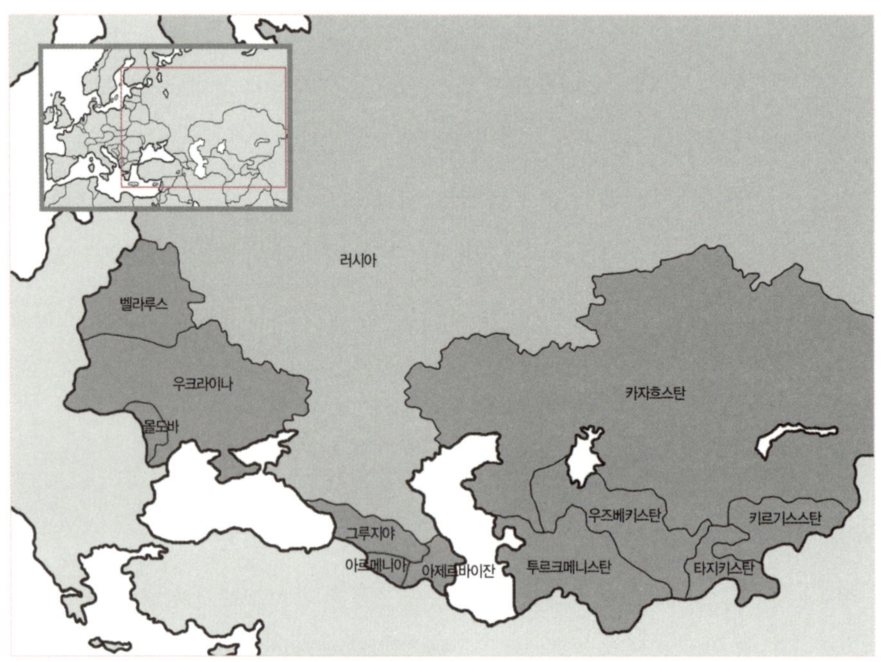


**소련의 해체**  1991년 12월 21일 러시아 공화국의 보리스 옐친 대통령은 발트 3국과 그루지야를 뺀 11개국을 합쳐 독립국가연합(CIS)을 선포했다. 이로써 소련은 해체됐다.

동했어. 그때부터 옐친은 더 급진적인 개혁이 필요하다고 주장했기 때문에 보수 강경파들의 견제를 심하게 받았지. 그러나 민중들은 옐친을 지지했고, 1990년 5월에는 소련 연방 가운데 가장 큰 나라였던 러시아 공화국의 대통령에 당선됐단다. 러시아 대통령이 된 후 옐친은 즉각 공산당을 탈퇴했어. 옐친은 이윽고 소련에 소속된 여러 공화국이 모두 평등해야 한다고 주장했지. 이 얘기들이 무슨 뜻이겠니? 사회주의 소련을 해체하라는 얘기야!

고르바초프보다 훨씬 급진적인 옐친은 보수 강경파의 쿠데타에 맞서 싸웠어. 옐친은 소련 국민에게 총파업을 촉구했고, 국민들은 적극 호응했어. 총파업은 60여

274

시간 동안 계속됐고, 민심을 잃은 쿠데타는 결국 실패로 끝났지.

옐친의 도움으로 다시 권력을 잡은 고르바초프는 공산당을 해체해버렸어. 사회주의의 큰형님이 사라진 거야. 냉전은 이제 끝났다고 볼 수 있겠지? 고르바초프는 그 후 개혁을 지속적으로 추진했어. 그러나 옐친은 고르바초프의 개혁이 너무 미지근하다고 불평했어. 옐친은 결국 자신이 직접 나서서 개혁을 추진했어. 고르바초프의 권력은 순식간에 약해지기 시작했지.

1991년 12월 21일, 옐친은 이미 독립을 선언한 라트비아, 리투아니아, 에스토니아의 발트 3국과 그루지야를 뺀, 소련 내 11개 공화국과 함께 독립국가연합<sup>CIS</sup>을 결성했어. 소련? 이제 그런 연방은 더 이상 없어. 옐친에 의해 소련이 해체되고 4일이 지난 12월 25일, 고르바초프는 대통령 자리에서 물러났단다.

옐친은 그 후에도 보수 강경파와 여러 번 충돌했어. 그러나 그때마다 특유의 정치력을 발휘해 위기를 넘겼지. 옐친은 1999년 12월 31일, 블라디미르 푸틴을 대통령 권한대행으로 임명하고 정계에서 은퇴했단다.

공산 진영이 모두 무너지면서 바르샤바조약기구는 불필요해졌어. 고르바초프의 개혁이 한창 진행되던 1991년 4월 바르샤바조약기구는 해체됐어. 공산 진영의 군사 조

**옐친** 급진개혁가로 소련을 해체하고 독립국가연합을 결성했다.

직이 없어졌으니 나토의 역할도 바뀌었지. 나토는 군사동맹에서 정치협력기구로 역할을 바꿨어. 바르샤바조약기구의 일원이었던 폴란드, 체코, 헝가리는 1999년, 루마니아와 슬로바키아는 2004년 나토에 가입했지. 현재는 유럽의 거의 모든 나라들이 나토의 멤버가 돼 있단다.

# 20세기 최후의 유럽 분쟁

두 차례의 전쟁이 끝나고, 또 한 차례의 '소리 없는 전쟁'인 냉전도 끝났어. 20세기 중반과 후반에서 가장 두드러진 역사가 제2차 세계대전과 동서냉전이겠지만, 이에 못지않게 큰 사건들이 유럽에서는 일어났어. 때로 이 사건들은 21세기로 이어지기도 했지.

북아일랜드와 에스파냐의 바스크 지방에서는 독립을 요구하는 분리주의자들의 테러가 이어졌어. 이 가운데 일부는 21세기에 들어와서도 테러 활동을 멈추지 않고 있지. 1990년대 초반에는 발칸 반도에서 유고슬라비아 내전도 터졌어. 지배 민족이 소수민족을 아예 없애버리려는 '인종 청소' 작전은 세계를 경악케 했었지. 이 내전은 공식적으로 끝났지만, 코소보를 비롯해 일부 지역에서는 아직도 진행 중이란다. 여기서는 20세기 최후의 유럽 분쟁만 따로 살펴볼 거야.

## IRA와 북아일랜드 갈등

1916년 4월 부활절 날, 아일랜드 더블린에서 아일랜드 민족주의자들이 무장봉기를 일으켰어. 이 봉기가 있기 2년 전 아일랜드의 자치를 인정한 법안이 통과됐는데, 북부의 얼스터 지방에서는 계속 반대해왔어. 의견이 통일되지 않았으니 아일랜드 전체의 자치도 실시되지 않았겠지? 바로 이 점 때문에 아일랜드 민족주의자들이 봉기를 일으킨 거야. 이 무장봉기를 주도한 마이클 콜린스는 1919년 무장

**영국 연방과 아일랜드** 잉글랜드, 스코틀랜드 웨일즈는 모두 영국 연방에 포함돼 있다. 그러나 아일랜드는 독립국이다. 아일랜드 북부 지역이 바로 문제가 된 북아일랜드다.

투쟁 단체인 아일랜드공화국군IRA을 창설했어.

사실 아일랜드는 19세기부터 영국 연방으로부터 독립하기 위한 투쟁을 벌어왔단다. 원래 아일랜드는 게르만족의 이동이 있기 전부터 유럽 대륙에서 넘어온 켈트족이 정착한 땅이야. 앵글로색슨족이 자리 잡은 잉글랜드와 민족이 다른 셈이지. 게다가 아일랜드의 종교는 가톨릭으로, 영국의 국교회와도 달랐어. 민족과 종교가 모두 다르기 때문에 그동안 갈등이 심했던 거야.

이 부활절 봉기를 계기로 1919년에는 아일랜드 국민의회가 만들어졌어. 독립의 조짐이 보이지? 3년 후인 1922년에는 마침내 아일랜드 자유국이 건설됐어. 드디어 영국으로부터 자치권을 따낸 거야. 이 아일랜드 자유국의 초대 총리가 마이클 콜린스였단다.

그러나 문제가 남아 있었어. 아일랜드는 총 32개 주였는데, 북부의 4개 주가 아일랜드 자유국에 포함되지 않은 거야. 이 4개 주는 신교도인 영국인들이 많았기 때문에 영국 연방에 남길 더 원했어. 그러자 IRA가 테러 활동을 개시하기 시작했어. 타깃은 북부 4개 주의 관공서와 공무원, 정치인 등이었지. IRA는 창시자 마이

클 콜린스마저 영국과 밀실협상을
벌인 반역자라며 1922년 암살해버
렸단다.

1949년 아일랜드는 영국 연방으
로부터 떨어져 나와 완전한 독립을
선언했어. 그러나 얼스터를 포함한
북아일랜드는 아일랜드에 포함되
지 않았어. 영국의 영토로 남은 거
야. 북아일랜드에서는 다수파인 신
교도 영국인과 소수파인 구교도 아
일랜드인 사이에 충돌이 끊이지 않
았어. 영국은 군대를 북아일랜드에

**마이클 콜린스** 아일랜드 독립운동을 통해 아일랜드 자유국
을 건국했으나 IRA에 암살되었다.

주둔시켰지. 그러자 IRA는 영국 군대를 상대로 테러 활동을 시작했어.

IRA는 1970년대부터 본격적으로 테러 활동을 벌였어. IRA는 경찰과 군인뿐만
아니라 민간인까지도 테러의 대상으로 삼았어. IRA의 정치조직인 신페인당이 영
국 정부와 대화를 시작한 1990년대 초까지 최소한 3천 명 이상이 목숨을 잃었어.

1994년 8월, 신페인당이 전면 휴전을 선언했어. 영국 정부도 이 선언을 받아들
였지. 이제 북아일랜드 분쟁이 끝날 기미가 보이기 시작한 거야. 1998년 4월 영국
과 아일랜드 정부, 북아일랜드의 구교와 신교 지도자들이 한자리에 모여 분쟁을
끝내기 위한 국민투표를 실시키로 합의했어. 이 투표에서 아일랜드와 북아일랜드
의 국민들은 북아일랜드에 자치정부를 세우고 모든 분쟁을 끝내자는 의견을 압도
적으로 지지했단다. 이들도 테러에 넌덜머리가 난 거야. 폭력은 아무리 목적이 좋

다고 해도 결코 용납되지 않는다는 교훈이 이 투표에서도 입증된 셈이지.

1999년 북아일랜드에 자치정부가 들어섰어. 2001년에는 IRA가 무장해제를 선언했지. 80년의 투쟁 역사가 비로소 끝난 거야.


### ETA와 바스크 분리주의

2009년 7월, 에스파냐 북부 부르고스의 민병대 건물 주변에서 차량 폭탄테러가 발생했어. 이 테러로 64명이 부상당했지. 에스파냐 정부는 이 테러를 바스크 분리주의자들의 단체인 자유조국바스크ETA가 저지른 것이라고 비난했어. ETA는 오늘날까지 유럽에서 민족독립을 외치며 무장투쟁을 하는 유일한 단체로 남아 있단다.

바스크 지방은 에스파냐 북쪽, 그러니까 프랑스와 접해 있는 피레네 산맥 서쪽에 있어. 에스파냐의 4개 주가 여기에 해당되고, 프랑스의 일부 지역도 바스크 지방에 포함돼 있지. 에스파냐 지역에는 250만 명, 프랑스 지역에는 20만 명 정도의 바스크족이 살고 있어. 에스파냐 내전 때 독일 공군이 폭격했던 마을 게르니카도 바스크 지방에 있단다.

바스크족은 1930년대까지만 해도 평화롭게 살고 있었어. 에스파냐 내전이 터지기 직전, 정권을 잡았던 인민전선 정부도 바스크의 자치를 인정했지. 그러나 파시스트들은 이 자치를 인정하지 않았어. 에스파냐 내전에서 승리해 정권을 잡은 프랑코가 바스크의 분리주의 운동을 강력하게 탄압한 거야. 심지어 바스크의 고유 언어도 사용하지 못하게 했단다. 탄압이 심해지자 바스크 분리주의자들은 지하로 숨어들어갔어. 1959년 그들은 ETA를 결성해 에스파냐 정부에 대한 무장투쟁을 시작했어. 이때 시작된 분리주의 무장투쟁이 2000년대가 넘은 지금까지도 이어지고 있는 거야.

**바스크는 어디?** 바스트 분리주의자들은 아직까지 투쟁을 계속하고 있다. 250만 명 이상의 바스크인이 바스크 지방에 살고 있다.

ETA는 에스파냐 국방성에 포탄 공격을 감행하는가 하면, 공항 주차장에서 폭탄 테러를 저지르기도 했어. ETA는 주로 에스파냐의 정치인과 경찰, 공무원을 노렸어. 이 단체의 테러에 희생된 사람은 지금까지 약 천 명 정도로 추정되고 있어.

프랑코가 1975년 세상을 떠났어. 파시스트가 사라졌으니 바스크족은 좀 살 만해졌을까? 정말로 그랬어. 그 후에 들어선 에스파냐 정부는 다시 바스크 지방의 자치를 허용했어. 그런데도 ETA의 테러는 계속됐어. 1997년 ETA는 에스파냐의 정치인을 납치해 인질로 삼은 뒤 감옥에 갇힌 동료들을 풀어달라고 요구했어. 이 정치인은 끝내 목숨을 잃었지. 목적이 좋다고 해도 테러는 정당화될 수 없다고 했

에테아 바스크 분리독립을 주장하는 조직의 상징물이다.

지? 실제로 이 사건 직후 수백만 명이 ETA를 비난하는 시위를 벌였단다. ETA에 등을 돌린 거야.

2004년 에스파냐에 좌파 성향의 정부가 들어섰어. 이 정부는 지금까지의 정부와 달리 ETA와 대화를 시도했어. ETA에 관련된 사람들이 정계에도 진출했지. 바스크 지방의 자치권을 합법적으로 내주는 방안에 대해 논의가 진행되자 무장투쟁 단체가 설 땅은 더욱 좁아졌어. 2006년 3월, ETA는 지역의 한 방송사에 비디오테이프를 보냈어. 비디오테이프를 틀어보니 복면을 한 여성이 등장해 "앞으로 항구적으로 정전에 들어가겠다!"라고 선언했어. 무슨 뜻일까? 일단은 무장투쟁을 포기하겠다는 뜻으로 받아들여지고 있지만 확실하지는 않아. 그러나 이미 유럽, 그것도 서유럽에서는 아무리 목적이 정당하더라도 폭력은 지지를 얻지 못하는 시대가 됐어. 그래도 2009년 또다시 테러가 터진 걸 보면 아직도 많은 앙금이 남아 있는 것 같지?

## 유고 내전과 인종 청소

잠시 기억을 떠올려봐. 제1차 세계대전이 끝난 후 세르비아가 크로아티아와 슬로베니아를 합쳐 어떤 나라를 만들었지? 그래, 유고슬라비아 왕국이야. 이 유고슬라비아는 제2차 세계대전 때 독일과 이탈리아 군대에 의해 점령당했어. 그리고 제2차 세계대전이 끝날 무렵인 1944년 10월, 좌파 세력들이 수도 베오그라드를 점령하고 유고슬라비아 전체를 장악하기 시작했지. 이듬해 3월에는 좌파 정부가 들어섰고, 11월에는 유고슬라비아 민주연방이 탄생했어.

유고슬라비아 민주연방은 그 후 유고슬라비아 연방인민공화국으로 이름을 바꾸었다가, 1963년 또다시 유고슬라비아 사회주의연방공화국으로 이름을 바꿨어. 이 공화국의 초대 대통령이 소련과 대립하며 독자노선을 걸었던 티토란다. 이 공화국은 훗날 내전 후 만들어지는 유고 연방과 구분하기 위해 구舊유고 연방이라고도 불러.

티토는 구유고 연방 역사에서 정말 중요한 인물이야. 원래 유고슬라비아는 세르비아가 중심이 돼서 건설됐지? 6개의 공화국과 2개 자치주로 구성된 연방을 구성한 민족은 남슬라브족이지만 파벌은 모두 달랐어. 종교까지 서로 달라 민족 간, 종교 간 갈등이 적지 않았지. 다행히 티토가 비교적 통치를 잘했기 때문에 큰 분쟁이 터지지는 않았어. 그러나 티토가 사망하자 갈등을 조정할 사람이 없었어. 동유럽이 민주화 열기로 후끈했던 시대, 구유고 연방에는 결국 큰 내전이 터지고 말았단다.

1991년 6월, 슬로베니아가 독립을 선언했어. 이를 막기 위해 구유고 연방의 군대가 쳐들어갔어. 이렇게 해서 시작된 전쟁이 유고슬라비아 내전이란다. 처음에는 슬로베니아 군대와 구유고 연방 군대가 전투를 벌였어. 그러나 슬로베니아는 인구의 90% 이상이 슬로베니아인이었기 때문에 세르비아인들도 더 이상 슬로베니아를 점령할 명분이 없었지. 결국 구유고 연방 군대는 슬로베니아에서 철수했단다.

그해 9월, 이번에는 크로아티아가 독립을 선언했어. 다시 구유고 연방 군대가 투입됐지. 슬로베니아와 달리 치열한 전투가 벌어졌어. 이 지역에서는 예전부터 크로아티아인과 세르비아인들의 충돌이 많았어. 제2차 세계대전 때는 크로아티아의 극단적 민족주의자들이 수십만 명의 세르비아인들을 집단 학살하기도 했지. 바로 이 점 때문에 세르비아가 이끄는 유고 연방은 크로아티아를 독립시킬 수 없었던 거야. 크로아티아가 독립하면 또다시 크로아티아에 살고 있는 세르비아인들을 학살할 수도 있다고 생각한 거지.

유고 연방의 중앙정부는 크로아티아 내부에 있는 세르비아인들을 독려해 크로아티아와 싸우도록 했어. 물론 무기와 자금을 모두 지원했지. 그러나 크로아티아 내전은 보스니아-헤르체고비나 내전에 비하면 아무것도 아니야.

가장 야만적인 전투가 벌어진 지역이 바로 보스니아-헤르체고비나였단다. 인구가 450만 명인 이 지역에는 투르크 이슬람인이 43% 정도로 가장 많았지만 세르비아인도 30%를 넘었고, 크로아티아인도 20% 가까이 살고 있었어. 이 세 민족은 서로를 극단적으로 싫어했어. 믿는 종교가 서로 다른 점도 갈등의 큰 이유가 됐지. 세르비아인들은 동방정교를 믿었고, 크로아티아인들은 가톨릭을 믿었으며, 투르크인들은 이슬람교를 믿었거든. 세 민족은 한 나라에서 함께 살려고 하지 않았어.

1992년 2월, 이슬람인과 크로아티아인이 국민투표를 실시해 독립을 선언해버렸어. 그러나 세르비아인들은 이 결정을 받아들일 수 없었어. 슬로베니아와 크로아티아에 이어 보스니아-헤르체고비나까지 독립한다는 것은 곧 연방이 해체된다는 뜻 아니겠니? 세르비아로서는 연방이 사라지는 것을 두고 볼 수는 없었어.

세르비아가 내린 결정은 "다른 인종을 없애버리자!"였어. 바로 인종 청소가 시작된 거야. 이 말은, 말 그대로 세르비아인 이외의 인종은 말살하겠다는 얘기였어. 세르비아 공화국의 대통령 슬로보단 밀로셰비치가 인종 청소의 선두에 섰어. 연방 군대가 투입됐고, 보스니아-헤르체고비나의 세르비아계 민병대가 여기에 가세했지. 보스니아-헤르체고비나 지역에서만 내전이 끝날 때까지 인종을 청소한다는 명분으로 약 50만 명이 목숨을 잃었단다.

그러나 1992년 UN은 다른 나라들의 독립을 승인했어. 결국 구유고 연방은 해체되고 세르비아와 몬테네그로만 남게 됐어. 두 나라는 유고슬라비아 연방공화국, 즉 신新유고 연방을 결성했단다. 결국 구유고 연방은 슬로베니아, 크로아티아, 보스니아-헤르체고비나, 마케도니아, 신유고 연방 등으로 쪼개진 거야.

그런데, 왜 슬로베니아와 마케도니아에서는 큰 내전이 발생하지 않은 걸까? 이 무렵 인종 청소 작전을 주도한 민족이 어디인지 생각하면 답을 알 수 있어. 그래, 슬로베니아와 마케도니아에는 애초부터 세르비아인들이 별로 없었어. 그 때문에 이들 나라가 독립을 해도 세르비아가 크게 문제 삼지 않았던 거란다.

모든 내전은 1995년 12월에 표면상 끝이 났어. 세르비아, 크로아티아, 보스니아-헤르체고비나의 대통령 세 명은 프랑스 파리에 모여 평화협정을 맺었단다. 이제 발칸 반도에도 평화가 찾아온 것일까? 천만에! 세르비아의 인종 청소는 아직 끝나지 않았어. 바로 코소보 사태가 터진 거야.

코소보는 신유고 연방 안에 있는 자치주야. 주민의 80%가 알바니아인들이었어. 이 알바니아인들은 세르비아로부터 벗어나기 위한 독립투쟁을 벌였어. 1998년 3월, 이들이 세르비아의 경찰을 습격하는 사건이 발생했어. 세르비아는 이 사건을 핑계로 또다시 인종 청소를 시작했어. 닥치는 대로 알바니아인들을 죽인 거

**동유럽 국가의 분열**  유고슬라비아와 체코슬로바키아는 여러 민족이 섞여 있어 갈등이 심했다. 결국 유고슬라비아는 슬로베니아, 크로아티아, 보스니아-헤르체고비나, 세르비아, 몬테네그로, 마케도니아 등 6개국으로 나뉘었다. 체코슬로바키아도 체코와 슬로바키아로 분리·독립했다.

야. 수십만 명의 알바니아인들이 해외로 도망가야 했어.

UN은 세르비아의 밀로셰비치 대통령에게 즉각 인종 청소를 중단할 것을 촉구했어. 그러나 밀로셰비치 대통령은 '위대한 세르비아'를 부르짖으며 학살을 계속했어. UN과 나토는 코소보 주변에 군대를 파견했어. 이윽고 나토 공군이 신유고 연방에 대해 폭격을 시작했지. 세계의 비난이 쏟아지고 군사적 압력이 높아지자 6월, 세르비아는 UN의 중재안을 받아들이기로 결정했어. 이로써 코소보 사태는 일단락됐지. 그러나 10년이 훨씬 지난 지금도 코소보 사태는 계속되고 있어. 21세기에도 야만의 폭력은 끝나지 않은 셈이지.

신유고 연방은 2003년 나라 이름을 세르비아-몬테네그로로 바꿨어. 그러나 이 나라는 오래가지 않았단다. 2006년 6월 세르비아와 몬테네그로로 각각 독립한 거야. 이에 따라 구유고 연방은 세르비아, 몬테네그로, 크로아티아, 슬로베니아, 마케도니아, 보스니아-헤르체고비나 등 총 6개의 나라로 최종 확정됐단다.

유고의 해체와 직접 연관이 있는 것은 아니지만, 이 무렵 체코슬로바키아 연방 공화국도 두 나라로 분리됐단다. 체코와 슬로바키아는 민족도 다르고 언어도 많이 달랐어. 그런데도 제2차 세계대전 이후 영토 조정을 하는 과정에서 한 나라로 합쳐졌단다. 당연히 두 나라 모두 독립을 원했어. 두 민족이 서로 충돌했냐고? 그렇진 않아. 유고와 대비되는 대목이지. 체코슬로바키아는 두 나라를 분리하기로 평화적으로 합의하고, 1993년 1월 체코와 슬로바키아 공화국으로 각각 독립했단다.

## 통박사의 역사 읽기

### + 유럽 강대국 때문에 시작된 중동 분쟁

오늘날 전 세계에서 가장 분쟁이 많은 곳이 중동이야. 이 분쟁은 영국과 프랑스의 사기극, 미국의 일방적인 편들기가 원인이 된 거란다. 제1차 세계대전 때인 1915년, 영국과 프랑스는 아랍민족과 자신을 도와주면 전쟁이 끝나고 나서 팔레스타인에 국가를 세울 수 있도록 돕겠다는 비밀 협정을 맺었어. 2년 후 영국은 유대인과도 같은 내용의 비밀 협정을 맺었지. 강대국은 전쟁이 끝난 후 아랍민족과의 약속을 지키지 않았어. 아랍민족의 반발에도 불구하고 미국은 UN총회에서 유대인의 이스라엘 건국을 지지했지. 이때부터 아랍민족과 유대인 사이에 중동 전쟁이 시작됐어. 2000년 미국무역센터 폭파 테러 사건은 그 결정판이었지.

# 하나의 유럽을 향해

1947년 6월 발표된 마셜 플랜에 따라 유럽 국가들도 분주하게 움직였어. 이 플랜을 최대한 효율적으로 이용하기 위한 방법을 논의하기 위해 6월 프랑스 파리에서 회담이 열렸지. 16개국이 참가한 이 회의에서 만들어진 기구가 유럽경제협력위원회야. 이듬해인 1948년 4월에는 2개국이 늘어난 총 18개국이 유럽경제협력위원회를 확대해 유럽경제협력기구OEEC를 출범시켰단다.

OEEC는 유럽 최초의 경제블록이라고 할 수 있어. 18개국은 미국으로부터 원조받은 돈을 국가별로 잘 할당했을 뿐만 아니라 자기들끼리는 무역을 자유화하기로 했어. 또 물품을 수입할 때 매기는 세금인 관세에 대해서도 여러 제한을 뒀어. 경제 문제에 대해 수시로 회담을 가져 논의하기로 했어.

OEEC는 2년 뒤 미국과 캐나다를 준 회원국으로 받아들였어. 이 나라들은 유럽 국가가 아니었으니 정식 회원국이 될 수 없었던 거지. 이 기구는 그 후 유럽 대륙이 아닌 다른 대륙의 나라들에게도 문호를 개방했어. 그 결과 1961년 9월에는 전 세계의 경제 협력을 위한 기구로 탈바꿈했단다. 이 기구가 바로 경제협력개발기구OECD란다. 대한민국도 여기에 가입해 있지.

### 유럽 통합 시작되다

1950년 5월, 프랑스의 외무장관 로베르 쉬망은 프랑스와 서독의 석탄과 철강산

업을 공동으로 관리하기 위한 기구
를 만들자고 제안했어. 이 제안은
유럽을 떠들썩하게 했어. 왜 그런지
아니?

　이 무렵 유럽 국가들은 서독 때
문에 고민이 많았단다. 유럽 경제가
성장하려면 서독의 경제가 하루 빨
리 어느 수준의 궤도까지 올라와야
해. 그러나 서독이 무한정 발전하
게 내버려두는 것도 위험천만한 일
이라고 여겨졌어. 혹시 서독이 다시
군사력을 키워 전쟁을 일으킬지도

로베르 쉬망　유럽석탄철강공동체(ECSC)의 제안자로 이 기
구는 유럽 통합의 출발점이 되었다.

모른다는 걱정이 앞섰던 거지. 쉽게 말해 서독의 성장을 돕자니 두렵고, 그대로 내
버려두자니 경제가 살아나지 않았기에 묘안이 필요했던 시기였어.

　바로 이럴 때 쉬망의 제안이 나온 거야. 이 제안이 잘만 실행되면 독일 경제 부
흥에 기여하도록 하면서, 동시에 이 기구로 하여금 서독이 무기를 만들지 못하도
록 감시하게 할 수 있잖아? 이 기구가 생긴다면 프랑스도 이 기구의 관리를 받아
야 했기 때문에, 만에 하나 프랑스가 군사 강국이 될지도 모른다는 우려도 없었어.

　쉬망은 나아가 다른 국가들도 이 공동기구에 참여할 것을 권했어. 이 제안은 중
대한 의미를 담고 있단다. 생각해봐. 석탄과 철강산업은 경제와 산업이 발전하기
위해 가장 중요한 기반이야. 산업혁명 때 면직물 산업을 제치고 발전한 산업이 바
로 철강산업이었던 거 기억하지? 바로 이 산업을 통합하자고 제의한 것은, 곧 유

럽의 경제를 통합하자는 것과 같은 뜻이 돼.

이런 의미를 정확히 간파한 나라들이 속속 동참 의사를 밝혔어. 쉬망의 제안이 나오고 한 달이 지난 후 프랑스와 서독을 비롯해 벨기에, 네덜란드, 룩셈부르크<sup>베네룩스 3국</sup>와 이탈리아가 동참하겠다는 뜻을 밝혔단다. 첫 제안이 나오고 1년이 지난 1951년 4월, 6개국은 유럽석탄철강공동체<sup>ECSC</sup> 조약에 서명했고, 이듬해 마침내 출범했어.

ECSC는 적어도 석탄과 철강산업에 한해서는 독립된 정부와 다를 바 없었어. ECSC 안에 고등기관이라는 위원회가 있었기 때문에 가능한 일이었지. 고등기관은 각 업체별로 석탄과 철강제품을 얼마나 생산할 것이며 가격은 얼마로 할 것인지를 정했고, 이를 어긴 업체에 대해서는 벌금까지 매길 수 있는 권한을 위임받았어. 예를 들어, 서독의 석탄업체가 당초 정한 생산량을 초과해서 생산하면 서독 정부가 제재를 하는 게 아니라 ECSC의 고등기관에서 벌금을 매기는 거야.

ECSC는 또 석탄과 철강기업들은 가입 국가에 한해 서로 아무런 제한을 받지 않고 무역을 하도록 허가했어. ECSC의 또 다른 특징은 석탄과 철강업체들이 유럽세라는 세금을 따로 내도록 했다는 거야. 바로 이 대목에서 ECSC의 성격이 명확하게 드러나지. ECSC는 비록 경제의 한 분야에서 통합을 추진했지만, 실제로는 유럽 전체의 통합을 향해 가고 있었던 거야. 이 때문에 ECSC가 유럽 통합을 추진한 최초의 블록이라고 해석하는 학자들이 많단다.

ECSC는 성공작이라는 평가를 받았어. 그러자 ECSC의 6개 가입국은 또 다른 산업 통합을 추진했지. 이번에는 원자력 분야였어. 핵에너지 사용이 늘고 있는 데다, 자칫 군사적으로 악용되면 큰 재앙으로 연결될 수 있으니 이번에도 통합의 명분은 충분했지.

1957년 3월 25일, 6개국은 이탈리아 로마에 모였어. 바로 이 자리에서 유럽경제공동체EEC와 유럽원자력공동체EURATOM를 만들자는 합의가 나왔단다. 이 로마 조약에 따라 이듬해인 1958년 1월, 유럽원자력공동체가 설립됐어. 이 기구는 말 그대로 원자력을 공동 관리하자는 것이었기 때문에 크게 발전할 조짐은 보이지 않았어. 그러나 유럽원자력공동체는 ECSC와 함께 유럽 통합의 밑거름이 됐다고 할 수 있어.

본격적으로 유럽 통합이 속도를 내기 시작한 것은 EEC가 결성되면서부터야. EEC도 로마 조약에 따라 유럽원자력공동체가 설립된 1958년 1월 1일 정식으로

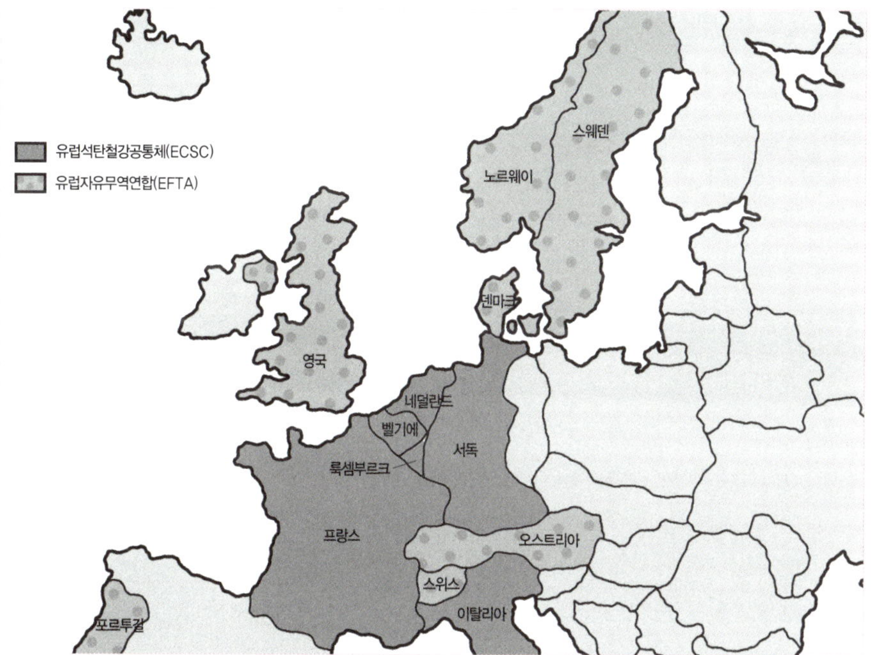


유럽 통합의 시작  프랑스가 주도한 ECSC에는 서독, 베네룩스 3국, 이탈리아가 참여했다. 반면 영국이 주도한 EFTA에는 스위스, 오스트리아, 벨기에, 노르웨이, 스웨덴, 덴마크가 참여했다.

설립됐단다.

EEC는 지금까지의 경제블록과 차원이 달랐어. 우선 내세우는 목표부터가 유럽 통합을 지향한다는 걸 분명히 했어. 6개 가맹국 사이에는 상품, 자본, 노동 등 모든 경제요소가 자유로이 왕래할 수 있도록 관세동맹을 체결하기로 했지. 반면 EEC 회원이 아닌 국가에 대해서는 공동으로 관세를 매기도록 했어. 이쯤 되면 6개국의 경제가 한 덩어리가 될 날도 멀지 않은 것 같지?

EEC의 경제 효과도 실로 놀라웠어. 초기 5년간 성장률을 보면 그 사실을 알 수 있단다. 이 기간 세계 최고의 경제대국인 미국과 유럽 최고의 대국인 영국의 국민총생산은 10~20% 증가했어. 그러나 EEC 6개국의 국민총생산은 무려 20% 이상의 성장을 기록했어.

## 통박사의 역사 읽기

### + 터키는 유럽이 되고 싶다!

이 책 서문에서 터키를 유럽으로 봐야 하는지 아닌지를 얘기한 적이 있어. 유럽 통합을 다루는 이 장에서는 한 번쯤 이 사안에 대해 생각해볼 필요가 있을 것 같아. 터키는 오늘날 유럽연합EU의 회원국이 아냐. 이 기준으로만 본다면 터키는 유럽의 일원이 안 돼. 그러나 터키는 일찍부터 유럽 국가가 되고 싶었고, 노력도 많이 했단다. 마셜 플랜을 효율적으로 활용하기 위해 1947년 6월 파리에서 회담이 열렸지? 이때 터키도 참여했단다. 터키를 유럽 국가로 보지 않으려는 정서가 강한데 다소 의외의 일이었지. 터키는 지금도 EU에 가입하기를 희망하고 있어. 그러나 영토의 90% 이상이 아시아에 속해 있고, 종교도 달라 가능할지는 미지수야.

## 프랑스와 영국, EEC와 EFTA

유럽의 경제 통합을 처음에 주도한 나라는 프랑스였지? 왜 유럽의 전통 강대국 영국은 여기에 동참하지 않았을까? 더욱이 흥미로운 점은 영국 수상 윈스턴 처칠이 여러 경제기구가 생겨나기 전부터 유럽 통합을 주장했다는 사실이야. 처칠은 1946년 9월, 스위스에서 모든 유럽이 함께하는 유럽의회를 만들어야 한다고 주장했었단다. 처칠은 심지어 사회주의 국가인 소련까지 안고 가야 한다고 말했었지. 그랬던 영국이 EEC에는 참여하지 않은 게 이상하지 않니?

물론 영국도 OEEC에는 참여했었어. 그런데 왜 ECSC, 유럽원자력공동체, EEC에는 참여하지 않은 것일까? 그것은 영국이 아직까지도 대영 제국의 테두리에서 벗어나지 못했기 때문이야. 이미 제국주의 시대가 끝났는데도 영국은 그걸 확실하게 깨닫지 못했던 거지. 게다가 영국은 국제기구가 유럽 전체를 쥐고 흔드는 꼴을 볼 수 없었어. 쉽게 말하자면, 경제 협력은 할 수 있지만 유럽 통합에 대해서는 고개를 갸우뚱거리고 있었던 거야.

그렇다고 해서 영국이 팔짱만 끼고 EEC의 성공을 지켜볼 수만은 없는 노릇이었어. 앞에서도 말했지만 EEC의 성적이 너무 좋았잖아? 영국도 뭔가 방법을 찾아야 했어. 영국은 무역을 자유롭게 하는 수준에서 경제 협력을 할 수 있는 묘안을 찾았단다. 그것은 1948년 설립된 OEEC를 확대해 가맹국, 비가맹국을 따지지 않고 자유무역지대를 만드는 것이었어. 그러나 영국의 이러한 구상은 실현되지 못했단다. EEC에 가입해 있는 6개국은 EEC가 잘 돌아가고 있기 때문에 굳이 새로운 자유무역지대를 만들 필요가 없었기 때문이야. 1958년 11월, 협상은 깨지고 말았어.

영국의 2차 시도가 이어졌어. 우선 영국은 EEC에 가입하지 않은 국가들을 모았

처칠 영국의 총리로 최초로 유럽통합을 주장했다.

어. 1960년 5월 영국, 스위스, 오스트리아, 포르투갈, 덴마크, 노르웨이, 스웨덴 등 7개국이 새로운 경제블록을 만들었지. 이 경제블록이 유럽자유무역연합EFTA이야.

EEC와 EFTA는 무역에 있어서는 큰 차이가 없었어. 다만 관세 분야에 있어서는 좀 달랐어. EEC는 가맹국들이 공동으로 대응하자는 쪽이었고, EFTA는 각자 알아서 하자는 쪽이었지. 이 점만 봐도 EEC가 EFTA보다는 유럽 통합을 훨씬 더 원하고 있다는 사실을 짐작할 수 있겠지?

이제 두 개의 경제블록이 유럽에서 경쟁을 벌이는 꼴이 됐어. 이 경쟁은 유럽의 정치 판도를 그대로 보여주고 있었어. EFTA는 각 나라의 정치에 개입하지 않으면서도 경제 협력을 하려는 영국의 입김이 강한 블록이었고, EEC는 프랑스가 주도해 통합을 이루려는 블록이었지. 이 때문에 EFTA는 최악의 경우 해체해버려도 각 나라의 정치에 미치는 타격은 작을 수도 있었어. 반면 EEC는 통합을 전제로 했기 때문에 한순간 삐걱거리면 타격이 매우 크게 되지.

프랑스의 대통령 샤를 드골이 바로 이 '삐걱거림'을 만들었어. 그는 EEC에 참여하면서도 프랑스가 독립적으로 강한 나라가 되길 원했어. 그 때문에 유럽 전체의 통합에 소극적이었단다. 다른 5개 나라들은 당연히 반발했지. 이런 상황에서 영국이 1961년 EEC에 가입하겠다며 회원 신청을 했어. 5개 가입국들은 두 손을 들어

환영했지. 드골은 어땠을까? 거부권을 행사했어! 아마 드골은 영국이 EEC에 들어오면 주도권을 빼앗길 수 있다고 걱정했던 모양이야.

사실 영국이 EEC 가입을 신청했다는 것은 두 개의 경제블록 가운데 EEC가 더 훌륭했다는 뜻이야. 영국이 인정한 경제블록이라면 다른 나라들도 줄줄이 가입하려 했겠지? 실제로 영국에 이어 아일랜드, 덴마크도 EEC에 가입하려고 했었어. 이 모든 나라들이 바로 가입할 수 있었다면 유럽 통합은 더 빨리 이뤄졌을 수도 있었겠지? 이 통합이 지연된 것은 이미 말한 대로 프랑스의 대통령 드골의 고집 때문이었어.

강한 프랑스를 만들겠다는 집념 때문에 드골은 미국과도 틀어진 적이 있었단다. 1962년 7월, 미국 대통령 존 케네디가 미국과 유럽 국가들이 힘을 합쳐 대서양협력기구를 만들자고 제안한 적이 있었어. 이 기구에 가입한 나라들끼리는 경제 분야뿐만 아니라 정치와 문화 분야에서도 대등한 위치에서 협력을 하자는 취지였지. 그런데 프랑스가 여기에 반대했어. 바로 핵무기 때문이었지. 케네디는 군사 분야의 협력은 반대했어. "우리가 핵무기를 개발해 유럽을 보호할 테니, 유럽은 핵무기를 개발할 필요가 없다"라는 뜻이었지. 이때는 냉전 체제였지? 미국이 자유 진영의 큰형님이란 사실을 확실하게 인식시켜주려고 이랬던 것일까? 어쨌든 드골은 격분했어. 드골은 곧 "프랑스는 프랑스가 보호한다. 프랑스는 자체로 핵무기를 개발할 것이다"라고 선언했어. 바로 이때 프랑스가 나토를 탈퇴했던 거란다.

다시 EEC로 돌아가서….

1967년 영국은 또다시 EEC 가입을 신청했어. 이번에도 드골이 거부권을 행사했어. 아마 드골이 계속해서 프랑스의 정권을 잡았다면 영국의 EEC 가입은 훨씬 뒤로 늦춰졌을 거야. 다행히 드골의 뒤를 이어 정권을 잡은 프랑스 대통령 조르주

퐁피두는 태도를 바꿨어. 1969년 12월 EEC는 영국, 아일랜드, 덴마크, 노르웨이 등 4개국에 대해 "당신 나라에서 국민투표로 가입을 결정한다면 우리도 당신들을 받아들이겠다!"라고 결정했어. 이 결정에 따라 4개국은 국민투표를 실시했고, 노르웨이를 뺀 3개국은 가입이 결정됐어. 그 결과 1973년 영국, 아일랜드, 덴마크가 새로이 EEC의 회원국이 됐지.

## 유럽연합의 탄생

1967년 7월 EEC, ECSC, 유럽원자력공동체 등 3대 경제기구는 통합을 결의했어. 모든 기구를 없애고 하나의 기구로 통합한다는 얘기가 아니라 집행부를 하나로 통합한다는 뜻이야. 재판소와 의회도 하나로 통합했어. 사실상 하나의 기구가 된 셈이지. 이렇게 해서 탄생한 기구가 유럽공동체[EC]란다. EC는 EC위원회, 각료이사회, 유럽회의, 유럽재판소 등 4개의 기관을 중심으로 운영됐어.

다른 유럽 국가들의 가입도 늘었어. 1973년에는 영국과 덴마크와 아일랜드가, 1981년에는 그리스가, 1986년에는 에스파냐와 포르투갈이 EC에 추가로 가입했지. 이 나라들은 EC에 가입하면서 자동적으로 EEC, ECSC, 유럽원자력공동체의 회원국도 됐어. EC는 1993년 5월 EFTA와 통합하기도 했어. 이렇게 해서 만들어진 것이 유럽경제지역[EEA]이야.

너무 기구가 많지? 그렇지만 곧 이 모든 기구는 사실상 하나로 통합돼. 그게 바로 유럽연합[EU]이야.

EC가 EFTA와 통합하기 2년 전인 1991년 12월, EC의 12개국 정상이 네덜란드 마스트리히트에 모였어. 12개국은 최초로 EEC를 조직한 프랑스, 독일, 베네룩스 3국, 이탈리아와 그 후 EC에 가입한 영국, 덴마크, 아일랜드, 에스파냐, 포르투갈,

그리스을 가리키지. 이 나라들은 마스트리히트 조약을 체결하고 EC를 EU로 확대하기로 결의했어.

단순히 이름만 바꾼 것 아니냐고? 아니야. 지금까지 살펴본 대로 EC는 주로 경제적으로 협력하기 위해 만들어진 기구였어. 그러나 EU는 경제뿐만 아니라 정치와 문화 등 모든 분야를 통합한 기구야. 그런데, 어떻게 하면 이런 통합이 가능할까?

우선 시장을 하나로 합쳐야 해. 그러려면 모든 나라에서 똑같이 쓸 수 있는 화폐가 있어야겠지? 영국 화폐를 독일에서 쓰고, 독일 화폐를 이탈리아에서 쓰려면 불

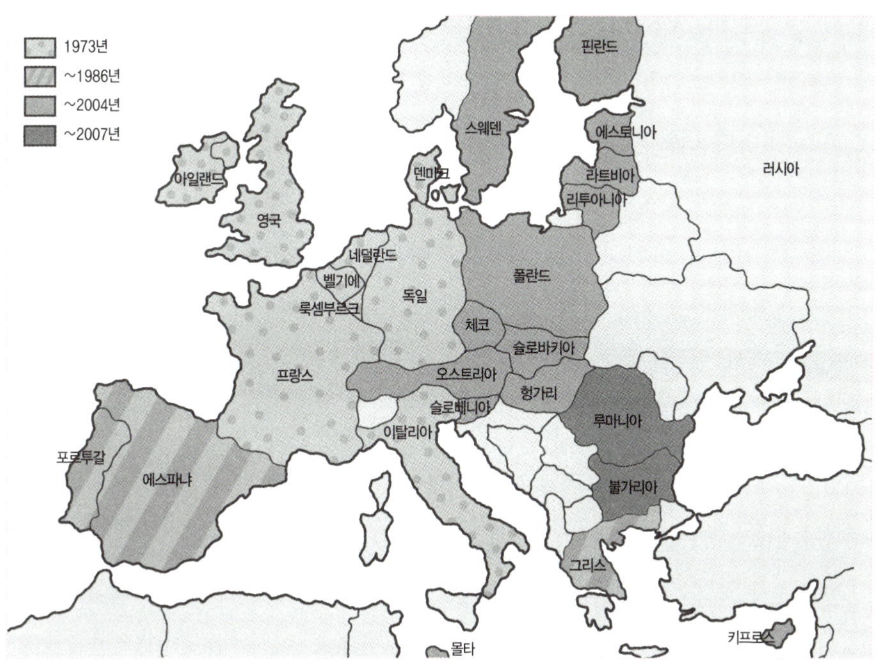


유럽연합의 발전　1967년 유럽공동체(EC)에서 비롯된 유럽연합(EU)에는 2009년 현재 27개국이 가입해 있다. 노르웨이와 스위스, 내전 중인 세르비아를 뺀 거의 대부분의 국가가 가입한 상태다.

편하지 않겠어? EU는 과감히 그 정책을 추진했어. 모든 나라에서 쓸 수 있는 공동 화폐를 만들기로 한 거야. 이 화폐가 바로 유로란다. EU는 또 유럽의 공동 군대, 즉 유럽연합군을 창설하기로 했어. 정치, 경제, 군사가 모두 통합되는 거야.

국제 조약에 서명했다 해도 자신의 나라에서 통과되지 못하면 조약은 발휘될 수 없단다. 이를테면 우리나라 정부가 영국과 관세를 내지 않기로 협의했다고 해도, 국회에서 이를 통과시켜주지 않으면 이 협의는 무용지물이 되는 거야. 국가 간의 작은 협약도 이럴진대, 유럽 전체를 통합하는 엄청난 사안은 말할 것도 없겠지? 조금 과장하자면 개별 독립국가가 사라지고, 거대한 유럽합중국이 탄생하는 거잖아? 미국처럼 말이야. 이제 12개국의 국민들이 이 조약을 인정하는 절차가 남았어. 12개국 가운데 한 나라만 찬성하지 못해도 조약은 물거품이 돼.

그런데, 정말로 조약이 무산될 위기가 닥쳤어. 덴마크 국민투표에서 국민의 절반 이상이 반대표를 던진 거야. 조약이 거부된 거지. 덴마크 국민을 상대로 정부와 나머지 11개국의 설득이 시작됐어. 또다시 국민투표가 실시됐어. 이번에는 56.8%의 지지를 얻었어. 마침내 모든 국가가 조약을 찬성한 거야. 1993년 11월, 마스트리히트 조약이 발효됐어. 이제 유럽연합이란 '거대한 국가'가 탄생한 거야!

1995년 1월 핀란드, 스웨덴, 오스트리아가 추가로 가입했어. EU 가입국은 총 15개국으로 늘었고, 1999년 1월부터는 유로의 도입이 결정됐어. 물론 새 화폐를 도입키로 결정했다고 해도 당장 새 화폐가 유럽 전역에 깔린 것은 아니야. 국가 간의 환율이나 물가 등 감안해야 할 게 많거든.

실제 유로가 유럽 시장에 깔린 것은 3년이 지난 2002년 1월이었어. 이때부터 많은 나라들이 자국의 화폐를 버리고 유로로 거래하기 시작했어. 그러나 모든 나라가 꼭 유로를 쓰는 건 아니야. 가령 영국의 경우, 아직까지도 자국의 화폐인 파운드를 고집하고 있어. 독일의 경우는 아예 마르크가 없어지고 유로만 쓰고 있단다.

그 후 EU 가입국은 계속 늘어났어. 2004년 5월에는 사회주의 진영에서 벗어난 동유럽 국가들이 대거 EU에 가입했어. 바로 이때 폴란드, 헝가리, 체코, 슬로바키아, 슬로베니아, 라트비아, 리투아니아, 에스토니아, 몰타, 키프로스 등 10개국이 한꺼번에 EU 회원국이 됐어. 이제 회원국은 모두 25개국으로 늘었어.

이해 6월 유럽연합의 국회인 유럽의회 선거가 실시됐어. 투표율은 43%로 낮은 편이었는데, 특히 갓 EU 회원국이 된 동유럽 국가들의 투표율이 낮았단다. 그 나라의 정부는 자국의 경제를 살리기 위해서라도 EU 가입이 절실했는데, 그런 사실을 국민들은 모르고 있었던 거지. 오히려 그 나라 국민들은 또다시 강대국의 입김에 휘청거리는 것 아니냐는 걱정을 더 많이 했어. EU 가입을 반대했던 정당들의 득표율이 더 높았던 게 그 증거야.

선거가 치러진 직후, 25개 EU 회원국 정상들은 유럽연합 헌법을 논의하기 위해 다시 모였어. 난상토론 끝에 유럽의회와 별도로 각국의 행정부와 같은 역할을 하는 집행위원회를 만들자는 합의안이 나왔지. 집행위원은 각국 정부에서 임명하되 집행위원회 위원장과 부위원장을 그 중에서 뽑기로 했어. 중요 사안을 결정할 때는 15개국 이상이 찬성해야 하며, 그때도 15개국의 인구 합계가 유럽 전체 인구의 65%를 넘어야 최종 통과되는 걸로 결정했어. 이 헌법은 모든 회원국이 2007년까지 가입해야 효력이 발생하게 돼 있었지.

그러나 2007년까지 갈 필요도 없었어. 2005년 5월 프랑스와 네덜란드에서 부결돼버렸거든. 그 후 여러 차례의 논의를 거쳤지만, 아직도 완전 통합까지는 갈 길이 남았어. 이어 2007년 1월에는 불가리아와 루마니아가 다시 EU에 가입함으로써 회원국은 총 27개국으로 늘었어.

자, 이쯤에서 EU 회원국이 어떤 나라가 있는지 정리해볼까? 우선 전통 강국인 영국, 프랑스, 독일이 있지. 유럽 서부 국가로는 에스파냐, 포르투갈, 아일랜드가 있어. 남부로 가면 이탈리아, 그리스, 키프로스, 몰타가 가입돼 있지. 유럽 중부 국가로는 벨기에, 네덜란드, 룩셈부르크 등 베네룩스 3국과 오스트리아가 있어. 동유럽으로 여겨지는 중부와 동부, 발칸 반도의 국가들로는 폴란드, 헝가리, 루마니아, 불가리아, 체코, 슬로바키아, 슬로베니아가 가입돼 있어. 북쪽으로 가볼까? 스칸디나비아 반도 3국 가운데 스웨덴과 핀란드가 가입돼 있고, 인접해 있는 유틀란트 반도의 덴마크도 포함돼 있지. 북동쪽으로 가면 에스토니아, 리투아니아, 라트비아 등 발트 3국도 EU에 가입한 상태야.

너무 많아 헷갈린다고? 그렇다면 반대로 EU에 가입해 있지 않은 국가들을 살펴보는 게 더 나을까? 우선 노르웨이가 아직도 EU에 가입하지 못하고 있단다. 국민들의 반대가 여전히 남아 있기 때문이야. 또 영세 중립국인 스위스도 참여하지 않고 있어. 동유럽 국가 가운데 내전이 아직도 진행 중인 보스니아-헤르체고비나, 세르비아, 크로아티아, 마케도니아도 EU에 가입하지 못했지. 다만 크로아티아와 마케도니아는 EU 가입 신청을 해놓은 상태란다. 또한 터키가 EU에 가입하기 위해 기다리고 있지.

2009년 12월 1일, 리스본 조약이 발효됐어. 이 조약은 EU를 명실상부한 하나의 나라로 만드는 내용을 담고 있단다. 어떻게 하나로 만드느냐고? 그거야 EU의 대통령을 뽑는 거지. 그전까지는 집행위원회가 최고의 기구였지? 그러나 집행위원회는 각 나라의 장관들이 참여했단다. 리스본 조약이 발효되면서 집행위원회보다 더 강력한 EU 정상회의가 가동됐지. 각 나라의 대통령이나 수상이 회원으로 참여하는 정상회의에서 의장을 뽑는 거야. 그 의장이 바로 EU 대통령이 되는 거

란다. 반 롬푸이 벨기에 총리가 EU 정상회의 초대 의장, 즉 EU 대통령이 됐어. 롬
푸이 EU 대통령은 2010년 1월부터 집무를 시작했지.

수십 년간 한 나라로 통합하기 위해 달려온 유럽이야. 2008년 기준으로 국내총
생산<sup>GDP</sup>을 보면 EU는 18조 3,900억 달러로, 미국의 14조 4,400억 달러를 앞섰단
다. 경제적으로는 통합의 효과를 보고 있는 셈이지. 전 세계가 앞으로 유럽의 통합
이 어떻게 진행될지 주목하고 있단다.

## 통박사의 역사 읽기

### + 유럽의 아버지 장 모네

1950년 5월, 프랑스 외무장관 로베르 쉬망이 유럽석탄철강공동체ECSC를 만들 것을 제
의했지? 근데 사실은 이 아이디어를 낸 사람이 따로 있었어. 프랑스의 정치가 장 모네란
사람이란다. 장 모네는 아버지가 무역업에 종사한 덕분에 어려서부터 전 세계를 돌아다녔
대. 국제 감각이 그때 생겨난 것일까? 장 모네는 미국 뉴욕에서 은행장을 했고, 루마니아
와 폴란드에서는 경제 분야의 자문역을 맡기도 했어. 제2차 세계대전이 끝나고 나서 프랑
스를 재건하고 현대화하는 프로젝트도 장 모네가 담당했단다. 그가 ECSC를 제안한 것도
말로만 유럽을 통합할 게 아니라 실제로 통합적인 기구가 필요했기 때문이야. 이 때문에
그를 '유럽의 아버지'라고 부른단다.

외우지 않고 통으로 이해하는
## 동유럽사2

**초판 1쇄 발행** 2010년 3월 2일
**초판 10쇄 발행** 2022년 4월 1일

**지은이** 김상훈
**펴낸이** 김선식

**경영총괄** 김은영
**콘텐츠사업8팀장** 김상영 **콘텐츠사업8팀** 최형욱, 강대건, 김지원
**마케팅본부장** 권장규 **마케팅4팀** 박태준, 문서희
**미디어홍보본부장** 정명찬
**홍보팀** 안지혜, 김민정, 이소영, 김은지, 박재연, 오수미
**뉴미디어팀** 허지호, 박지수, 임유나, 송희진, 홍수경
**저작권팀** 한승빈, 김재원 편집관리팀 조세현, 백설희
**경영관리본부** 하미선, 박상민, 김민아, 윤이경, 이소희. 이우철, 김혜진, 김재경, 최완규, 이지우

**펴낸곳** 다산북스 **출판등록** 2005년 12월 23일 제313-2005-00277호
**주소** 경기도 파주시 490
**전화** 02-702-1724 **팩스** 02-703-2219
**이메일** dasanbooks@dasanbooks.com
**홈페이지** www.dasanbooks.com **블로그** blog.naver.com/dasan_books
**종이** 월드페이퍼(주) **출력·제본** 갑우문화사

© 2010, 김상훈

ISBN 978-89-6370-643-6  04900(2권)
ISBN 978-89-6370-648-1  04900(세트)



다산북스(DASANBOOKS)는 독자 여러분의 책에 관한 아이디어와 원고 투고를 기쁜 마음으로 기다리고 있습니다.
책 출간을 원하는 아이디어가 있으신 분은 다산북스 홈페이지 '투고원고'란으로 간단한 개요와 취지, 연락처 등을 보내주세요.
머뭇거리지 말고 문을 두드리세요.